SECOND EDITION

L'Art de lire

stratégies pour le récit

QUENTIN HOPE • **GEOFFREY HOPE**

Emeritus, Indiana University   University of Iowa

Library of Congress Cataloging-in-Publication Data

Hope, Geoffrey R.
    L'art de lire : stratégies pour le récit / Geoffrey Hope, Quentin
M. Hope. — 2nd ed.
        p. cm.
    Includes indexes.
    ISBN (invalid) 0-13-183950-6
        1. French language—Readers. 2. French language—Grammar.
    3. French language—Textbooks for foreign speakers—English.
    I. Hope, Quentin M. (Quentin Manning) II. title.
    PC2117.H674 1995
    448.6'421—dc20

95-8441
CIP

Editor-in-Chief: Steve Debow
Executive Editor: Laura McKenna
Director of Development: Marian Wassner
Assistant Editor: María F. García
Editorial Assistant: Karen George

Managing Editor: Deborah Brennan
Graphic Project Manager: Ximena de la Piedra
Manufacturing Buyer: Tricia Kenny
Production Coordination: Graphic Sciences
Interior Design: Siren Design
Cover Design: Jeanette Jacobs

The authors gratefully acknowledge permission to reproduce portions of the following texts.

Gilbert Cesbron, *«En Cas de danger, tirez la poigné...»* and *La Furie* from **Leur pesant d'écume**, Paris, Robert Laffont.
Marcel Pagnol, *Au Parc Borély avec tante Rose* from **La Gloire de mon père**, Boulogne-Billancourt, Les Èditions de la Treille.
Georges Simenon, *La Vieille dame de Bayeux* and *L'Auberge aux noyés*.
François Truffaut, *Le Déjeuner de Sylvie* from **L'Argent de poche**, Paris, Flammarion.

©1996 by Prentice Hall, Inc.
A Simon & Schuster Company
Upper Saddle River, New Jersey 07458

Printed in the United States of America
10 9 8 7 6 5 4 3 2 1

ISBN 0-13-183930-6

Prentice Hall International (UK) Limited, *London*
Prentice Hall of Australia Pty. Limited, *Sydney*
Prentice Hall Canada Inc., *Toronto*
Prentice Hall Hispanoamericana, S.A., *México*
Prentice Hall of India Private Limited, *New Delhi*
Prentice Hall of Japan, Inc., *Tokyo*
Prentice Hall of Southeast Asia Pte. Ltd, *Singapore*
Editora Prentice Hall do Brasil, Ltda., *Rio de Janeiro*

Table des matières

Preface

L'Art de lire may be used at any level after the first year with students who have had little previous reading experience. Used in a course that focuses on the development of reading skills, or as a secondary text/reader in multi-skilled course, it provides ample opportunities to learn to read French. The *Second Edition* retains the student-friendly format of the *First Edition*. We are grateful to our students for their continued comments and suggestions. Many readers have appreciated the stories in *L'Art de lire*, finding them to be intriguing or funny, moving or exciting. They are graded in difficulty; earlier readings are abridged to make them more accessible. The number of cuts diminishes as the book progresses.

Most selections are divided into a series of installments and are supported by the following pedagogical apparatus.

The **Préparation à la lecture** starts with a concern for **Lexique** and highlights words in the context of explicit previews of the action. Through the first nine story segments, lexical categories distinguish **Mots apparentés** and **Faux amis**. **Grammaire** sections include demonstrations of **Mots-clés**, function words that also provide discourse coherence. Grammar is presented to provide a focus of recognition needed for reading comprehension. **L'Art de lire** sections, before and after the story selections, present succinct discussions and contextual illustrations of broad and specific reading techniques on matters of vocabulary, grammar, and the coherence of story. Exercises that conclude each **Préparation à la lecture** consolidate command of the vocabulary presented. They are intended to help the student prepare for the reading and are not necessarily to be gone over in class, although it may be helpful to do so. Marginal questions in French provide a convenient and rapid way of reviewing the reading in class and may help students find their way through difficult passages on their own.

While English is used in *L'Art de lire*, classes may be conducted entirely in French if desired. Following each selection, **Activités sur le récit** review and ensure grasp of details at the levels of action, character, and theme. A range of activity types are employed: true/false, multiple choice, and sentence-completion exercises; others call for identification of characters, actions, or objects from the story. Activities are presented in narrative order and are sufficiently detailed to cover all of the significant action of the reading. The **Sujets de discussion orale ou écrite** encourage more critical responses. They bring the vocabulary of the story into more active use, invite students to think about its meaning, and provide a framework in which they can discuss in French what pleases, bothers, or puzzles them about it—the motivation of the characters, the plausibility of the plot, and so forth. Many of these exercises support role-playing activities.

Responsibility for learning to read starts with the student's commitment. *L'Art de lire* should serve teachers and students of the language with the means to engage, observe, help with, and account for processes of reading and learning to read. Most of the exercises in **Préparations** and in **Activités** are lettered and numbered so that a key can be established. Some exercises may be usable for evaluation purposes. Part of instruction is helping students keep their own accounts.

There are number of people we would like to thank for their support and encouragement throughout the writing and production processes: Denise France for her help with the early manuscript; María Hope for her help with the *Second Edition*; Michelle Hunt and all the people at Graphic Sciences for their expert project management and composition; Siren Design for their lively interior design; and Jeanette Jacobs for her work on the cover design.

Finally, we would like to highlight and acknowledge the contributions of three reviewers of the *Second Edition*: Munir F. Sarkis, *Daytona Beach Community College;* Susan Spillman, *Xavier University of Louisiana;* and Thomas Kelly, *Purdue University.* We also thank the many instructors and students who used the prepublication and first editon of *L'Art de lire.* Their feedback has proved invaluable and they truly helped to shape the *Second Edition.*

Quentin M. Hope
Geoffrey R. Hope

To the student

"L'Art de lire est l'art de penser avec un peu d'aide"

—Émile Faguet

L'Art de lire is intended for students who have begun French and now want to improve their reading skills. Its purpose is to provide interesting and accessible stories that will help develop basic knowledge and strategies and techniques for reading French.

Nine engaging stories are at the heart of *L'Art de lire*. Everyone enjoys reading a well-paced, interesting short story. Curiosity about the outcome holds our attention to the last page. Along the way, we discover something about other people's lives, how they feel, and how they behave. Reading stories, we meet people whose cultures, attitudes, and perspectives are unfamiliar in some ways, and yet very recognizably human.

In the first stories, Simenon introduces you to the shrewd, resourceful, and bluff-mannered detective, Maigret, using his powers of logic and understanding of human motivation to solve seemingly insoluble mysteries. Then Maupassant presents pompous citizen-soldiers delighted at capturing a single, defenseless, and cowardly enemy; humble civilians whose own encounter with the enemy puts their character to a harsh test, and a loving husband suddenly shocked out of complacency. Many different kinds of stories follow: stories about the joys and suffering of childhood, about deceit and self-deception, about the conflict between father and son and between man and woman, about love and altruism, hatred and selfishness, truth and falsehood. There is much variety in the stories and in the way different readers respond to them, but the adventures they recount and the characters they introduce us to all add a dimension to our experiences of life that only fiction can provide.

Strategies for Reading French

When we read, we use strategies and techniques that involve knowledge, understanding, and strategic thinking. We hope that you will become familiar with these helpful techniques and learn to make sense of stories written in French. Questions, activities, and advice precede, accompany, and follow stories. You may consider keeping track of your progress in learning to read French by maintaining a personal portfolio (written responses to exercises and activities as well as reflections on your reading experience).

Pertinent information about actions, characters, settings, themes, vocabulary, syntax, and cultural concepts are pointed out in introductory notes about authors, in the **Préparation à la lecture**, **Le lexique** and **La grammaire** sections, and in notes under the heading **L'art de lire**. English is used to show meanings, but reading is not translating! Questions on the action accompany the stories, and footnotes ask the reader to reflect on how the text operates.

Over the years, students have commented on useful techniques and strategies they have used to improve their reading skills in French:

1. **Read for understanding.** Try to grasp meanings directly without detouring through English. Visualize the action and the characters; act out their gestures and imitate what they say now and then. Try to see if you can determine an appropriate tone of voice.

   Translation of difficult passages can sometimes be useful, particularly if it helps you see where the problem was and how to avoid it in the future. However, try never to waste time thinking of the English for what you already understand in French. Concentrate on meaning, not on isolated words.

   Understanding involves the ability to conceive of how elements in the text work together to form different kinds of units. Some units are at the micro-level of the sentence. Others function across broader expanses of text. Part of learning to read is to develop a careful concern for which questions to ask, at which levels of textual meaning, and how to constitute responses. Questions in **L'Art de lire** guide you from a global sense of what kind of story you are reading to the close processing of details: words, grammar, clothing, minor actions, and so on. This processing will allow you to perceive new wholes including plot, characters, settings, and theme. It should be much easier for you to perceive relevant questions for yourself when you read a story for the second time.

2. **Identify narrative techniques.** Stories are narratives: narrators recount events in time and present characters, speech, places, and situations, and sometimes render judgments or give commentary. When reading a story, it is important to keep distinct the narrator's words and thoughts from the speech and perceptions of characters. The narrator or a character may reveal a particular viewpoint, ironic, sentimental, or distant, on what is being presented. Sometimes, main characters seem to represent values of (and may even be) the narrator; characters (even narrators) may also be represented with ironic distance. Some **L'art de lire** sections, often under grammar headings, recommend strategies.

3. **Use context.** You can rely on your knowledge of what a detective is likely to ask or what a suspect or witness is likely to say or do to help develop your understanding of a detective story. Detectives usually focus on specifics involving time, place, identity, and causes and results associated with events. Such concepts are useful to keep in mind as you read any story.

   The presentation of actions, characters, places, and themes may refer directly or obliquely to cultural contexts, social, geographical, or historical knowledge that determines a certain kind of meaning: what does Normandy suggest as opposed to Paris? What does it mean for a Prussian to be in France in the 1870s? Cultural contexts can serve as a background for the meaning and can also constitute a large part of the message itself.

   Whenever you read, you encounter many words or phrases that at first you will not understand. If you feel comfortable enough with the overall meaning and direction of the text, you may pass over some words or phrases without bothering to figure out their meaning since your understanding of a paragraph does not rely on your understanding of every word. Sometimes, however, a word or phrase that you do not understand will appear to carry important clues to what is going on, and the meaning still eludes you. Locate examples of the words or phrases you need to understand and try to determine the meaning not simply from its own form (is it a cognate? does it have an ending like a verb?) but from the meaning of the sentence and page that surround it. Some notes on reading will help you continue a focus on establishing meanings for words.

4. **Use cognates.** If a word looks similar to an English word and seems to fit the context, it is almost surely a cognate—a word with the same or a similar meaning as its English relative, even though its spelling may be different. Beneath a difficult-looking word is often a simple and recognizable cognate, such as *escape* for **échapper**. Identifying the meaning involves moving from the cognate, which is often a lower-frequency word or a word with a somewhat different or more narrow meaning, to the broader, higher-frequency word. For example, the cognate of **drôle** is *droll*, but the usual English equivalent is *funny*. Cognates, and partial cognates like **drôle**, are presented in the context of a sequence of sentences in the **Préparation à la lecture** that precedes the reading in which they will appear.

5. **Learn important vocabulary.** While it is important to keep larger questions of action, character, place, and context in mind, reading is also very much a question of handling details. You must become comfortable with processes of understanding words. The **Lexique** section of the **Préparation à la lecture** in each chapter introduces important vocabulary items that appear in each reading. These words are presented in short summaries of some of the events in the story. Use these sentences to familiarize yourself with new words and to prepare your understanding of the story itself.

6. **Identify sentence structure.** When reading any language, you learn to recognize and understand grammatical forms and structures. You learn to perceive the subject, verb, and object of the sentence, discern pronoun references, distinguish negative from affirmative, past from present, real action from hypothetical action, and so on. Many of these structural elements are presented early on in the study of French and may already be familiar to you.

A section of **Mots-clés** (*key words*) is presented separately in the early chapters under the grammar heading. These are very common and useful words that it is important to learn well. Other points of grammar that are essential for reading comprehension are highlighted in the **Préparation à la lecture** so that you can practice identifying the meanings established through relative pronouns, definite articles, conditional tenses, indirect objects, and the like before you read. Some **L'art de lire** sections present major forms and structures as used in these readings.

7. **Review.** Periodic review will help you retain what you have learned. One way to review is to reread the stories. A quicker way is to reread the short passages in the first part of each **Préparation à la lecture**. They contain important idioms and vocabulary from the reading selection that follows, though they do not pretend to represent the story faithfully. Still another way to review the content of the stories is to reread the **Résume de l'action** and other exercises that appear in the **Activités sur le récit** sections that follow the readings. Peruse the marginal questions to help you review.

Your ultimate goal is to get better at reading French. To meet that goal, read some or all of these stories with the guidance provided. Exercises and activities will immerse you in the language and text of the stories and guide your understanding. They will encourage you to develop knowledge and let you practice techniques that you can transfer to reading other stories and other kinds of text, newspaper articles, essays, research or work materials, poems, whatever you need and enjoy. Strive to achieve a critical reading, one that does not stop with understanding, but one in which your memory allows you to find and refer to elements of the text for your own uses. The art of reading is ultimately up to you.

LECTURE 1
La Vieille Dame de Bayeux

Georges Simenon

◆

Première Partie

❀ Préparation à la lecture

L'Art de lire

Reading is made possible by the application of knowledge and skills to the understanding of language and text. The following lessons will give you intensive experience and thorough practice in learning to handle both language and text in reading French stories. Successful reading starts with some larger conceptual frameworks that the text suggests even before you begin. These involve your ability to undertand genre, often associated with a particular author and with the specific title of what you are about to read. The more information you can bring to the reading experience from your own knowledge, the better able you will be to predict what might happen next in the action, and to perceive characters, problems, themes, and settings. These overall textual concepts (who are these people? where are they? what are they saying and doing? why?) are nourished, fleshed out, challenged, and refined by the more local meanings of words as you grasp them in sentences, through grammatical and narrative structures, and through social, historical, and other cultural contexts.

L'auteur, le genre, le titre. The first two stories in this book are by *Georges Simenon*, (1903–1989) an extraordinarily prolific and popular author of detective novels and stories. Simenon is a good author for beginning readers because he is a master storyteller in the detective story tradition. Reading French—like reading anything—involves a process of recognition and discovery. You will find these two elements well balanced in reading Simenon. The detective story is a genre that we all recognize, with its crime, typical characters, motive, clues, murder weapon, mystery, setting, and solution. Being familiar with these underlying traits of the *genre* and ready to recognize them when they occur will

1

make it easier to understand Simenon's two stories. The title of the first story, **La Vieille Dame de Bayeux**, presents both a person and a place. The place is real: Bayeux is a town in Normandy. Reading involves recognizing proper nouns and some of their contextual references. The character of **la vieille dame** is fiction, as is the action, but both are played out within specific cultural contexts. One of the first questions that your reading should establish concerns the identity of that character and her importance: what is the meaning of the title? Complete answers may not appear directly but relevant information will.

Le texte narratif et la langue. Successful reading involves a constant interchange between your understanding of language and your understanding of discourse, or text. While lexical and grammatical knowledge will help you create meanings from sentences, different kinds of frames are also required to make meanings from the combinations of sentences that make up stories. Your ability to perceive and keep in mind such abstractions as character, place, time, and event will allow you to understand how these texts are structured as stories. Certain lexical and grammatical items, particularly conjunctions like **mais**, temporal expresions, and all kinds of pronouns, help establish these relationship which are also familiar to us from our general understanding of narrative.

Le texte narratif: le récit. Though the Simenon stories here have been cut to about half of their original length to make them more accessible, they are still the two longest in this book. Since the same text structure, that is, the same characters, atmosphere, time frame, and situation, and to some extent a similar vocabulary, appear throughout, these relatively long stories should help you concentrate on developing basic reading skills in a systematic and cumulative way.

Le personnage. Simenon is the creator of **le commissaire** Maigret, a detective who joins the ranks of Sherlock Holmes, Lord Peter Whimsey, Hercule Poirot, and a few others as one of the memorable characters of detective fiction. A middle-aged, comfortable figure of a man, Maigret is very fond of his pipe, a cool beer in a neighborhood café, and the well-prepared meals that his devoted wife serves him when he is not too busy on a case. He has a keen knowledge of human nature, an instinctive liking for simple, unpretentious people, and a certain distrust for the well-to-do and the well-established. His mind is shrewd, penetrating, and indefatigable, his style easy and informal, his tone alternately cordial, teasing, ironic, or gruff, depending on what he wants to find out from his interlocutor or how he is doing on the case. Although his acquaintance with the seamier side of human behavior is a long one, he keeps his sense of moral outrage at cold-blooded meanness and brutality, and on rare occasions, as at the end of **La Vieille Dame de Bayeux**, it surfaces in an outburst of anger and scathing irony.

Keeping track of characters in stories involves the ability to identify them, their place in the setting, and their role in the story. What are their names? How are they called? Do they seem important or marginal? In this first selection, for example, we read that Phillipe's **grande maison** boasts **cuisinière, valet de chambre, et chauffeur**. Will these servants play roles in the story? Maybe the butler did it. Do characters find themselves in a familiar or a new setting? How well do they seem to know what is going on? Are they sympathetic or distant to values we can assume?

Le cadre. In **La Vieille Dame de Bayeux** we find Maigret away from his usual base of action, which is police headquarters in Paris, moving uncomfortably in the stuffy, secretive, provincial atmosphere of Caen, the city in Normandy to which he has been called to reorganize the mobile police squad. While he is on detachment in Caen his immediate superior is the district attorney, **le Procureur de la République**. As the story opens Maigret sits in his office in Caen, getting ready to interview a woman called Cécile Ledru and glancing at a note from **monsieur le procureur**.

Keeping track of place involves an awareness not only of such things as cities, buildings, rooms within buildings, and movement to and from these places, but also a sense of how these places are perceived within the story. Places almost always carry some sort of cultural meanings. Within certain places characters may be made to feel at ease or uncomfortable, powerful or weak. Some places may be off limits. Consider connotations of the adjective **poussiéreux** (*dusty*) when you encounter it.

Le temps. The chronology of events in some stories involves two basic time frames: a first level of events, what is happening as we read, though usually expressed in past tenses; and what happened earlier than the primary level of action, those occurrences such as a crime, an alibi, a motive or two, perhaps someone's childhood, that have, or seem to have, some sort of relevance for the first level of the reader's concern. Some characters only appear in one time frame; others appear in both.

L'action. Events may also be put into two categories. In short stories most events are what the story is all about: someone needs money and commits a desperate act in order to get it. A cause that may have its own resonance and meanings leads to an important effect that is itself continued into further results. Along with these actions, a story presents a number of apparently less crucial events: people go to a café to talk, they unbutton their jacket to be at ease, they ring doorbells. Until the end of a story, particularly a story with a mystery, it is not always easy to distinguish events of the second type from those of the first. Maigret's pipe plays a role that is certainly not insignificant to him. Does the pipe help focus our attention on anything significant for the action?

La langue. The above very generally stated categories work together and provide broad, overall linking strategies that help you make sense of and remember what happens in stories. In order to access those frames of meaning, however, you must also develop understanding at the more language-based levels of words and sentences. Here too, the reader's task is to perceive how individual elements function together in some sort of coherence. In order to facilitate your perception and your later recognition of lexical and grammatical cues, the presentations that follow link words in sentences that present summary sketches of aspects of the story to follow. Use these examples to prepare your reading.

Le Lexique

There is no more important skill in reading than the ability to use the context you do understand to establish meanings that are not clear at first. Consider the following sentence: **Phillipe est venu à Bayeux supplier sa tante de lui prêter de l'argent.** You may be able to establish at first glance the following meaning: *Phillipe went to Bayeux '——' his aunt to '——' (to) him some money.* This much meaning should encourage an attempt to grasp the larger concept. Sometimes, as for **supplier**, an awareness of a cognate word can help: *supplicate*, or *beg*. The **-er** ending can confirm an infinitive form: *to ask for*. Often, as for **prêter** (another infinitive), the meaning of a word you do not know will rely mostly on the immediate context. He is going to beg his aunt to "what?" him some money? The meaning, as you should be able to guess, could be *to give*; it happens to be *to lend*, but in either case the sense within the story is the same.

Presentations on the **lexique** will give you the opportunity to confirm and develop your understanding of some basic vocabulary in the passage. Try to read with the English on the right-hand side of the page covered. If you do not know the word, try to use the context to guess at the meaning before checking the English.

Vocabulaire

Maigret **jette les yeux** sur la lettre.	Maigret **glances** at the letter.
Cécile a débuté comme **bonne**, pas comme **cuisinière**.	Cécile began as a **maid**, not as a **cook**.
Elle appelle Mme Croizier sa **tante**.	She calls Madame Croizier her **aunt**.
La dame est allée à Caen **se soigner** les dents et faire des **courses**.Elle a dit que si un **malheur** lui arrivait le premier **soin** de Cécile devrait être d'**exiger** une enquête.	The lady went to Caen to **take care** of her teeth and to do **errands**. She said that if a **misfortune (accident)** happened to her Cécile's first **care** should be to **insist on** an investigation.
Mais ces **craintes** de vieille femme, **valent**-elles quelque chose?	But these **fears** of an old woman, **are** they **worthy** of notice?
Cécile croit que oui.	Cécile thinks they are.
Elle **soupire**.	She **sighs**.
Cécile a les **larmes** aux yeux.	Cécile has **tears** in her eyes.
Elle va **porter plainte** contre Phillipe.	She is going to **bring an action** against Phillipe.
Maigret va **se renseigner**.	Maigret will **make inquiries**.

Les mots apparentés. *(cognates)* are related words having more or less the same meaning in French as in English. Spelling may be the same or different, as in **nièce**. Sometimes the French cognate has an extra syllable as in **résultat**—*result*. Harder to recognize are words whose English cognates have syllables that do not appear in French: **trahir**—*betray* or **nier**—*deny*.

Cécile est **orpheline**.	*orphan*
Maigret la questionne avec **circonspection**.	*circumspection*
En répondant elle se **voile** la face de la main.	*veils*
Phillipe est le **neveu** de la vieille dame.	*nephew*
Maigret veut savoir quels sont les **faits**.	*facts*
Ce qu'elle lui dit lui semble assez **curieux**.	*curious*

Les mots partiellement apparentés. *(partial cognates)* may not be recognized at first. Read the following sentences, at first covering the English. Then use the words in the two English lists to help orient the word's meaning and to remember it the next time you encounter it.

Cécile **débute** dans la vie.	*debut*	*is beginning*
Le **hasard** a fait que la vieille **dame** l'a gardée.	*hazard* *dame*	*chance* *lady*
Elle dit: je vais vous **expliquer**.	*explicate*	*explain*
Croyez-moi, je vous en **prie**.	*pray*	*beg*
Je vous en **supplie**.	*supplicate*	*beg*
La dame n'a pas eu une **crise cardiaque**.	*cardiac crisis*	*heart attack*
Je ne suis pas une **folle**.	*fool*	*madwoman*
Les Deligeard sont **coupables**.	*culpable*	*guilty*
En somme, dit-il, vous les accusez.	*in sum*	*in short*

Words can have different meanings in different contexts. Recognizing one meaning of a partial cognate may help you remember or use the context to figure out another meaning. Primary meanings are numbered 1. Secondary meanings are numbered 2.

Il **garde** sa pipe à la bouche.	2. *guards*	1. *keeps*
Puis il la **retire**.	2. *retires*	1. *withdraws, takes out*
Enfin il se **retire**.	2. *retires*	1. *leaves*
Il va faire une **enquête**.	2. *inquest*	1. *inquiry*
Qui a **assassiné** la dame?	2. *assassinated*	1. *murdered*

The circumflex accent can be helpful in identifying cognates as it often correspond to an **s** in English: **enquête** is related to *inquest*.

Faux amis. *(false friends)* is the name given to words whose meanings are different from what they may appear to be. Sometimes false cognates are truly false: **soupirer** has nothing to do with *soup*, it means *to sigh*. Often, however, the apparent but wrong meaning is not too distant from the real meaning, and once you have encountered it, the false cognate may help you remember the meaning.

Il **prétend** être innocent.	not: *pretends*	but: *claims, alleges*
Je **reste** ici.	not: *rest*	but: *stay*

Try to understand the sentences that prepare your reading by focusing on highlighted words. Use the English on the right-hand side afterwards to confirm or correct your first impressions.

La Grammaire

La grammaire provides practice in perceiving forms and structures at and beyond the sentence level and recognizing their meanings. **Mots-clés** *(key words)* is a section that links vocabulary learning with understanding grammar. Here, prepositions, conjunctions, and adverbs, as well as some high-frequency idiomatic expressions are highlighted. These function words often carry grammatical meanings and establish relationship among broad concepts or clauses. They are rarely cognates and cannot usually be understood from the context alone. Reading is faster and more pleasurable when you know the meanings of these words well, without having to grope or guess. The key words that appear in the first reading selection are listed in the following dialogue.

J'explique **pour que** vous compreniez.	*I am explaining **so that** you will understand.*
Il vaut mieux vous expliquer.	***It is better** that (**I had better**) explain.*
J'ai débuté **comme** bonne **chez** Mme Croizier.	*I began **as** a maid **at** Madame Croizier's (house).*
Ell m'a gardée **auprès d'**elle.	*She kept me **near (by, with)** her.*
Donc, j'habite Bayeux.	***Therefore**, I live in Bayeux.*
Je n'avais personne **sinon** elle.	*I had no one **except** her.*
Au fait, quand êtes-vous allée à Caen?	***By the way**, when did you go to Caen?*
J'y étais **vers** cinq heures.	*I was there **around** five.*
Ensuite, j'ai fait des courses **puis** je suis revenue, **dès** six heures, c'est à dire **à peine** une heure plus tard.	***Next**, I did some errands **then** I came back, **by (as early as)** six, that is to say, **scarcely** an hour later.*

No attempt is made in this book to explain all of French grammar. A number of **L'Art de lire** sections do present some points you will need in order to make sense of these texts.

For the first five story segments, exercises like the following will allow you to check your understanding of sentences that illustrate important structures from the passage. They will have you identify grammar points by name. While it is not important to name structures in order to understand what you read, you should be able to perceive them and understand how they work. Naming provides a control on that understanding. Keep track of how well you do on these first attempts and have your instructor give you similar exercises later.

Les structures. Lisez les phrases suivantes. Essayez de les comprendre. Ensuite indiquez la structure grammaticale représentée en **caractères gras** dans chaque phrase.

passé composé	conditionnel	imparfait
plus-que-parfait	participe présent ou gérondif	construction passive
verbe pronominal	pronom relatif	négation
restriction	pronom objet direct	pronom démonstratif

1. Je **vous** écoute, _____
2. dit-il, **en retirant** sa pipe de la bouche. _____
3. Elle **voulait** que je l'appelle tante Joséphine. _____
4. Phillipe avait perdu une fortune, **celle** de sa femme. _____
5. La mort de sa tante **procurerait** à Philippe de l'argent. _____
6. Il **n'**avait **qu'**à prendre patience. _____
7. Phillipe **ne** m'aime **guère**. _____
8. Je sais **ce que** je dis. _____
9. Je **suis allée** rue des Récollets. _____
10. Vous **vous présentez** rue des Récollets. _____
11. Vous **aviez accompagné** Joséphine Croizier? _____
12. Mme. Croizier **a été assassinée**. _____

Exercises

The purpose of lessons that precede each reading is to prepare you to perceive and understand the language and event structure of the passage. Simple exercises will help you review some of this information just prior to reading.

A. Lisez le passage suivant en remplaçant les tirets par le mot convenable.

| auprès de | comme | dès |
| pour que | sinon que | |

Je vous explique la situation __1__ vous compreniez. Quand j'ai débuté __2__ bonne chez Mme Croizier, elle ne savait rien de moi __3__ j'étais orpheline. Mais __4__ le début elle m'a aimée et elle a décidé de me garder __5__ elle.

B. Lisez le passage suivant en remplisant les mots en **caractères gras** par un synonyme.

| au plus | chez | donc |
| puis | vers | |

Cécile vit **dans la maison de** (1) Mme Croizier. Elle l'aime beaucoup. **Pour cette raison** (2) elle est désolée d'apprendre que Mme Croizier est morte. Mme Croizier était allée à Caen. Caen est à une demi-heure **à peine** (3) de Bayeux. Cécile y est allée **à environ** (4) quatre heures de l'après-midi. **Ensuite** (5) elle est retournée à Bayeux le même jour.

Check answers here: 1. pronom objet direct, 2. participe présent ou gérondif, 3. imparfait, 4. pronom démonstratif, 5. conditionnel, 6. restriction, 7. négation, 8. pronom relatif, 9. passé composé, 10. verbe pronominal, 11. plus-que-parfait, 12. construction passive

C. Lisez le passage suivant en remplissant les tirets par le mot convenable.

bonne   cuisinière   soigner
prêter   craintes   exige
larmes

Chez les Deligeard la préparation du dîner est faite par la ___1___. Le service est fait par la ___2___. Mais ils ne sont pas riches. Phillipe doit demander à la banque de lui ___3___ de l'argent, et la banque ___4___ des garanties de paiement sérieuses.

Sa tante, qui est riche, est allée à Caen pour se faire ___5___ les dents. Elle y est morte. Quand Cécile y pense elle a les ___6___ aux yeux. Elle accuse les Deligeard. Mais Maigret lui dit que les vieilles femmes ont des ___7___ irrationnelles.

D. Lisez le passage suivant en remplaçant les mots en **caractères gras** par un synonyme. Faites attention aux changements de genre.

accident   porter plainte   ce que valent
regarde   les faits   se renseigner
préoccupation   vaut mieux

Maigret **jette les yeux sur** (1) la lettre du procureur. Le procureur lui dit qu'il **est préférable d'** (2) être prudent. Il paraît qu'il est arrivé un **malheur** (3) à une vieille dame. Mais Cécile croit que Phillipe, le neveu de la dame, l'a assassinée. Elle va donc **le dénoncer** (4). Elle veut que justice soit faite. C'est son premier **soin** (5).

Mais Maigret se demande **quelle est la valeur de** (6) ces accusations. Avant de continuer l'enquête Maigret veut **s'informer** (7). Il veut savoir **ce qui est vraiment arrivé** (8).

L'Art de lire

Under this heading, techniques and strategies that will assist your reading of the **lexique**, the **grammaire** and the **récit** will be considered. A basic principle to follow is reading for meaning. If you feel unsure of the meaning, do not translate word for word, but try to grasp the thought of the phrase through context. You can often make sense of a phrase by leaving out words you don't know, or that don't seem to help, or words that appear between commas, and moving on to see how the text continues. Use what you do know to try and clarify what is new.

La Vieille Dame de Bayeux

Première Partie

—Asseyez-vous, mademoiselle, a soupiré Maigret, en retirant à regret sa pipe de la bouche.[1] Et il a jeté les yeux sur la lettre du procureur qui disait: "Affaire de famille. Entendez Cécile Ledru, mais gardez la plus grande circonspection."

—Je vous écoute, mademoiselle Ledru. Votre âge?

—Vingt-huit ans.

—Profession?

—Je suppose qu'il vaut mieux tout vous expliquer pour que vous compreniez ma situation. J'étais orpheline et j'ai débuté dans la vie, à quinze ans, comme bonne…

—Continuez, je vous en prie…

—Le hasard m'a placée chez Mme Croizier à Bayeux. Je vous parlerai d'elle après. Je vous dirai seulement qu'elle s'est prise d'affection pour moi.[2] Plus tard, c'est comme demoiselle de compagnie[3] qu'elle m'a gardée auprès d'elle et elle voulait que je l'appelle tante Joséphine…

—Donc, vous habitez Bayeux avec Mme Joséphine Croizier?

Les yeux de la jeune fille se sont voilés de larmes.

—Tout cela est du passé, dit-elle. Tante Joséphine est morte hier, ici à Caen, et c'est pour vous dire qu'elle a été assassinée que…

—Pardon! Vous êtes sûre que Mme Croizier a été assassinée? Vous étiez là? Quelqu'un vous l'a dit?

—Ma tante elle-même!

—Comment! Votre tante vous a dit qu'elle avait été assassinée?

—Je vous en prie, monsieur le commissaire, ne me prenez pas pour une folle…Je sais ce que je dis… Ma tante m'a répété plusieurs fois que si un malheur lui arrivait dans la maison de la rue des Récollets, mon premier soin devrait être d'exiger une enquête…

1. Que fait Maigret avant d'interroger Cécile Ledru?

2. Que dit la lettre du procureur?

3. Quels sont l'âge et la situation de famille de Cécile?

4. Qu'est-ce qui montre que la dame l'aime?
5. La dame est-elle vraiment sa tante?

6. Comment explique-t-elle la mort de la dame?

7. Qui lui a dit que la dame a été assassinée?

---

[1]**la bouche?** Où met-on sa pipe?
[2]**elle s'est prise d'affection pour moi** *she took a liking to me*
[3]**demoiselle de compagnie** *lady's companion*

—Un instant! Quelle est cette maison de la rue des Récollets?

—La maison de son neveu, Phillipe Deligeard… Tante Joséphine était venue passer quelques semaines à Caen, pour se faire soigner les dents. J'étais restée à Bayeux parce que Phillipe ne m'aime guère…

Sur un bout de papier Maigret nota: "Phillipe Deligeard."

—Quel âge, ce neveu?

—Quarante-quatre ou quarante-cinq ans…

—Profession?

—Il n'en a pas. Il avait de la fortune, celle de sa femme, mais je crois que depuis plusieurs années cette fortune n'existe plus. Mais ils continuent à habiter une grande maison, rue des Récollets, et à avoir cuisinière, valet de chambre, et chauffeur. Plusieurs fois Phillipe est venu à Bayeux supplier sa tante de lui prêter de l'argent.

—Elle en a prêté?

—Jamais! Elle répondait à son neveu qu'il n'avait qu'à prendre patience et attendre sa mort…

—En somme, mademoiselle Cécile, il n'y a aucune base sérieuse à votre accusation, sinon que Phillipe avait besoin d'argent et que la mort de sa tante lui en procurerait?

—Je vous ai déjà dit que Mme Croizier elle-même a toujours prétendu que, si elle mourait rue des Récollets…

—Excusez-moi, mais vous devez savoir ce que valent ces craintes de vieilles femmes… Voulez-vous maintenant me dire quels sont les faits?

—Ma tante est morte hier, vers cinq heures de l'après-midi. On essaie de prétendre qu'elle a succombé à une crise cardiaque.

—Vous étiez à Bayeux à ce moment?

—Non… J'étais à Caen…

—Je croyais que vous n'aviez pas accompagné Joséphine Croizier?

—C'est exact… Mais il y a à peine une demi-heure de route entre Caen et Bayeux… J'étais venue faire des courses…

—Et vous n'avez pas essayé de voir Mme Croizier?

—Je suis allée rue des Récollets…

—A quelle heure?

—Vers quatre heures… On m'a dit que Mme Croizier était sortie…

—Où êtes-vous allée ensuite?

8. Qu'est-ce que la dame lui a dit de faire si un malheur lui arrivait?
9. Pourquoi la dame est-elle allée à Caen? Et pourquoi sans Cécile?

10. Décrivez Philippe: âge? profession? finances? mariage? domestiques? résidence?

11. Que demandait-il à sa tante, et comment répondait-elle?

12. Comment Maigret appelle-t-il les craintes de la dame?

13. Quelle est l'explication officielle de la mort de la dame?
14. Où était Cécile ce jour-là?
15. Qu'est-ce qu'elle y faisait?

16. Où est-elle allée quand elle était à Caen?

17. Que lui a-t-on dit?

—En ville. J'avais des courses à faire… Puis je suis retournée à Bayeux, et, ce matin, dans le journal, j'ai appris que ma tante était morte…

—Curieux…

—Vous dites?

—Je dis que c'est curieux. A quatre heures de l'après-midi quand vous vous présentez rue des Récollets on vous annonce que votre tante est sortie. Vous rentrez à Bayeux et, dès le lendemain matin, vous apprenez par le journal qu'elle est morte quelques minutes seulement, une heure au plus, après votre visite… Est-il exact que vous ayez porté plainte, mademoiselle Cécile?

—Oui, monsieur le commissaire. Je n'ai aucune fortune, mais je donnerais le peu que je possède pour qu'on découvre la vérité et qu'on punisse les coupables… Vous allez faire une enquête, n'est-ce pas?

—Je vais me renseigner et, si besoin est… Au fait, où pourrai-je vous trouver?

—Je serai à l'hôtel Saint-Georges…

18. Quand a-t-elle appris la mort de la dame? Comment?

19. Qui a porté plainte?

20. Que veut Cécile?
21. Que va faire Maigret?

◎ Activités sur le récit

The **Préparations à la lecture** that precede each reading selection help prepare you to understand the reading. In the **Activités sur le récit** that follow the reading, exercises under the heading **Résumé de l'action**—true/false, multiple choice, completion, and various identification exercises—provide a check on your understanding of actions, characters, and themes of the story and are a means of review. They may encourage you to re-read the selection or parts of it. They may also be used as examples of some grammar forms or structures, such as the adverbial pronoun **y**, not presented in discussions on grammar. The **Sujets de discussion orale ou écrite** invite you to consider similar questions in a more active way. Here the challenge is to determine motives, values, and relationships that lie under the surface of the text.

Résumé de l'action

A. Résumez l'action en corrigeant le phrases fausses.

EXEMPLE: *La phrase fausse*:   Phillipe est le fils de Mme Croizier.
             La correction: Phillipe est le neveu de Mme Croizier.

1. La conversation se passe dans le bureau du commissaire Maigret.
2. Cécile a encore son père et sa mère.
3. Cécile est une jeune fille qui a à peine vingt ans.
4. C'est la vieille dame qui a demandé à Cécile de l'appeler tante Joséphine.
5. C'est pour rendre visite à son neveu que la vieille dame est allée à Caen.
6. Cécile est sûre que Mme Croizier a été assassinée.
7. Maigret a les larmes aux yeux pendant leur conversation.
8. Cécile n'a pas accompagné la dame à Caen parce que Phillipe ne l'aime guère.
9. Phillipe venait souvent à Bayeux supplier sa tante de lui prêter de l'argent.
10. Elle lui prêtait de l'argent, mais seulement de temps en temps.
11. Cécile était à Caen le jour où Mme Croizier est morte.
12. Elle a même vu Mme Croizier ce jour-là, un peu avant sa mort.
13. Le lendemain Cécile a lu dans le journal que Mme Croizier est morte assassinée
14. La vieille dame avait dit à Cecile d'exiger une enquête si un malheur arrivait à son neveu Phillipe.
15. Phillipe et sa femme habitent une grande maison, rue des Récollets.
16. La fortune des Deligeard était celle de Phillipe.
17. Mme Deligeard fait la cuisine elle-même.
18. Les Deligeard n'ont pas d'automobile.
19. Cécile demande ce que valent ces craintes de vieille femme.
20. Cécile a peur parce que Maigret va faire une enquête.
21. Nous ne savons pas encore si on a vraiment commis un crime.

B. Résumez l'action en identifiant le personnage qui prononce ou pourrait prononcer chacune des phrases suivantes.

1. Je vais demander à ce commissaire parisien de questionner cette Cécile Ledru, mais de le faire avec prudence.
2. Je suis certaine que les Deligeard ont assassiné Mme Croizier, et je donnerais le peu que je possède pour qu'on les punisse.
3. L'accusation que fait cette jeune femme, basée sur des craintes de vieille dame, me semble assez improbable.
4. M. Deligeard a une grande maison et trois domestiques, tout ça c'est très beau, mais il ne nous paie jamais.
5. Je te supplie de me prêter de l'argent maintenant et de ne pas me faire attendre.
6. Tout ce qu'il fait c'est de me demander de l'argent. Je préfère la compagnie de ma petite Cécile.

Si vous n'avez pas trouvé la réponse vous pouvez la chercher dans la liste suivante.

Maigret	le valet de chambre	Cécile Ledru
Phillipe Deligeard	Mme Croizier	le procureur

Sujets de discussion orale ou écrite

C. Le rôle de la fortune dans cette histoire: le thème de l'argent.

1. Qui en avait mais n'en a plus?
2. Qui en veut et pourquoi?
3. Qui avait une fortune à laisser à ses héritiers?
4. Qui est sans fortune mais veut donner le peu qu'elle a?
5. Qu'est-ce qu'elle veut accomplir avec ce peu qu'elle a?
6. L'argent est-il le mobile le plus fréquent du crime en général? Quelles sont les autres raisons pour lesquelles on commet un crime?

D. L'Intrigue. *(The plot)* Y a-t-il une certaine contradiction dans les actions de Mme Croizier? Considérez les questions suivantes:

1. Sous quelles conditions Cécile doit-elle exiger une enquête?
2. Qui lui a dit de le faire?
3. Pourquoi Mme Croizier est-elle allée à Caen?
4. Où habite-t-elle quand elle y est?
5. Qui est-ce qu'elle craint?
6. Quelle contradiction y a-t-il là?
7. Pourquoi donc n'est-elle pas allée à l'hôtel? Trouvez une raison.

La Vieille Dame de Bayeux

Georges Simenon

◆

Deuxième Partie

∽ Préparation à la lecture

L'Art de lire: la projection du récit

While successful reading requires an active memory, sorting out events and characters to keep in mind their significance, it also requires a number of projection techniques: how is this story likely to continue? Your understanding of the text is in part based on your ability to see how events, space, and character are likely to develop. In the beginning of this passage, Maigret stands in front of a house smoking his pipe **avant d'entrer.** A certain future of the text is projected: he will enter and what will happen then? What is he going to do there? Who will he meet? How will he get along with them? What will they say? We know he is concerned with the death of an old lady. Do you believe this death will turn out to be from natural causes, a **crise cardiaque**? If you think we may learn she was murdered, what is it that prompts you to make that projection?

Le Lexique

Vocabulaire

Maigret visite les **lieux.**	*Maigret visits the **place** (the **scene of the action**).*
C'est une vaste maison **grise.**	*It's a big **grey** house.*
Il **suit** le valet.	*He **follows** the valet.*
Il a un **entretien** avec Phillipe.	*He has a **conversation** with Phillipe.*

—Cécile a un **amant**.	"Cécile has a **lover**.
Bien entendu, c'était mon **devoir** de le dire à ma tante.	**Of course**, it was my **duty** to tell my aunt.
Elle n'était pas dupe jusqu'au **bout**.	She wasn't a dupe right up to the **end**."
Maigret **joue** bien son rôle.	Maigret **plays** his part well.
Il **laisse** sa pipe dans sa poche, puis il la **tire** de sa poche, comme s'il oubliait où il **se trouvait**.	He **leaves** his pipe in his pocket, then he **take**s it **out** of his pocket, as if he was forgetting where he **was** (literally: where he **found himself**).
Quand la crise **a eu lieu** le chauffeur **était en congé,**	When the attack **took place,** the chauffeur **was on leave** (**had the day off**),
le valet était au **rez-de-chaussée,** la cuisinière dans la **cuisine,** et Phillipe était allé au cercle **à pied.**	the valet was on the **ground floor**, the cook in the **kitchen**, and Phillipe had gone to the club **on foot**.
Il n'a pas pris la **voiture**.	He didn't take the **car**.
Son histoire est-elle **croyable**?	Is his story **credible**?
Quel est votre **avis**?	What is your **opinion**?
A-t-il vraiment **tué** sa tante?	Did he really **kill** his aunt?
Le valet **reconduit** Maigret.	The valet **shows** Maigret **out**.

L'Art de lire: même

Words vary in meaning according to context, and sometimes according to whether they follow or precede a noun. Consider the meanings of **même**:

Phillipe est le type **même** du bourgeois de province.	Phillipe is the **very** type of the provincial bourgeois.
Ce n'est pas la **même** chose qu'un Parisien.	That is not the **same** thing as a Parisian.
Même Phillipe l'avouerait.	**Even** Phillipe would admit it.
Il le sait lui-**même**.	He knows it him**self**.

L'Art de lire: on

The personal subject pronoun **on** can be rendered in a number of different ways in English: *you, they, we, people,* the passive voice.

Phillipe est le type même qu'**on** rencontre dans les villes de province.	*Phillipe is the very type **you** often meet in provincial cities.*
On vous annonce que votre tante est sortie.	*You **are told** that your aunt has gone out (or **They tell you**).*
On m'a dit à quelle heure elle est rentrée.	*They told me what time she came back (or I was told).*
On essaie de prétendre qu'elle a eu une crise cardiaque.	*They try to claim that she had a heart attack.*
On prenait le café dans la cuisine.	*We were drinking coffee in the kitchen.*

Mots apparentés et partiellement apparentés

Phillipe a trois **domestiques.**	*domestics*	*servants*
Il est **également** membre d'un **cercle** élégant.	*equally* 1. *circle*	*also* 2. *club;* cf. *circle of friends*
A ce moment **douloureux** on présente ses **condoléances.**	*dolorous* *condolences*	*sad, painful* *sympathy*
Maigret n'a pas **rendez-vous** avec lui, mais Phillipe lui **accorde** dix minutes.	*rendezvous* *accords*	*appointment* *grants*
Il se donne **la peine** de répondre, mais dit qu'il ne **supportera** pas un vrai **interrogatoire.** «Evidemment il ne va rien **avouer**», se dit Maigret.	1. *pain* *support* *interrogation* *avow*	2. *trouble* *stand for* *admit, confess*
Il garde sa pipe dans sa **poche** et écoute l'histoire que Phillipe **raconte** en le regardant avec de **drôles** de petits yeux.	*pouch* *recounts* *droll*	*pocket* *tells* *funny*
—Mais cette fille **perfide,** je l'accuse de **calomnie.**	*perfidious* *calumny*	*deceitful* *slander*

French uses scientific or professional terms more commonly than English:

Elle est allée chez le dentiste pour un travail de **prothèse.**	*prosthesis*	*false teeth*

Faux amis

J'ai **profité** de la situation.	not: *profited from*	but: *took advantage of*
Cécile va **avertir** Maigret.	not: *to avert*	but: *to warn*

L'Art de lire: les suffixes

1. Abstract nouns are often cognates that take the same endings in French as in English: **-ment** or **-tion.** Sometimes the forms are switched between the two languages:

Je ne suis pas dupe du **dévouement** désintéressé de Cécile. Je veux qu'elle reçoive la **punition** qu'elle mérite.	*devotion* *punishment*

Other suffixes are not identical but similar:

théorie—*theory*　　　　**liberté**—*liberty*　　　　**histoire**—*history*

2. The suffix **-ieux** often corresponds to the *-ious* ending for adjectives:

sérieux　　　　　　**envieux**　　　　**studieux**

3. The suffix **-ier** often indicates profession:

Maigret est **policier.**	*policeman*
La **cuisinière** était dans la cuisine.	*cook*

4. The suffix **-ment,** like the ending *-ly* in English, turns an adjective into an adverb.

Il ne pouvait pas **décemment** garder sa pipe à la bouche.	*He could not **decently** keep his pipe in his mouth.*
L'indignation de Maigret était **admirablement** jouée. Il en profitait pour sortir sa pipe avec un air **parfaitement** innocent.	*Maigret's indignation was **admirably** played. He took advantage of it to take out his pipe in a **perfectly** innocent manner.*
Je quitte **généralement** mon hôtel vers quatre heures et demie. J'étais donc **personnellement** absent.	*I **generally** leave my house around four thirty, I was therefore **personally** absent.*

La Grammaire

Mots-clés

S'agit-il d'un crime?	*Is it a question of a crime?*
Quant à Phillipe, c'est un homme du monde, **autrement dit,** un snob.	*As for Phillipe, he is a man of the world, in other words, a snob.*
Autrement il serait plus gentil avec Cécile.	*Otherwise he would be nicer to Cécile.*
Il est **à la fois** snob et homme du monde.	*He is both a snob and a man of the world.*
Or, il n'est pas riche.	*Now it so happens that he's not rich.*
Néanmoins, il en a l'air, **car** il est toujours bien habillé.	*Nonetheless, he seems to be, because he is always well-dressed.*
Par contre, il a des dettes.	*On the other hand, he has debts.*
En a-t-il, **en effet**?	*Does he really (in fact)?*
Ou c'est vrai, **ou** c'est faux.	*Either it's true or it's false.*
Aussitôt que Maigret est arrivé on l'a mené **là-haut comme si** on ne voulait pas qu'on le voie.	*As soon as Maigret got there they took him up there as if they didn't want him to be seen.*
Il était **à peu près** cinq heures.	*It was about five o'clock.*
Peu après, il est parti.	*A little later, he left.*

Exercices

A. Les structures.   Lisez les phrases suivantes. Essayez de les comprendre. Ensuite, indiquez la structure grammaticale représentée en **caractères gras** dans chaque phrase.[1]

passé composé	construction passive
conditionnel	expression impersonnelle
passé du conditionnel	pronom personnel
futur	sujet 3ᵉ personne singulier
participe présent ou gérondif	pronom objet indirect
futur proche	pronom relatif
imparfait	

---

[1]les Réponses: 1. expression impersonnelle, 2. participe présent ou gérondif, 3. pronom personnel sujet 3e personne singulier, 4. futur proche, 5. pronom objet indirect, 6. passé composé, 7. pronom relatif, 8. conditionnel, 9. construction passive, 10. imparfait, 11. passé du conditionnel, 12. futur

1. **Il** ne s'agit pas d'un interrogatoire. _____
2. Maigret finissait sa pipe **en regardant** la maison. _____
3. **Il** fumait encore un peu avant d'entrer. _____
4. Ça **va être** gai! _____
5. Phillipe avait l'air de **lui** demander ce qu'il voulait. _____
6. Sa tante **est morte** vers cinq heures. _____
7. C'est sa femme **qui** le lui a dit. _____
8. **J'accuserais** Cécile si je n'étais pas sûr que ma tante est morte de mort naturelle. _____
9. Ma tante n'**a** pas **été tuée!** _____
10. Cécile **avait** un amant. _____
11. Pourquoi ne l'**aurais-je** pas **dit**? _____
12. **Je** ne **serai** plus troublé par cette histoire. _____

B. Lisez le passage suivant en remplissant les tirets par le mot convenable.

autrement dit	même	ou... ou...
en effet	par contre	quant à

Phillipe est le type __1__ du «bourgeois distingué», __2__ une personnalité importante de la ville. __3__ il est évident que Cécile est d'origine humble. __4__ elle a débuté comme bonne. __5__ Maigret, c'est un détective venu de Paris. C'est lui qui doit décider: __6__ Cécile est coupable __6__ elle est innocente.

C. Lisez le passage suivant en remplaçant les mots en **caractères gras** par un synonyme.

à la fois	car
à peu près	néanmoins

Phillipe ne veut pas d'interrogatoire. **Mais** (1) il répond, **parce que** (2) il faut répondre aux questions d'un policier. On ne peut pas être innocent et coupable **en même temps** (3). Et Maigret est **presque** (4) certain que Cécile n'est pas coupable.

D. Lisez le passage suivant en remplissant les tirets par le mot convenable.

amant	il s'agit	rez-de-chaussée
à pied	jouer	suivre
croyable	laisser	tirer
eu lieu		

Le bureau de Phillipe n'est pas au __1__ mais au premier. Pour monter au premier Maigret doit __2__ le valet. Il demande à Phillipe de lui expliquer de quoi __3__ dans toute cette histoire. Il veut savoir dans quelle chambre la crise a __4__ .

Phillipe lui dit que ce jour-là il allait à son cercle __5__ et non en voiture. Il a préféré __6__ la voiture au garage.

Mais quel rôle Phillipe semble-t-il __7__ dans tout ceci? Et quelle conclusion faut-il __8__ de ses remarques? Est-ce que ce que Phillipe dit est __9__? Dit-il la vérité quand il prétend que Cécile a un __10__ qui passe la nuit avec elle?

E. Lisez le passage suivant en remplaçant les mots en **caractères gras** par un synonyme. Faites les changements de genre nécessaires.

avis	congé	tuer
bien entendu	devoir	voiture
bout	entretien	

Maigret va poursuivre cette enquête jusqu'à la **fin** (1). Il considère cela comme une **obligation** (2). Il a donc une **conversation** (3) avec Phillipe. Il n'aime pas ce bourgeois prétentieux avec ses trois domestiques et son **automobile** (4) de luxe.

    Naturellement (5), cela ne veut pas dire qu'il est coupable. Serait-il capable d'**assassiner** (6) la vieille dame? Maigret n'a pas encore d'**opinion** (7) à ce sujet. Mais il se demande pourquoi le chauffeur avait **la journée libre** (8) le jour de la mort de la dame.

L'Art de lire: le cadre

1. **La culture et le cadre extérieur.** Since different languages reflect different cultures, references in texts may require a word of explanation. The city of Caen, like the smaller city, Bayeux, is a **ville de province.** Locate these cities on a map of France. In the 1930s, when the action takes place, provincial cities were generally considered to be staid, conservative, and parochial, a reputation they have not entirely lost even today. Phillipe Deligeard lives in an **hôtel particulier**—*a mansion in the city.* It has a **cour d'honneur**—*a main courtyard*—with lampposts for exterior lighting and a **porte cochère**—*a carriage entrance.* It is clear within this context that Phillipe belongs to the **haute bourgeoisie**—*the upper-middle class,* the class that owns property, has uniformed servants, expects visitors to leave their cards, and so on.

2. **La culture et le cadre intérieur.** Maigret watches some very proper people going into a mansion to pay their final respects to the deceased Mme Croizier. When he enters he notices a **plateau d'argent. Argent** usually means *money,* and **plateau** looks like an easy cognate with a geographical meaning, but neither makes sense in this context: *a plateau of money?* A basic rule is that if a word does not make sense in a given context, it must have another meaning. One way to find that meaning is to continue reading to identify the proper context. Often what follows will clarify the meaning. What he sees is a **plateau d'argent plein de cartes de visite.** It is easy enough to see that **cartes de visite** must mean *visiting cards,* and that makes what goes before easier to understand. **Plateau** could mean *plate* or *platter* and the other meaning of **argent** might not be too hard to guess in this context. People are putting their visiting cards on a *silver platter.*

La Vieille Dame de Bayeux

(Deuxième Partie)

Maigret finissait sa pipe en regardant avec de drôles de petits yeux la vaste maison grise, la porte cochère, la cour d'honneur aux candélabres de bronze.

1. Où se trouve Maigret?

C'était ce qu'il appelait une affaire sans pipe, autrement dit une enquête où le commissaire ne pouvait pas décemment garder sa pipe à la bouche.

2. Pourquoi fume-t-il avant d'entrer?

C'est pourquoi il fumait△ encore un peu, avant d'entrer, observant les gens qui allaient et venaient, des dames en noir, des messieurs très corrects, toute la haute bourgeoisie de Caen, en somme, qui venait présenter ses condoléances.

3. Pourquoi ces gens entrent-ils dans la maison?
4. Qu'est-ce qu'ils laissent sur le plateau?

—Ça va être gai! a-t-il soupiré. Et il est entré comme les autres, passant devant le plateau d'argent plein de cartes de visite.

Un homme tout en noir, lui aussi, les yeux rouges, le visage△ irrégulier, regardait Maigret avec l'air△ de lui demander ce qu'il venait faire, et le commissaire s'est approché de lui.

5. Décrivez l'homme qui regarde Maigret. (Pourquoi est-il en noir?)

—Monsieur Phillipe Deligeard, je suppose. Commissaire Maigret. Si vous pouviez m'accorder un moment d'entretien.

—Suivez-moi, monsieur. Mon bureau est au premier étage . . .

6. Où vont-ils?

—Asseyez-vous, je vous en prie. Je suppose que cette fille continue ses manœuvres et que c'est à elle que je dois cette visite?

7. De quelle fille parle-t-il?

—Vous parlez de Mlle Cécile Ledru?

—Je parle en effet de cette fille perfide.

8. Comment la caractérise-t-il?

Maigret n'avait pas besoin d'examiner Phillipe Deligeard. C'était le type même qu'on rencontre dans toutes les villes de province du grand bourgeois riche qui fait tout pour se distinguer du commun des mortels.△

9. Et Maigret, quel type voit-il en Phillipe?

Vous comprenez, monsieur le commissaire, qu'il me soit extrêmement désagréable de recevoir, en des moments aussi douloureux, la visite d'un policier. Je répondrai, néanmoins, à vos questions parce que je veux que Cécile reçoive la punition qu'elle mérite.

10. Qu'est-ce qui est désagréable pour Phillipe?
11. Que voudrait-il que Cécile reçoive?

△Reminder: a triangle indicates a cognate.

—C'est à dire?

—Ma pauvre tante n'a pas été dupe jusqu'au bout de cette fille et de son fameux dévouement désintéressé. Quand elle a appris que sa chaste demoiselle de compagnie avait un amant...

—Cécile avait un amant?

Ou l'indignation était réelle, ou elle était admirablement jouée. Il est vrai qu'il en profitait pour tirer sa pipe de sa poche avec un air parfaitement innocent, comme s'il oubliait où il se trouvait.

—Depuis deux ans! Il y a deux ans qu'ils sont amants et qu'ils se retrouvent presque chaque nuit. Lui s'appelle Jacques Mercier.

—Est-ce croyable? Et vous l'avez dit à votre tante?

—Bien entendu... Pourquoi ne l'aurais-je pas dit? N'était-ce pas mon devoir?

—Evidemment...

—Ma tante était donc décidée à mettre Cécile à la porte[1].... Seule la peur d'une vengeance la retenait...

—Je suppose que, néanmoins, vous n'accusez pas Cécile d'avoir tué votre tante?

—Mais ma tante n'a pas été tuée!... Il faut que cette fille soit à la fois folle et vicieuse pour avoir raconté cela... Ma tante est morte d'une crise cardiaque... Je ne vois pas comment...

—Bref![Δ] Vous n'accusez pas Cécile d'avoir tué votre tante?

—Je l'accuserais si je n'étais pas sûr que ma tante est morte de mort naturelle... Par contre, si cette fille continue à colporter de tels ragots,[2] je me verrai obligé de porter plainte contre elle pour calomnie.

—Une question, monsieur Deligeard... Votre tante est morte vers cinq heures, n'est-ce pas?

—Cinq heures et quelques minutes, oui... C'est ma femme qui me l'a dit, car j'étais personnellement absent...

—Très bien... Or, vers quatre heures Joséphine Croizier n'était pas dans la maison?

—Chaque jour, à quatre heures, elle avait rendez-vous chez son dentiste, car il s'agissait d'un très long travail de prothèse...

—Savez-vous à quelle heure votre tante est rentrée?

—On me l'a dit... A peu près cinq heures... C'est presque aussitôt après son arrivée que la crise l'a prise...

12. Quelle nouvelle Maigret apprend-il?

13. Que fait-il quand il l'apprend?

14. Que font les deux amants depuis deux ans?

15. A qui Phillipe a-t-il raconté ce secret? Quelle raison donne-t-il?

16. Qu'a décidé la tante quand elle a appris le secret?
17. Qu'est-ce qui la retient?

18. Comment sa tante est-elle morte?

19. De quoi n'accuse-t-il pas Cécile?

20. Où sa tante est-elle allée?

21. Qu'est-ce qui est arrivé quand elle est rentrée?

---

[1]**mettre à la porte** *to fire; to kick out*
[2]**colporter de tels ragots** *spreading such malicious gossip*

—La crise a eu lieu dans sa chambre?

—Oui... La chambre Louis XIV du second étage...

—Votre femme était là-haut?

—Ma femme est montée peu après, au moment où ma tante ouvrait sa porte pour appeler à l'aide...

—Puis-je vous demander où vous étiez?

—Je suppose, commissaire, qu'il ne s'agit pas d'un interrogatoire, car je ne le supporterais pas.

—Nullement![3] Il s'agit précisément de répondre à cette fille audacieuse qui...

—J'étais à mon cercle... Je quitte généralement mon hôtel vers quatre heures et demie ou cinq heures moins le quart, à pied, pour me donner un peu d'exercice... Je traverse ainsi une partie de la ville... Vers cinq heures, je joue au bridge et à sept heures et demie la voiture vient me reprendre pour le dîner...

—Vous avez été averti à votre cercle par un coup de téléphone?

—C'est cela...

—Et quand vous êtes arrivé?...

—Ma tante était morte et le médecin était déjà présent...

—Le médecin de la famille?

—Non! Il habite trop loin[4] et ma femme avait fait venir un docteur des environs, un jeune médecin...

—Les domestiques?

—Arsène, le chauffeur, avait congé... Le valet de chambre ne quitte jamais, l'après-midi, son poste au rez-de-chaussée. Quant à la cuisinière, je suppose que, comme son nom l'indique, elle était dans la cuisine... Y a-t-il encore quelque chose que vous veuillez savoir, commissaire?... Je veux croire qu'après les explications que je me suis donné la peine de fournir, je ne serai plus troublé par cette indécente histoire... Le valet de chambre va vous reconduire.

Un quart d'heure plus tard, Maigret était chez le procureur de la République, un Maigret placide et ironique, qui gardait sa pipe dans sa poche car le procureur de Caen n'était pas un personnage à laisser fumer dans son bureau.

—Eh bien! Vous avez entendu cette demoiselle?

22. Où a eu lieu la crise?

23. Qui est monté quand la dame a appelé?

24. Quelle question irrite Phillipe?

25. Qu'est-ce qu'il refuse de tolérer?

26. Quelle est la routine de Phillipe?
27. Comment a-t-il appris la mauvaise nouvelle?

28. Quel docteur est venu, et pourquoi?

29. Où étaient les domestiques?

30. Où va Maigret ensuite?

31. Peut-il enfin fumer sa pipe?

---

[3]**nullement** *pas du tout*
[4]**trop loin** *Pensez au contexte. On a fait venir un médecin des environs parce que le médecin de famille habite* **trop loin**.

—Je suis allé également sur les lieux.

—Votre avis? Des ragots,[5] n'est-ce pas?

—J'ai l'impression, au contraire, que cette bonne vieille Joséphine Croizier a été aidée à mourir... Mais par qui?... Voilà la question...

32. Que signifie «aider à mourir» ici?
33. Qu'est-ce que Maigret ne sait pas encore?

---

[5]**des ragots** *malicious gossip*

෨ Activités sur le récit

Résumé de l'action

A. Résumez l'action en complétant les phrases suivantes.

1. Maigret n'entre pas tout de suite parce que dans la maison il ne peut pas décemment...
2. Les gens qu'il voit entrer et sortir viennent présenter...
3. Il demande à Phillipe Deligeard de lui accorder...
4. Maigret voit en Phillipe le type même du...
5. Phillipe lui dit: «Il m'est très désagréable, en des moments aussi douloureux, de recevoir...
6. «Ma tante ne savait pas que Cécile...
7. «Je le lui ai dit parce que c'était...
8. «Ma tante avait décidé de...
9. Maigret interrompt: «Mais vous n'accusez pas Cécile...
10. Phillipe répond: «C'est impossible! Ma tante est morte...
11. «Chaque jour, à quatre heures, elle avait...
12. «Elle est rentrée à cinq heures. Aussitôt après...
13. «Ma femme est montée au moment où ma tante ouvrait sa porte pour...
14. «Moi, à ce moment-là, j'étais...
15. «Généralement, vers quatre heures et demie, je...
16. «J'ai été averti par...
17. «Le médecin de la famille habite...
18. «Voilà pourquoi ma femme avait fait venir...
19. «Arsène, le chauffeur, avait...
20. «Le valet de chambre était à son poste au...
21. «La cuisinière, comme son nom l'indique, était...
22. «Je veux croire qu'après ces explications, je ne serai plus...
23. Un quart d'heure plus tard Maigret était chez...
24. «J'ai l'impression, dit-il, que la dame a été...

Si vous n'avez pas trouvé la réponse vous pouvez la chercher dans la liste suivante:

a. appeler à l'aide
b. assassinée, aidée à mourir
c. avait un amant
d. d'avoir tué votre tante
e. grand bourgeois riche
f. à mon cercle
g. leurs condoléances
h. congé
i. un coup de téléphone
j. d'une crise cardiaque
k. la crise l'a prise
l. dans la cuisine
m. mon devoir
n. un docteur des environs
o. garder sa pipe à la bouche
p. mettre Cécile à la porte
q. un moment d'entretien
r. le procureur
s. quitte mon hôtel
t. rendez-vous chez son dentiste
u. rez-de-chaussée
v. trop loin
w. troublé par cette indécente histoire
x. la visite d'un policier

B. Résumez l'action en spécifiant où se trouvent les personnes ou les objets suivants:

1. la pipe de Maigret quand il est dans l'hôtel particulier
2. les candélabres de bronze
3. toute la haute bourgeoisie de Caen
4. les cartes de visite
5. le bureau de Phillipe Deligeard
6. Mme Croizier, chaque jour à quatre heures
7. Mme Croizier quand la crise l'a prise
8. Phillipe, chaque jour de cinq heures à sept heures et demie
9. le médecin de famille au moment de la crise
10. le jeune médecin quand on l'a fait venir
11. le valet de chambre, l'après-midi
12. la cuisinière, normalement
13. Maigret, un quart d'heure après son entretien avec Phillipe

Si vous n'avez pas trouvé la réponse vous pouvez la chercher dans la liste suivante:

a. dans le bureau de monsieur
le procureur
b. dans son bureau, qui se trouve
dans les environs
c. à son cercle
d. sur un plateau d'argent
e. dans la chambre Louis XIV
f. dans sa poche
g. dans la cour d'honneur
h. au premier étage
i. dans la cuisine
j. au rez-de-chaussée
k. chez le dentiste
l. trop loin pour qu'on l'appelle
m. en visite de condoléances
chez les Deligeard

Sujets de discussion orale ou écrite

C. Le Monde de Phillipe Deligeard.

1. Décrivez son hôtel particulier.
2. Quels sont ses domestiques?
3. Ses amis?
4. A quelle classe appartient-il?
5. Croyez-vous qu'il connaisse le procureur de la République?
6. Pourquoi, selon vous, le procureur a-t-il recommandé la circonspection à Maigret?
7. Quel est son style de vie?
8. De quoi a-t-il besoin?
9. Quelle opinion Maigret a-t-il de lui et de sa maison?

D. L'intrigue.

1. Pourquoi est-ce que l'accusation de Cécile semble peu croyable?
2. Quel est l'alibi de Phillipe?
3. Qui aurait pu tuer la vieille dame pendant l'absence de Phillipe?
4. Mais qui l'aurait remarqué s'il y avait eu de la violence?
5. Par contre, quel médecin a-t-on fait venir?
6. Pour quelle raison?
7. Cela vous semble-t-il un détail important?

La Vieille Dame de Bayeux

Georges Simenon

Troisième Partie

✆ Préparation à la lecture

Le Lexique

Vocabulaire

Cécile **est accourue** à Caen
aussi **vite** que possible.

Cécile **rushed** to Caen
as **quickly** as possible.

Elle **pleurait** car elle était **émue**.

She **was crying**
because she was **upset (moved)**.

Maigret **se rend** chez le médecin.

Maigret **goes** to the doctor's.

—**J'ai mis** sept minutes pour aller
à leur **hôtel particulier.**

"**It took me** seven minutes to
get to their **mansion.**

Je suis monté par **l'escalier**
à la chambre **jaune,**
une pièce **meublée** en Louis XIV.

I went up the **staircase** to the
yellow bedroom, a room **furnished**
in the Louis XIV style.

La dame était **déshabillée**
mais ses vêtements ne **traînaient**
pas dans la pièce.

The lady was **undressed**, but her clothes
weren't **lying around** the room.

Mais qu'est-ce qui **est en jeu** ici?

But what's **at stake** here?"

—La **tête** d'un homme est en jeu.

"The **head (life)** of a man is at stake.

Ils feront **l'impossible**
pour détruire votre **témoignage.**

They will do their **utmost**
to destroy your **testimony.**"

—Ils n'y **parviendront** pas.

"They won't **succeed.**"

Mots apparentés et partiellement apparentés

Remember to hide the English and concentrate on the words in context before you confirm meanings.

Maigret aime la **paix** provinciale de ce petit café où il parle avec	*peace*	
Cécile. Elle a des **projets** de mariage. Il y a deux ans	*projects*	*plans*
que ça **dure.** Mais ils n'ont pas	*cf. duration*	*has lasted*
fixé la date.	*fixed (the date of a meeting, etc.)*	*set, determined*
Pour Mme Croizier ce mariage serait une **trahison.**	*treason*	*betrayal*
Maigret s'excuse de **déranger** le docteur Liévin.	*derange*	*bother*
Les **vêtements** du jeune médecin montrent qu'il n'est pas riche.	*vestments*	*clothing*
Le médecin ne **conduit** pas.	*1. conduct*	*2. drive*
Il prend l'escalier qui **conduit** au second étage.	*conducts*	*leads*
C'est Mme Deligeard qui l'a **conduit** dans la chambre où il confirme	*conducted*	*led*
le **décès** de Mme Croizier en signant **l'acte** de décès.	*cf. deceased* / *act*	*death* / *certificate*
Le **récit** du docteur surprend Maigret.	*recital*	*story*
Il se passe la main sur le **front.**	*1. front*	*2. forehead*
Voici ce qui va **se passer:** quand le médecin fera sa déposition	*to come to pass*	*to happen*
à la barre	*at the bar (of justice)*	*in court*
un **avocat**	*advocate*	*lawyer*
habile	*able*	*clever*
demandera des **précisions**	*precisions*	*details*
et voudra la **détruire.**	*to destruct*	*to destroy*
Mais ce que le docteur a dit, il va le **maintenir.**	*maintain*	

The ending **-tenir** often corresponds to -tain: **contenir** (*to contain*); **appartenir** (*to appertain; to belong*); **retenir** (*to retain; to hold back, to remember*).

Faux amis

J'aime mieux vous **prévenir.**	not: *to prevent*	but: *to warn*
cf. **avertir**	not: *to avert*	but: *to warn*
Phillipe n'est pas **gentil.**	not: *gentle*	but: *nice*
Le médecin a une **infirmière.**	not: *infirmary*	but: *nurse*
Dans quelle **pièce** est-elle morte?	not: (in this context) *piece*	but: *room*

La Grammaire

Mots-clés

Phillipe n'est pas gentil **à l'égard de** Cécile.	*Phillipe is not nice **to** Cécile.*
Qu'est-ce que ça peut **vouloir dire?**	*What can that **mean**?*
Maigret **se doute de** quelque chose.	*Maigret **suspects** something.*
On **a fait appeler** un docteur des environs.	*They **had** a local doctor **called**.*
Il y a longtemps **qu'**ils connaissent le médecin?	*__Have they__ known the doctor a long time?*
Non, ils **ne** le connaissent **que depuis** hier.	*No, they know him **only since** yesterday.*
Le médecin est entré par la porte de **derrière.**	*The doctor entered by the **rear** door.*
D'abord il n'a pas compris.	*__At first__ he did not understand.*
Puis il a vu que la dame **venait de** mourir.	*Then he saw that the lady **had just** died.*
La mort était **pour ainsi dire** instantanée.	*Death was **so to speak** instantaneous.*
Ainsi elle est morte dans la chambre jaune?	*__So__ she died in the yellow room?*
Oui, c'est **ainsi** que ça s'est passé.	*Yes, that is **how** it happened.*
Eh bien, **soit.**	*Well, **so be it**.*

L'Art de lire: la phrase

Discovering the subject, verb, and object of sentences, and the recognition of parts of speech that this involves, is an essential part of discovering the meaning. The process is mostly an unconscious one, but when you cannot see what a passage means, it helps to work your way systematically through it, identifying words by parts of speech and seeing how they fit together. Verbs and their tenses are recognized by their endings and their auxiliaries; nouns are usually preceded by articles; the adjectives that modify them agree with them in number and gender; adverbs are invariable and often end in **-ment;** abstract nouns likewise have easily recognized endings, and so on.

L'art de lire: les adverbes de temps

Stories typically refer to events in sequence.

J'ai **d'abord** vu le valet,	*first*
puis des hommes.	*then*
Ensuite, j'ai vu ma tante.	*then*
Tout à coup l'occasion se présente.	*suddenly*

Sequence is often not expressed directly in the text but is usually implied and should be followed.

L'art de lire: devoir

Stories often refer to a set of rules: what should and should not be done. At the same time, they express ways of knowing and understanding. One important word, **devoir,** covers a lot of this ground, expressing both obligation and supposition (like the English word *must*) as the following examples show.

1. Obligation

Phillipe **doit** de l'argent à la banque.	*Phillipe **owes** money to the bank.*
Il **devrait** être plus prudent.	*He **ought** to be more prudent.*
Cécile **doit** le respect à sa tante.	*Cecile **owes** respect to her aunt.*
Elle **devait** l'accompagner partout.	*She **had** to go with her everywhere.*
J'**aurais dû** la protéger.	*I **should have** protected her.*

2. Supposition

Phillipe **doit** être riche.	*Phillipe **must** be rich (**appears to be**).*
La clientèle du médecin ne **doit** guère être nombreuse.	*The clientele of the doctor **can** scarcely be numerous.*
Ils **avaient dû** laisser l'auto dehors.	*They **must have** left the car outside.*

L'art de lire: le gérondif

Stories usually express a variety of time relationships and also develop causes and effects. The present participle or gerund, the verb form ending in **-ant,** can express both simultaneity and cause.

1. Simultaneity

Asseyez-vous, dit Maigret, **en retirant** sa pipe de la bouche.	*Sit down, said Maigret, **removing** his pipe from his mouth.*
Maigret finissait sa pipe **en regardant** la maison.	*Maigret finished his pipe **while looking at** the house.*

2. Cause

En entrant par la porte de derrière on peut monter au second.	***By entering** through the rear door you can go up to the second floor.*
N'ayant plus personne, elle me considérait sa chose.	***Having** no one left, she considered me her creature.*

Stories often alternate between the language of the narrator and what the characters say. Simenon, as you can tell, emphasizes dialogue. Use punctuation marks to guide your understanding. In dialogue, each interlocutor's speech is introduced by a dash—**un tiret**—and no quotation marks are used. Quotation marks—**les guillemets**—are used in quotations other than dialogue. Find examples of these.

Exercices

A. Lisez le passage suivant en indiquant les parties du discours et les temps du verbe qui devraient être utilisés dans les tirets, et en les remplissant par un mot convenable.

adjectif	verbe au participe présent
adverbe	verbe au conditionnel
nom	verbe à l'imparfait
nom abstrait	verbe à l'impératif
préposition	verbe à l'infinitif
verbe au passé composé	

— __1__ -ez-moi de ce Phillipe, dit Maigret en __2__ -ant sa pipe de la bouche.

—Il avait de la __3__, a répondu Cécile, celle de sa femme. Mais il l' __4__ -ée depuis longtemps. Néanmoins, ils habitent dans une __5__ -e maison.

Cécile parlait si __6__ -ment qu'il pouvait à peine l'entendre. Mais Maigret avait l'impression qu'elle disait la __7__ -té et il a décidé de __8__ -re une enquête.

Pendant toute cette conversation il garde sa pipe __9__ sa poche. Je __10__ -rais bien fumer, se __11__ -ait-il, mais ce ne serait pas poli.

B. Remplacez les mots en **caractères gras** par un synonyme.

à mon égard	elle aura lieu
avoir une idée	signifier
d'abord	seulement

Phillipe n'a pas été très cordial **avec moi** (1). Je ne sais pas ce que cela peut **vouloir dire** (2). **Au début** (3) je croyais qu'il disait la vérité. Je **ne** l'ai vu **qu'**une (4) fois, mais je commence à **me douter** (5) de son vrai caractère. Cécile veut que je fasse une enquête? Eh bien, **soit** (6).

C. Lisez le passage en remplissant les tirets par le mot convenable.

accourue	meublée
déshabiller	parvenir
émue	pleurait
escalier	se rendre
jaune	témoignage
en jeu	traîner
impossible	

La chambre de Mme Croizier est ___1___ en Louis XIV. Elle n'est pas de couleur ___2___ mais de couleur bleue. L'après-midi elle y monte pour se reposer, mais sans se ___3___, car c'est une femme énergique qui n'aime pas ___4___ dans sa chambre. Elle descend par l'___5___ et elle sort pour aller chez le dentiste. Comment pouvait-elle croire que sa vie était ___6___?

Quand Cécile a appris que la dame était morte elle était très ___7___. Elle ___8___ tellement qu'elle ne pouvait pas parler. Elle voulait ___9___ à Caen aussitôt que possible. Alors elle y est ___10___.

Elle fera l'___11___ pour prouver que les Deligeard sont coupables. Mais qui est-ce qui va croire à son ___12___? Est-ce qu'elle va ___13___ à persuader Maigret de faire une enquête?

La Vieille Dame de Bayeux

(Troisième Partie)

Quand Cécile est arrivée à l'hôtel Saint-Georges il y avait déjà une bonne demi-heure que Maigret attendait.

—Vous désirez me parler? questionne-t-elle.

—Je voudrais vous demander quelques précisions, oui. Vous ne voulez pas que nous entrions quelques minutes dans un café?

Quelques instants plus tard ils étaient installés[△] dans un café où des hommes jouaient au billard.

—Tout d'abord, laissez-moi vous faire remarquer, mademoiselle Cécile, que ce n'est pas très gentil de ne m'avoir pas parlé de M. Mercier.

—J'aurais dû me douter que Phillipe vous en parlerait.

Son regard suivant les billes[1] de billard, Maigret, qui fumait à toutes petites bouffées voluptueuses,[2] semblait savourer[△] la paix grise mais pénétrante de la province.[3]

—En somme, il y a deux ans que ça dure?

—Deux ans que nous nous connaissons, oui.

1. Que fait Maigret à l'hôtel?

2. Où propose-t-il d'aller avec Cécile?

3. Qu'est-ce que Cécile ne lui a pas dit?

4. Qu'est-ce que Maigret aime dans ce café?

---

[1] **billes?** Utilisez le contexte.
[2] **à toutes petites bouffées voluptueuses** *with voluptuous little puffs*
[3] **la province** En France il existe une distinction fondamentale entre Paris et la province, c'est-a-dire tout le reste du pays. On fait le contraste entre l'animation de Paris et la paix de la province. (Maigret est parisien.)

—Et depuis combien de temps M. Mercier a-t-il pris l'habitude^Δ de passer ses nuits dans la maison de la vieille dame?

—Plus d'un an...

—Vous n'avez pas eu l'idée de vous marier?

—La vieille dame, comme vous dites, ne l'aurait pas permis. Plus exactement, elle aurait considéré ce projet comme une trahison à son égard. Elle était jalouse^Δ de mon affection. N'ayant plus personne dans la vie, sinon des neveux qu'elle détestait, elle me considérait un peu comme sa chose. C'est pour elle que j'ai accepté de n'avoir avec Jacques que des relations cachées.

—Très bien! Maintenant, mademoiselle, dites-moi... Quand vous avez appris la mort de Joséphine Croizier par le journal, je suppose que vous avez demandé à Mercier de vous conduire à Caen... Vous êtes arrivée rue des Récollets à quelle heure?

—Vers neuf heures et demie du matin.

—Il y avait donc une nuit entière que la vieille dame était morte. Voulez-vous me préciser ce que vous avez vu?

—Que voulez-vous dire? J'ai d'abord vu le valet de chambre, puis des hommes dans le grand corridor, puis Phillipe Deligeard qui s'est avancé vers moi en me disant d'un air sarcastique: «Je me doutais que vous alliez accourir!»

«Ensuite, j'ai vu ma tante...

—Attention! C'est ici que votre récit m'intéresse. Vous avez vu le cadavre de votre tante? Vous avez reconnu son visage? Vous en êtes certaine?

—Absolument!

—Vous n'avez rien remarqué d'anormal?^Δ

—Mais non... Je pleurais... J'étais très émue... J'aurais voulu rester seule un moment avec elle mais c'était impossible.

—Une dernière question. Je connais l'entrée principale de la rue des Récollets. Mais je suppose qu'il y en a une autre?

—Il y a une petite porte derrière.

—En entrant par cette porte peut-on monter au second étage sans passer près du valet de chambre ou de la cuisinière?

—Oui! On prend le petit escalier, comme on l'appelle, qui conduit au second étage.

—Je vous remercie, mademoiselle.

***

5. Où Mercier passe-t-il ses nuits? Avec qui? Depuis quand?

6. Pourquoi ne se sont-ils pas mariés?

7. Que pensait la dame de ses neveux? Et de Cécile?

8. Qui a conduit Cécile à Caen?

9. Quelle était l'attitude de Phillipe?

10. De quoi Maigret veut-il être certain?

11. En quel état était Cécile?
12. Qu'est-ce qu'elle aurait voulu faire?
13. Qu'est-ce que Maigret veut savoir?

Chez le docteur Liévin, qu'on avait fait appeler quand Joséphine Croizier avait sa crise cardiaque, Maigret trouve un homme très jeune.

—Je vous dérange, docteur? Excusez-moi mais j'ai besoin de quelques précisions au sujet de la mort de Mme Croizier.

Liévin avait à peine vingt-sept ans et venait de s'installer^Δ à Caen où sa clientèle, à en juger^Δ par l'aspect des lieux, ne devait guère être nombreuse.^Δ

—Aviez-vous déjà eu l'occasion d'être appelé chez M. Deligeard?

—Jamais! Comme vous avez compris en entrant ici, je débute et ma clientèle est de condition très modeste. J'ai été assez surpris quand on m'a appelé dans un des plus beaux hôtels particuliers de la ville...

—Quelle heure était-il? Pouvez-vous fixer ce point avec certitude?

—Avec une certitude rigoureuse, car j'ai une petite infirmière qui vient chaque après-midi pour ma consultation et qui part à cinq heures. Or, elle partait quand le téléphone a sonné.

—Donc, il était cinq heures exactement. Combien de temps avez-vous mis à vous rendre rue des Récollets?

—En tout, sept à huit minutes.

—Vous avez été reçu par le valet de chambre qui vous a conduit au second étage?

—Non, pas précisément. Le valet de chambre m'a ouvert la porte, mais, presqu'aussitôt, une femme a crié du second étage: «Venez vite, docteur!»

«C'était Mme Deligeard, qui m'a conduit en personne dans la chambre de droite...

—Pardon! Vous avez dit la chambre de droite? Il s'agit bien d'une chambre bleu pâle?

—Vous faites erreur, commissaire. La chambre de droite est une chambre jaune...

—Meublée en Louis XIV?

—Excusez-moi! Je connais assez bien les styles et je puis vous affirmer que la chambre de droite est meublée en style Régence...

—Soit! Vous voici là-haut et il est à peu près cinq heures dix. Où est le corps?

—Sur le lit, bien entendu.

14. Qui est le docteur Liévin?

15. De quoi Maigret a-t-il besoin?

16. Que montre l'aspect de son bureau?

17. Quelle était sa réaction quand on l'a appelé?

18. Comment sait-il l'heure exacte à laquelle on l'a appelé?

19. Qui l'a reçu à la porte?

20. Qui l'a appelé?
21. Qu'a-t-elle dit?

22. De quelle couleur était la chambre, et dans quel style était-elle meublée? (Phillipe a-t-il donné la même description de la chambre?)

23. Où est le corps?

—Déshabillé?

—Mais oui! Naturellement...

—Des vêtements traînaient-ils dans la pièce?

—Je ne pense pas... Non!... Il n'y avait aucun désordre...

—Et il ne s'y trouvait que Mme Deligeard?

—Oui... Elle était très nerveuse... Elle m'a décrit l'attaque que sa tante avait eue. J'ai aussitôt compris que la mort avait été pour ainsi dire instantanée△...

24. Qui y était?

—Vous avez pu déterminer approximativement l'heure de la mort?

—La mort a eu lieu vers quatre heures et quart.

—Hein?... Quoi?... Quatre heures et quart?

25. A quelle heure est-elle morte?

—Mais oui! Mme Deligeard avait essayé d'appeler deux autres médecins, ce qui avait pris du temps...

26. Quelle est la réaction de Maigret?

—Quatre heures et quart!... répétait Maigret en se passant la main sur le front... Je ne voudrais pas vous vexer, docteur... Mais vous êtes débutant△... Etes-vous certain de ce que vous avancez? Maintiendriez-vous votre affirmation si la tête d'un homme ou d'une femme était en jeu?

27. Pourquoi le médecin n'est-il arrivé que bien après la mort de la dame?

—Je ne pourrais que répéter...

—Bien! Je vous crois... Mais j'aime mieux vous prévenir qu'il faudra presque sûrement recommencer cette déposition à la barre et que les avocats feront l'impossible pour détruire votre témoignage...

28. Qu'est-ce qui pourrait dépendre de son témoignage?

—Ils n'y parviendront pas.

—Avez-vous autre chose à me dire? Que s'est-il passé ensuite?

29. Où faudra-t-il répéter cette déposition?

—Rien. J'ai signé l'acte de décès... Mme Deligeard m'a payé deux cents francs...

—C'est votre prix?

—Non, mais elle l'a fixé elle-même...

30. Quel était le prix du docteur et qui l'a fixé?

—Et vous n'avez rencontré personne d'autre?

—Personne.

🌀 Activités sur le récit

Résumé de l'action

A. Résumez l'action en corrigeant les phrases fausses.

1. Dans leur première conversation Cécile n'a pas parlé de son amant à Maigret.
2. Jacques et Cécile se retrouvent depuis un an dans la maison de Jacques.
3. A cause de la vieille dame, Cécile a refusé d'avoir des relations avec Jacques.
4. Maigret est curieux de savoir si Cécile a reconnu le visage de sa tante morte.
5. Cécile n'a pas montré son émotion devant le cadavre de la vieille dame.
6. Dans l'hôtel des Deligeard il y a à la fois un petit et un grand escalier.
7. Malgré sa jeunesse, le docteur Liévin a beaucoup de patients et ils sont tous prospères.
8. Le bureau du docteur Liévin n'est qu'à sept ou huit minutes de l'hôtel particulier des Deligeard.
9. Ne connaissant pas les styles, le docteur ne peut pas affirmer dans quelle chambre la dame se trouvait.
10. La dame portait les mêmes vêtements qu'elle avait quand elle était allée chez le dentiste.
11. Le docteur est certain que la mort a eu lieu vers quatre heures et quart.
12. Le docteur hésiterait à témoigner devant la barre.
13. Le docteur a signé l'acte de décès.
14. Le docteur a fixé le prix, mais Mme Deligeard lui a donné plus d'argent qu'il n'en demandait.
15. Dans la chambre de la dame morte il y avait trois personnes: le docteur, le valet et Mme Deligeard.

B. Résumez l'action en identifiant le personnage qui prononce ou pourrait prononcer chacune des phrases suivantes:

1. Ce n'est pas très gentil de ne m'avoir pas parlé de M. Mercier.
2. Si elle se mariait je considérerais cela comme une trahison à mon égard.
3. Voilà pourquoi j'ai accepté de n'avoir que des relations cachées avec lui.
4. Depuis un an je passe mes nuits dans sa maison mais elle ne sait pas que je suis là.
5. Ah vous voilà... Je me doutais que vous alliez accourir à la nouvelle de sa mort.
6. Je pars toujours de chez le docteur Liévin à cinq heures, après sa consultation.
7. Je débute et ma clientèle est de condition très modeste.
8. Je lui ai ouvert la porte mais je ne suis pas monté au second étage avec lui.
9. Montez vite, docteur, je crois qu'elle a eu une crise cardiaque!
10. Le témoignage de ce médecin va condamner mon client. Je vais faire l'impossible pour le détruire.

Si vous n'avez pas trouvé la réponse vous pouvez la chercher dans la liste suivante:

a. un avocat de la défense
b. Mme Croizier
c. Phillipe Deligeard
d. Mme Deligeard
e. l'infirmière

f. Cécile Ledru
g. le docteur Liévin
h. Maigret
i. Jacques Mercier
j. le valet de chambre

Sujets de discussion orale ou écrite

C. Le Projet de mariage de Cécile.

1. Quelle raison donne-t-elle pour ne pas s'être mariée?
2. Quelles sont les obligations de Cécile envers la vieille dame?
3. Depuis combien de temps est-elle sa demoiselle de compagnie?
4. A-t-elle raison de lui cacher ses relations avec Jacques?
5. Comment jugez-vous sa conduite?
6. Et Maigret, comment semble-t-il la juger?
7. Qui a révélé à la vieille dame les relations cachées de Cécile et de son amant? Pourquoi?
8. Imaginez la conversation entre Phillipe et sa tante à ce sujet.
9. D'après Phillipe, quelle décision la vieille dame a-t-elle prise quand elle a appris la nouvelle?
10. Toujours d'après Phillipe, pourquoi hésitait-elle à faire ce qu'elle avait décidé de faire?
11. Est-ce qu'il dit la vérité, croyez-vous?
12. Il semble plus que probable qu'il craignait cette grande affection de la vieille dame pour Cécile. Pourquoi?

D. L'Intrigue. Dans le roman policier (*detective story*), les indices (*clues*) jouent un rôle important. Parlons des indices—ou des contradictions mystérieuses—que Maigret a découverts au cours de son entretien avec le docteur Liévin.

1. **La chambre où la dame est morte.** Qui prétend que c'est la chambre bleue meublée en Louis XIV? Mais d'après le médecin, de quel style et de quelle couleur était la chambre de la dame?
2. **L'état de la chambre.** La dame venait de rentrer de chez le dentiste quand la crise l'a prise. Où est-elle quand le médecin la voit? En quel état est la chambre? Où sont ses vêtements? Expliquez ce qu'il y a de contradictoire dans la situation.
3. **L'heure de la mort.** Phillipe dit qu'il est parti pour son cercle vers quatre heures et demie et qu'il n'était pas là quand elle est morte. A quelle heure est-elle morte d'après lui? Et d'après le docteur? Aurait-il eu le temps de la tuer avant de partir? Mais d'après le docteur quelle est la cause de la mort de la dame? Pouvez-vous expliquer ce mystère?

La Vieille Dame de Bayeux

Georges Simenon

Quatrième Partie

◉ Préparation à la lecture

Le Lexique

Vocabulaire

Assis dans un restaurant **poussiéreux**, Maigret joue au **chat et à la souris** avec le criminel.	*Seated in a **dusty** restaurant, Maigret plays **cat and mouse** with the criminal.*
Un monsieur **hautain** tuerait-il pour de l'argent?	*Would a **haughty** gentleman kill for money?*
Il alla **sonner** chez les Deligeard. Le valet **vint à sa rencontre.**	*He went to **ring** the doorbell at the Deligeards'. The valet **came forward to meet him.***
—C'est à vous que je veux parler, **mon vieux.**	*"You're the one I want to talk to, **old man (pal, friend).*"**
Le valet n'**osa** pas protester.	*The valet didn't **dare** protest.*
Le chauffeur avait pris **congé.**	*The chauffeur had had **the day off.***
Maigret apprend sans **étonnement** qu'il y a des traces de **boue** dans la voiture.	*Maigret learns without **astonishment (surprise)** that there are traces of **mud** in the car.*
Et pourtant, il ne **pleuvait** pas.	***And yet**, it wasn't **raining**.*
—Mme Croizier n'était pas **fière,** dit le valet. Elle nous **adressait la parole.**	*"Madame Croizier was not **proud**," **(haughty)** says the valet. "She **would speak** to us.*
Elle nous a dit que les dentistes ne **font** pas **mal.**	*She told us that dentists don't **cause pain (hurt)**.*
Elle était **bien portante.**	*She was **in good health**."*

Mots apparentés et partiellement apparentés

Dans ce **milieu** solennel	*milieu*	*environment*
et **volontairement** austère	*voluntarily*	*willfully, deliberately*
apparaît la **bête** humaine.	*beast*	*animal*
Phillipe a des **dettes** énormes.	*debts*	
Il est **reçu** partout.	*received*	*known and accepted*
Il se sent **rassuré,** mais il a tort.	*reassured*	
Il **paraît** que Maigret joue avec lui.	*appears*	
L'hôtel est à deux **pas.**	*paces*	*steps*
Maigret y va sans **se presser.**	*pressing on*	*hurrying*
Le **patron** a donné congé au chauffeur.	2. *patron*	1. *boss*
La chambre jaune ne **sert** jamais.	*serves*	*is used*
Madame était toute **émue.**	*moved* (*past participle of* **émouvoir**)	*emotional*
Le préfixe **dé-**	*dis-*	*un-*
Le chauffeur avait **déboutonné** son uniforme.	*unbuttoned*	

Faux amis

Le valet voulait **introduire** Maigret.	not: *to introduce, to present*	but: *to introduce, to show in*
La cuisinière était une **grosse** femme.	not: *gross*	but: *fat, big*
La **vilaine** bête	not: *villainous*	but: *ugly*
Un **ancien** officier	when it comes before the noun, not: *ancient*	but: *former*

But when **ancien** comes after the noun, it does mean *ancient*.

La Grammaire

Mots-clés

Au fond
Maigret n'**a** pas **tort.**

Basically (fundamentally) Maigret is not wrong.

Il y a des criminels **sous** cette apparence digne.

*There are criminals **under** that dignified appearance.*

On les aura!

We'll get them!

Mais **auparavant** il doit voir le chauffeur.

*But **beforehand** he must see the driver.*

Il va **dehors**.	*He goes **outside**.*
L'hôtel est **à** deux pas.	*The mansion is two steps **away**.*
Il y va non pas **tout à l'heure** mais **tout de suite**.	*He goes there not **later on** but **right away**.*
Quant au valet, c'est un **ancien** officier.	***As for** the valet, he is a **former** officer.*
Des deux chambres, **celle** de gauche ne sert **pour ainsi dire** jamais.	*Of the two rooms, **the one** on the left is used **as it were (so to speak)** never.*

Exercices

A. Les structures.   Lisez les phrases suivantes. Essayez de les comprendre. Ensuite, indiquez la structure grammaticale représentée en **caractères gras** dans chaque phrase.[1]

passé composé	pronon personnel sujet
imparfait	pronom relatif
passé simple	négation
participe présent ou gérondif	restriction
construction impersonnelle	pronom objet indirect
pronom interrogatif	pronom démonstratif

1. Maigret **alla** dîner. _____
2. Le procureur **lui** avait répété d'être prudent. _____
3. **Que** faisiez-vous quand j'ai sonné? _____
4. La cuisinière était une femme **que** l'intrusion de Maigret dans son domaine ne paraissait pas rassurer. _____
5. A quelle heure est-ce que Mme Croizier **est sortie?** _____
6. Où **était** la voiture à ce moment- là? _____
7. Elle **n'**a vu **que** vous dans la maison? _____
8. **Il est** venue Mlle Cécile. _____
9. **Celle-là** c'est la chambre Régence. _____
10. **En téléphonant** au cercle, vous avez dit à Monsieur Phillipe qu'elle avait eu une crise? _____
11. Est-ce qu'**il** savait qu'elle était morte? _____
12. **Personne** d'entre nous **n'**est monté. _____

B. Lisez le passage suivant en remplaçant les mots en **caractères gras** par un synonyme. Faites les changements de genre nécessaires.

au fond	étonnement	tout à l'heure
auparavant	osé	tout de suite
avoir tort	sous	

---

[1] les Réponses: 1. passé simple, 2. pronom objet indirect, 3. pronom interrogatif, 4. pronom relatif, 5. passé composé, 6. imparfait, 7. restriction, 8. construction impersonnelle, 9. pronom démonstratif, 10. participe présent ou gérondif, 11. pronom personnel sujet, 12. négation

Maigret ne peut pas décider **immédiatement** (1). Il doit parler au médecin **d'abord** (2). Il décidera sans doute **bientôt** (3).

Imaginez la **surprise** (4) de Maigret quand il voit que le médecin est certain de ne pas **faire erreur** (5). Il y a donc un crime **caché derrière** (6) cette façade digne. Et c'est Cécile qui a **eu le courage de** (7) le dénoncer. **Après tout** (8), elle a eu raison.

C. Remplissez les tirets dans les phrases suivantes par les mots convenables.

ancien	fière	poussiéreuse
bien portante	hautaines	sonner
boue	mon vieux	souris
faire mal		

1. Une personne qui n'est pas du tout malade est une personne _____.
2. A la campagne quand il pleut beaucoup il y a de la _____.
3. Les gens fiers ont souvent des manières _____.
4. Il était officier mais il ne l'est plus. C'est un _____ officier.
5. Les gros chats terrorisent les petites _____.
6. En général ce n'est qu'à des amis qu'on dit _____.
7. On a peur d'aller chez le dentiste parce qu'on pense que ça va _____.
8. On n'entre presque jamais dans la chambre jaune, donc elle est assez _____.
9. Il est devenu médecin à l'âge de vingt-sept ans, et sa mère en est très _____.
10. Vous êtes à la porte d'un hôtel particulier. Pour entrer il faut _____.

La Vieille Dame de Bayeux

(Quatrième Partie)

Maigret alla dîner dans un restaurant célèbre pour ses soles normandes et ses tripes à la mode de Caen.[1] Le restaurant, comme tous les milieux où Maigret s'était trouvé ce jour-là, avait quelque chose de poussiéreux et de solennel,△ de volontairement austère.

Maigret se disait qu'au fond c'était une affaire comme il les aimait: une façade digne,△ des gens graves, toutes les apparences de

1. Quelle est l'atmosphère du restaurant?

---

[1]Les tripes sont une spécialité de la ville de Caen: **tripes à la mode de Caen.** Les soles sont une spécialité de la Normandie, province dont Caen est une des deux villes principales. C'est pourquoi on les appelle **les soles normandes.**

la vertu,△ et sous tout cela, sous les vêtements sombres et les visages hautains, la bête humaine, la vilaine bête, la plus inexcusable, celle qui tue par intérêt sordide, pour des questions d'argent!

Contrairement à son habitude, il ne se pressait pas et prenait plaisir△ à travailler lentement, comme s'il jouait au chat et à la souris avec l'assassin.

Le procureur lui avait répété:

—Faites le nécessaire mais soyez prudent!... Phillipe Deligeard est un homme connu qui a peut-être des dettes mais qui est reçu partout... Soyez prudent, commissaire!

Et Maigret se disait:

—Mais oui, mon vieux! Seulement on les aura... ²

—Tout à l'heure je mettrai tout cela en ordre, se promit-il. Auparavant, il faut que j'aie un entretien avec ce fameux valet de chambre...

Et ayant terminé son dîner, il alla sonner rue des Récollets, retint le domestique qui voulait l'introduire dans l'antichambre.

—Non, mon vieux, c'est à vous que j'ai à parler. Vous savez qui je suis, n'est-ce pas? Que faisiez-vous quand j'ai sonné?

—On prenait le café dans la cuisine...

—J'irai donc prendre le café avec vous!

Il s'invitait. Il s'imposait. L'homme n'osait pas protester, annonçait à la cuisinière et à Arsène, le chauffeur:

—C'est le commissaire qui demande une tasse³ de café...

Arsène portait un uniforme gris très élégant, mais qu'il avait déboutonné pour être plus à l'aise△⁴ et la cuisinière était une grosse femme que l'intrusion de Maigret dans son domaine ne paraissait pas rassurer.

—Ne vous dérangez pas pour moi, les enfants! Restez à votre aise, Arsène! Au fait, pourquoi avez-vous pris congé avant-hier? C'était votre jour?

—Pas précisément... Le matin le patron m'a dit comme ça⁵ que, puisqu'il ne pourrait pas me donner de congé la semaine prochaine, à cause d'un voyage dans le Midi,⁶ je n'avais qu'à prendre mon jour...

—M. Phillipe a donc conduit lui-même?

—Oui... Je croyais qu'il n'aurait pas besoin de l'auto, mais j'ai remarqué qu'il s'en est servi, puisqu'il y avait des traces de boue à l'intérieur.

---

2. Qu'y a-t-il sur la façade de cette affaire?

3. Et derrière la façade?

4. Dans le jeu de Maigret, qui est le chat? Qui est la souris?

5. Comment le procureur décrit-il Phillipe?

6. Qui va-t-il voir?

7. Que voulait faire le valet?

8. Que faisaient-ils quand il a sonné? Qui va les joindre?
9. Pourquoi le valet ne proteste-t-il pas?

10. Décrivez Arsène. Quelle est l'attitude de la cuisinière?

11. Pourquoi Arsène avait-il congé?

12. Comment sait-il que son patron a utilisé la voiture?

---

²**on les aura** nous allons trouver les coupables
³**tasse?** Dans quoi est-ce qu'on boit du café?
⁴**à l'aise?** Pourquoi est-ce qu'on déboutonne son uniforme?
⁵**le patron m'a dit comme ça** *An uneducated turn of speech. An English equivalent might be: the boss he says to me . . .*
⁶**le Midi** la partie sud de la France

—Comme il ne pleuvait pas, il est donc allé à la campagne?

—Vous savez, ici, la campagne ne commence pas bien loin de la maison...

Quant au valet de chambre, qui s'appelait Victor, il affectait dans ses réponses une précision toute mathématique et Maigret apprit sans étonnement que c'était un ancien sous-officier d'artillerie.

—Pouvez-vous me dire à quelle heure Mme Croizier est sortie?

—Quelques minutes avant quatre heures, comme tous les jours. C'est à quatre heures qu'elle avait rendez-vous chez son dentiste qui habite à deux pas d'ici.

—Elle était bien portante?

—Comme toujours! C'était une personne très bien conservée, très gaie, pas fière, qui ne passait jamais sans nous adresser la parole.

—Elle ne vous a rien dit de spécial?

—Non! Elle m'a dit: «A tout à l'heure, Victor... »

—Elle allait à pied chez le dentiste?

—Mme Croizier n'aimait pas l'auto. Même quand elle retournait à Bayeux elle préférait prendre le train.

—Pourriez-vous me dire où était la voiture à ce moment?

—Non, monsieur!

—Elle n'était pas au garage?

—Non, monsieur... Monsieur et Madame étaient sortis avec, tout de suite après le déjeuner... Ils sont rentrés environ une heure plus tard, mais ils avaient dû laisser l'auto dehors...

—Donc, Monsieur et Madame, comme vous dites, sont rentrés vers trois heures... Une heure après, un peu avant quatre heures, Mme Joséphine Croizier est sortie... Ensuite?

—Il est venue Mlle Cécile...

—A quelle heure?

—Quatre heures dix... Je lui ai appris que sa tante venait de sortir et elle est partie...

—Elle n'a vu que vous dans la maison?

—Que moi.

—Ensuite?

—Monsieur est sorti... Il était quatre heures vingt-cinq... J'ai regardé l'heure, car il était un peu en avance sur l'heure à laquelle il se rend chaque jour au cercle...

—Continuez...

—Il n'y a rien eu d'autre à ce moment... Et il allait être vers cinq heures quand Mme Croizier est rentrée...

—Toujours bien portante?

—Elle était même de bonne humeur. Elle m'a dit comme ça, en passant, qu'on a tort de croire que les dentistes sont des gens qui font mal...

13. Pourquoi Mme Croizier est-elle sortie?

14. Comment était-elle avec les domestiques?

15. Pourquoi va-t-elle à pied ou par le train?

16. Qu'ont fait les Deligeard après le déjeuner?

17. Qui est venu?

18. Pourquoi est-elle partie?

19. Où est allé Phillipe? En quoi sa routine était-elle un peu différente de celle des autres jours?

20. Comment allait la dame quand elle est rentrée? Que dit-elle?

—Elle est montée dans sa chambre?

—Elle est montée, oui!

—Sa chambre est bien la chambre Louis XIV?

—Bien sûr!

—Celle de droite, la chambre jaune?

—Mais non! Celle-là est la chambre Régence, qui ne sert pour ainsi dire jamais.

—Que s'est-il passé alors?

—Je ne sais pas... Des minutes sont passées... Madame est descendue, toute émue...

—Pardon! Combien de minutes sont passées?

—Vingt... En tout cas, il était plus de cinq heures quand Madame m'a demandé de téléphoner à Monsieur au cercle, pour l'avertir que sa tante venait d'avoir une crise...

—Et en téléphonant au cercle, vous avez dit qu'elle avait eu une crise?

—Oui...

—Vous n'avez pas dit qu'elle était morte?

—Non... Je ne savais pas encore qu'elle était morte...

—Vous êtes monté là-haut?

—Non... Personne de nous n'est monté... Un jeune docteur est venu et Madame est allée à sa rencontre... Ce n'est qu'à sept heures qu'on nous a annoncé la mort de Mme Croizier et il était huit heures quand nous sommes tous montés la voir...

—Dans la chambre jaune?

—Non! Dans la chambre bleue...

21. A quoi s'intéresse Maigret tout particulièrement? (Pourquoi?)

22. En quel état était Mme Deligeard quand elle est descendue?

23. Qu'a-t-elle demandé au valet de faire?

24. Qu'a-t-il dit au téléphone?

25. Que n'a-t-il pas dit? Pourquoi pas?

26. Qui est venu ensuite?

27. Que leur a-t-on annoncé à sept heures?

L'art de lire: les pronoms personnels et les adjectifs possessifs

Learn to identify and follow references. In order for a grouping of sentences to cohere together as a text, words have to refer back and forth to each other and make links of various kinds beyond the sentence level. Many of the words presented as **mots-clés** perform this kind of operation. Pronouns provide one of the means by which language establishes coherent frames of meaning. This selection begins by referring to Maigret by name and continues to indicate what he does with the subject pronouns **il** (**il ne se pressait pas; il alla sonner rue des Récollets**) and **je** (**je mettrai tout cela en ordre**). Possessive adjectives also refer back to the hero (**Contrairement à son habitude; ayant terminé son dîner**). It is important not to confuse references. The first time Maigret uses the term **mon vieux** he is talking to himself; the second time he is addressing the valet. Other pronouns play similar roles. Follow the references in the following dialogue in which Maigret is questioning the valet:

—... Mme Joséphine Croizier est sortie... Ensuite?

— Il est venue Mlle Cécile...

— A quelle heure?

— Quatre heures dix... Je lui ai appris que sa tante venait de sortir et elle est partie.

The pronoun **il** is impersonal. The valet refers to himself with **je.** The indirect object pronoun **lui** refers to Mlle Cécile; **sa tante** is Cécile's aunt; the subject pronoun **elle** refers to Cécile again (not to the aunt).

☺ Activités sur le récit

Résumé de l'action

A. Résumez l'action en complétant les phrases suivantes.

1. Le restaurant où Maigret dîne est célèbre pour ses...
2. Comme dans tous les milieux où il avait été ce jour-là, il y avait dans ce restaurant quelque chose de...
3. Maigret aime cette affaire. Derrière sa façade digne il voit la...
4. Il ne se presse pas. Il joue au...
5. Le procureur lui avait répété: «Soyez...
6. Mais Maigret se disait: «Mais oui, mon vieux. Seulement,...
7. Après son dîner il a un entretien avec...
8. Il va dans la cuisine prendre une...
9. Il demande au chauffeur, Arsène, pourquoi il avait...
10. Le chauffeur dit qu'il avait congé ce jour-là à cause d'un...
11. Le chauffeur continue: «Je sais que le patron s'est servi de la voiture parce qu'il y avait...
12. Le valet de chambre, Victor, aime la vieille dame. Il dit qu'elle ne passait jamais sans leur...
13. Il continue: «Elle est sortie à quatre heures pour aller...
14. «Elle n'aime pas l'auto. Elle est donc allée...
15. «Ensuite, il est venue Mlle Cécile. Je lui ai dit que sa tante...
16. «Puis le patron est sorti pour aller...
17. «Quand Mme Croizier est rentrée elle était de bonne...
18. «Elle m'a même dit qu'on a tort de croire que les dentistes...
19. «Puis elle est...
20. «Quelques minutes plus tard, Madame Deligeard, tout émue, est descendue et m'a demandé de...
21. «J'ai téléphoné et j'ai dit à monsieur que sa tante...
22. «Je n'ai pas dit qu'elle était...
23. «Ce n'est qu'à sept heures qu'on nous a annoncé...

Si vous n'avez pas trouvé la réponse vous pouvez la chercher dans la liste suivante.

a. adresser la parole, parler
b. avait eu une crise
c. bête humaine
d. au cercle
e. chat et à la souris
f. chez le dentiste
g. congé
h. les domestiques
i. humeur
j. montée dans sa chambre
k. la mort de Mme Croizier
l. morte
m. on les aura
n. à pied
o. poussiéreux et de solennel
p. prudent
q. soles normandes et ses tripes à la mode de Caen
r. sont des gens qui font mal
s. tasse de café
t. téléphoner à Monsieur au cercle
u. traces de boue à l'intérieur
v. venait de sortir
w. voyage dans le midi la semaine prochaine

B. Résumez l'action en indiquant où on peut trouver les personnes ou les objets suivants.

1. des soles normandes et des tripes à la mode de Caen
2. la tasse de café que prend Maigret
3. l'uniforme gris très élégant mais déboutonné
4. des traces de boue à l'intérieur
5. beaucoup de boue quand il pleut
6. l'équipement qu'il faut pour un travail de prothèse dentaire
7. la voiture quand on ne la conduit pas
8. Monsieur Deligeard au moment de la crise
9. le cadavre de la vieille dame

Si vous ne trouvez pas la réponse vous pouvez la chercher dans la liste suivante.

à la campagne	dans la cuisine
à son cercle	chez le dentiste
dans la chambre bleue	dans le garage
(ou bien dans la chambre jaune?)	dans le restaurant
sur le dos du chauffeur	dans la voiture des Deligeard

C. Résumez l'action en identifiant le personnage qui prononce ou pourrait prononcer chacune des phrases suivantes.

1. Les soles normandes c'est une de nos spécialités.
2. Faites l'enquête, mais soyez prudent. Phillipe Deligeard est une personne très connue, très distinguée.
3. Non, mon vieux, c'est à vous que j'ai à parler.
4. L'intrusion de ce commissaire dans mon domaine ne me rassure pas.
5. J'ai appris à penser, et donc à parler, avec une précision mathématique quand j'étais dans l'artillerie, et j'en suis fier.
6. Je sais qu'il s'en est servi, parce qu'il y avait des traces de boue dedans.
7. Puisque nous allons dans le Midi la semaine prochaine vous n'avez qu'à prendre votre jour aujourd'hui.

8. Je voyage toujours en train, jamais en auto.
9. Rassurez-vous, madame, ça ne va pas faire mal.
10. Puisque j'avais des courses à faire à Caen, je suis passée voir tante Joséphine.
11. Quelle mauvaise nouvelle! Rentrez tout de suite auprès de votre femme, elle a besoin de vous dans ces circonstances douloureuses.

Si vous ne trouvez pas la réponse vous pouvez la chercher dans la liste suivante.

a. Cécile Ledru
b. Mme Croizier
c. la cuisinière
d. le dentiste
e. le commissaire Maigret
f. le chauffeur
g. un garçon dans le restaurant
h. un membre du cercle de Phillipe
i. Phillipe Deligeard
j. le valet de chambre
k. le procureur

Sujets de discussion orale ou écrite

D. Le milieu. Parlons de Caen et de ses habitants, et de l'impression qu'ils font sur Maigret. Donnez quelques précisions sur:

1. le restaurant.
2. l'hôtel particulier des Deligeard.
3. les gens qui présentent leurs condoléances (costume, visages, etc.)
4. le cercle de Phillipe. A quoi est-ce qu'on joue?
5. Phillipe lui-même; ses manières.
6. l'hôtel Saint-Georges. Imaginez-le. Quelle sorte d'hôtel Cécile choisirait-elle?
7. le café où il a son deuxième entretien avec Cécile. A quoi est-ce que les hommes jouent? Lui laisse-t-il la même impression que le restaurant? Est-ce peut-être une exception à son impression générale de la ville de Caen?

E. L'intrigue. Parlons (1) des nouveaux indices et (2) des contradictions entre le témoignage du docteur et celui des domestiques.

1. **La voiture.** Qui l'a utilisée? Le chauffeur a-t-il conduit? Qu'y avait-il à l'intérieur?
2. **La mort de Mme Croizier.** D'après le valet, quand est-elle sortie, quand est-elle rentrée et de quelle humeur, et quand a-t-elle eu sa crise? Mais d'après le docteur quand est-elle morte?

La Vieille Dame de Bayeux

Georges Simenon

Cinquième Partie

∾ Préparation à la lecture

Le Lexique

Vocabulaire

Maigret a un **sourire** aux **lèvres**.	*Maigret has a **smile** on his **lips**.*
Il aime avoir l'air **bête.**	*He likes to seem **stupid**.*
Il entre avec la **lourdeur** d'un policier bête.	*He enters with the **clumsy heaviness** of a dumb cop.*
Il ne **manque** que les moustaches.	*Only the mustache is **missing**.*
Le procureur parle d'un ton **sec** et **dur.** Maigret continue: J'ai quelque chose à **ajouter.**	*The prosecutor speaks in a **dry, hard** tone. Maigret goes on: I have something to **add**.*
D'abord j'**ai failli** le croire. Plus tard j'ai eu des **soupçons.**	*At first I **almost** believed him (**came close to** believing him). Later on I had **doubts**.*
Selon le docteur, elle **est morte** à quatre heures vingt.	*According to the doctor, she **died** at four twenty.*
Mais le valet dit qu'à cinq heures Mme Croizier **plaisantait** avec lui.	*But the valet says that at five O'clock, Madame Croizier **was joking** with him.*
Et le dentiste **prétend** qu'elle était dans son cabinet.	*And the dentist **maintains** that she was in his office.*
Qui **ment?**	*Who **is lying**?*
«Vous faites une enquête, c'est **entendu,** dit le procureur.	*"You're investigating, that's **understood**," says the prosecutor.*
Je vous **entends** parler, mais je ne comprends pas.	*"I **hear** you talking, but I don't understand.*

48

Dites-moi ce que vous **entendez** par vos remarques.»

*Tell me what you **mean** by your remarks."*

Mots apparentés et partiellement apparentés

Maigret a reçu une **convocation.**	*convocation*	*order to appear*
Il est assis sur un **banc.**	*bench*	
Il a osé **commettre** une faute.	*to commit*	
Il ne peut pas le **nier.**	*to deny*	
Son action était **hâtive.**	*hasty*	
Il est dans le **cabinet** du procureur.	*2. cabinet*	*1. office*
Il joue le rôle du policier **maladroit.**	*maladroit*	*clumsy*
Il aime avoir l'air plus bête que **nature.**	*nature*	*usual*
Je vous présente mes **hommages.**	*homage*	*respects*
J'ai commis une **faute.**	*fault*	*error*
J'en suis **désolé.**	*desolate*	*sorry*
Cela **suffit,** dit le procureur.	*suffices*	*is enough*
J'**ai horreur de** votre ton de **raillerie.**	*feel horror for* *raillery*	*can't stand* *sarcastic banter*
Alors j'explique sans **tarder.**	cf. *tardy*	*delaying, taking long*
Je ne veux pas vous **attarder.**	*to retard*	*to delay*
Quand on m'a **signalé** des traces de boue, je suis allé dans le **quartier** où demeure Caroline.	*signaled* *quarter* (cf. *Latin Quarter*)	*pointed out* *part of town*
Irez-vous a l'**enterrement** de Caroline: Mais qui est Caroline?	*interment*	*funeral*
Le visage de Phillipe **se décomposa.**	*decomposed*	*fell apart, became distorted*
Il voulait **se précipiter.**	*to precipitate*	*to rush forward*
C'est **inutile,** dit Maigret, d'une voix **paisible.**	cf. *utility* *peaceable*	*useless* *quiet*

La Grammaire

Mots-clés

Nous n'avons pas **tout à fait** terminé.	*We have not **completely** finished.*
J'expliquerai **volontiers,** si vous le **voulez bien.**	*I will **gladly** explain, if you **are willing.***
Je n'en ai pas pour longtemps.	***It won't take me** long.*

D'abord je n'ai pas compris **non plus.**	*At first I didn't understand **either**.*
D'ailleurs, qu'y avait-il à comprendre?	***Besides**, what was there to understand?*
Mais en effet c'est **plutôt** simple.	*But in fact it's **rather** simple.*
Surtout quand on y pense.	***Especially** when you think about it.*
Il est parti au club **plus tôt** que d'habitude.	*He left for the club **earlier** than usual.*
C'était **autour de** cinq heures.	*It was **around** five o'clock.*
Pourquoi faire une **telle** chose?	*Why do **such** a thing?*
Alors qu'on parlait d'une crise cardiaque, je **me suis rendu compte** qu'il s'agissait **tout bonnement** d'un crime affreux.	***While** they were talking about a heart attack, I **realized** that **quite simply** a dreadful crime was involved.*

L'art de lire: bien

The meaning of the adverb **bien** is most familiar in sentences like **Il parle bien** (*He speaks well).* It is often used, however, to emphasize the word it modifies. It is a word that can be omitted without much loss of meaning as you read. Yet, it can be helpful to notice the various ways in which **bien** adds to the meaning when it is used for emphasis.

Il est **bien** fatigué.	*He is **very** tired.*
C'est **bien** ce que je vous reproche.	*That is **exactly** what I am reproaching you for.*
Vous voyez **bien** que nous n'avons pas terminé.	*You **do** see that we haven't finished.*
A cinq heures elle était **bien** en vie.	*At five o'clock she was **perfectly** alive.*
La chambre bleue est **bien** la sienne.	*The blue room is hers **all right**.*
Bien le bonjour, monsieur.	*A **very** good day **to you**, sir.*

In the expression **vouloir bien,** however, **bien** serves not to emphasize the verb, but to attenuate it. **Je veux bien** is not *I do want, I want very much,* but *I am willing, it's all right with me.*

Je **veux** y aller.	*I **want** to go.*
Je **veux bien** y aller.	*I **am willing** to go.*

L'art de lire: les démonstratifs

When he has heard enough from Maigret, the **procureur** says **Cela suffit!,** summing up what Maigret has been saying and doing in one demonstrative pronoun (neuter form). Maigret himself has used the word **ça,** which has the same meaning in less formal discourse, to summarize Cécile's love affair: **il y a deux ans que ça dure?** In both cases, these words establish links, extending the meaning from one part of the text to another, repeating notions in a kind of shorthand. Grasping marks of coherence is fundamental to understanding a text.

The same characters are regularly referred to in a variety of ways. When Phillipe hears Maigret mention Caroline, **l'homme** (Phillipe) almost attacks **le commissaire,** that is, Maigret. To refer to Maigret directly afterwards, the text uses the masculine demonstrative:

Celui-ci fermait la porte.   *He closed the door.*

The demonstrative pronoun can mean *the latter,* but English here would use a personal pronoun. To specify which room Madame Croizier went to, Maigret asks:

Celle de droite?   ***The one** on the right?*

Non! **Celle-là** est la chambre Régence.   *No!* ***That one** is the Regency room.*

These masculine and feminine forms of demonstrative pronouns have more explicit references than the neuters.

Exercices

A. Les structures.   Lisez les phrases suivantes. Essayez de les comprendre. Ensuite, indiquez la structure grammaticale représentée en **caractères gras** dans chaque phrase.[1]

1. **Asseyez-vous!** _____
2. **Qu'entendez-vous** par être chez quelqu'un? _____
3. Je suis allé voir **les** traces de boue. _____
4. Je **vous** en parlerai tout à l'heure si vous le désirez. _____
5. Je suppose que **vous** ne le niez pas? _____
6. Si **j'avais su** ne pas déranger M. Deligeard, je me serais fait annoncer à lui. _____
7. Je voudrais, si vous **le** permettez, poser une question. _____
8. Le procureur **fut** stupéfait du résultat de ces paroles. _____
9. Je commence par le mystère du bleu et du jaune **qui** m'a confirmé dans mes soupçons. _____
10. **Sachez** que Mme Croizier occupait la chambre de gauche. _____
11. La vieille femme **était** déjà **déshabillée.** _____
12. Il n'y avait même pas le désordre qui **suit** un hâtif déshabillage. _____

présent	inversion interrogative
imparfait avec adjectif	article défini
plus-que-parfait	pronom objet indirect
passé simple	pronom objet direct
impératif de savoir	pronom sujet
impératif d'un verbe pronominal	pronom relatif

---

[1]les Réponses: 1. impératif d'un verbe pronominal, 2. inversion interrogative, 3. article défini, 4. pronom objet indirect, 5. pronom sujet, 6. plus-que-parfait, 7. pronom objet direct, 8. passé simple, 9. pronom relatif, 10. impératif de savoir, 11. imparfait avec adjectif, 12. présent

B. Lisez le passage suivant en remplaçant les mots en **caractères gras** par un synonyme.

accepte	plutôt	surtout
autour de	en a pour	tout à fait
découvrir		

Le dîner de Maigret est **relativement** (1) paisible. Il aime la cuisine normande, **particulièrement** (2) les tripes.

Mais il veut **se rendre compte de** (3) ce qui s'est passé. Il va donc chez les Deligeard. Il **met** (4) cinq minutes pour y aller. Il est **à peu près** (5) huit heures quand il sonne chez eux.

«Vous voulez m'interroger? dit le chauffeur. Moi, je **veux bien** (6).» Maigret semble **complètement** (7) à son aise parmi les domestiques.

C. Même exercice.

à bientôt	était sur le point de	pendant que
avant	exactement	volontiers

«Au revoir, dit Phillipe, en partant. **On se retrouvera plus tard** (1).» Mais c'est **bien** (2) ce que je disais: Il **a failli** (3) manquer son bridge. Les autres sont arrivés **plus tôt que** (4) lui. Il était encore chez lui **alors que** (5) ses amis l'attendaient. Ils auraient accepté un autre partenaire **sans aucune hésitation** (6).

D. Substituez à la description suivante d'une personne aimable la description d'une personne désagréable, en remplaçant les mots en **caractères gras** par un mot qui signifie le contraire.

bête	manque	sec
éliminer de	mentir	des soupçons
lourdeur	parler sans sourire	

On dit que cet homme est **intelligent** (1). De plus, il a la réputation de **dire la vérité** (2). Il a l'habitude de **plaisanter** (3). Il fait tout ce qu'il fait avec **grâce** (4). Il **possède beaucoup** (5) de vivacité et de charme. Dans ses actions il inspire **confiance** (6). Il vous parle toujours d'un ton **cordial** (7). C'est un nom à **ajouter à** (8) la liste des invités.

La Vieille Dame de Bayeux

(Cinquième Partie)

—Monsieur le procureur vous prie d'attendre...

Maigret se trouva sur un bout de banc dur, dans le corridor poussiéreux du Palais de Justice de Caen.

1. Où se trouve Maigret?

Il était dix heures du matin. Maigret avait reçu le matin une convocation assez sèche du procureur, le priant d'être à son cabinet à dix heures précises.

A dix heures dix il se leva de son banc et s'approcha de l'huissier.[1]

2. Pourquoi y est-il?

—Il y a quelqu'un chez le procureur?

—Oui.

—Vous ne savez pas s'il en a pour longtemps?

—Je suppose! Il est déjà là depuis neuf heures et demie. C'est M. Deligeard...

Un drôle de sourire flotta△ sur les lèvres de Maigret.

Enfin on appela l'huissier, qui revint annoncer:

3. Qu'est-ce qu'il apprend de l'huissier, et quelle est sa réaction?

—M. le procureur vous attend!

Or Phillipe Deligeard n'était pas sorti. Maigret entra avec une lourdeur où il y avait peut-être une bonne part d'affectation. Il lui arrivait ainsi, en certaines occasions, surtout quand il était de très bonne humeur, d'aimer avoir l'air plus bête que nature, et alors il paraissait plus gros, maladroit, véritable policier de caricature, à qui il ne manquait que les fortes moustaches.

4. De quelle humeur est-il en entrant?

5. Quel rôle joue-t-il?

—Mes hommages, monsieur le procureur. Bien le bonjour, monsieur Deligeard...

—Fermez la porte, commissaire... Avancez... Vous me mettez dans une situation extrêmement délicate et désagréable... Que vous avais-je recommandé hier?

—La prudence, monsieur le procureur...

6. Quelle recommandation le procureur lui avait-il faite?

—Ne vous avais-je pas dit aussi que je ne croyais pas aux ragots de cette jeune fille, cette Cécile?

—Vous m'avez dit en tout cas que M. Deligeard est un person-

---

[1]**huissier** *bailiff*

nage important de la ville et que, dans ces conditions, il fallait user de ménagements² à son égard...

—Asseyez-vous! Cessez de marcher! J'ai horreur des gens qui marchent quand on leur parle...

—Volontiers, monsieur le procureur.

—Où étiez-vous hier vers neuf heures du soir?

—Vers neuf heures?... Attendez! Je devais être chez M. Deligeard...

—Qu'entendez-vous par être chez quelqu'un?

—Dans la maison, évidemment!

—C'est entendu! Mais vous y étiez frauduleusement,ᐃ sans mandat de perquisition.³

—J'avais quelques questions à poser aux domestiques.

—C'est bien ce que je vous reproche et contre quoi M. Deligeard, ici présent, porte plainte. Mais ce n'est pas tout, et le reste est beaucoup plus grave. Après être sorti de la maison, vous n'avez pas tardé à y rentrer par la porte du jardin.ᐃ Je suppose que vous ne le niez pas?

—Hélas,ᐃ monsieur le procureur! Je voulais seulement savoir par où on avait introduit le cadavre...

—Qu'est-ce que vous dites?

Le procureur s'était levé, Phillipe aussi, et ils étaient aussi pâles l'un que l'autre, mais sans doute pour des raisons différentes.

—Je vous en parlerai tout à l'heure si vous le désirez. Quant au jardin, il était désert.ᐃ Je me suis rendu compte que le garage n'était pas loin et, ne voulant pas déranger M. Deligeard pour si peu, surtout en de douloureuses circonstances, je suis allé voir les traces de boue qu'Arsène m'avait signalées... C'est tout... Je me rends compte que j'ai commis une faute... Je vous en demande pardon et je m'en expliquerai comme je pourrai...

—C'est à dire qu'il s'agit tout bonnement d'effraction!⁴ Vous, un commissaire de la brigade mobile qui vous permettez de...

—Je suis désolé, monsieur le procureur... Encore une fois, si j'avais su ne pas déranger M. Deligeard, je me serais fait annoncer à lui, pour lui poser quelques questions...

7. Qu'est-ce qui irrite le procureur?

8. Où était Maigret vers neuf heures?

9. Quelle raison donne-t-il?

10. Comment y est-il rentré?

11. Quelle raison donne-t-il pour y être rentré?

12. Comment les deux hommes réagissent-ils?

13. Qu'est-ce qu'il est allé voir dans le garage?

14. Comment s'excuse-t-il? (Ses excuses semblent-elles sincères?)

---

²**ménagements?** Comment faut-il traiter un personnage important?
³**mandat de perquisition?** Qu'est-ce qu'un policier doit avoir pour entrer dans une maison en toute légalité?
⁴**effraction?** Quel crime Maigret a-t-il commis?

—Cela suffit! J'ajoute que je n'aime pas le ton de raillerie que vous semblez prendre... Monsieur Deligeard, je crois que nous pouvons considérer cet incident comme clos△ et que je vous ai donné toutes satisfactions désirables...

—Je vous remercie, monsieur le procureur. La conduite△ de cet homme était telle que je ne pouvais décemment...

Et il s'avançait pour serrer la main⁵ du magistrat.

—Merci! Et à bientôt...

—Je serai d'ailleurs demain à l'enterrement et...

Soudain△ on entendit la voix△⁶ paisible de Maigret qui disait:

—Monsieur le procureur de la République, je voudrais, si vous le permettez, poser une question, une seule, à cet homme.

Et Maigret murmura:

—Pourriez-vous me dire, monsieur, si vous irez à l'enterrement de Caroline?

Le procureur fut stupéfait△ du résultat△ de ces paroles. En un instant le visage de Phillipe se décomposa, l'homme perdit contenance,△ et faillit, dans un réflexe, se précipiter sur le commissaire.

Celui-ci, toujours placide, trop placide, refermait la porte.

—Vous voyez bien que nous n'avons pas tout à fait terminé! Je vous demande pardon de vous attarder, mais je crains que ce ne soit pour assez longtemps...

—Je vous prie de vous expliquer plus clairement.

—Aussi clairement que je le pourrai sans abuser de votre temps... Je vais commencer, si vous le voulez bien, par le mystère du bleu et du jaune, qui est à la base de mes découvertes,△ ou plutôt qui m'a confirmé dans mes soupçons... Ne regardez pas vers la porte, monsieur Deligeard... Vous savez bien que c'est inutile...

—J'attends, soupira nerveusement le procureur.

—Sachez donc qu'au second étage de la rue des Récollets, Mme Joséphine Croizier occupait la chambre de gauche, appelée chambre Louis XIV, une chambre bleu pâle. Or, à cinq heures moins quelques minutes, Joséphine Croizier, bien en vie, rentrait à l'hôtel, plaisantait avec le valet de chambre, et montait chez elle. Elle pénétrait donc dans la chambre bleue qui était la sienne.

«Or quand le médecin, appelé par téléphone, le docteur Liévin, arrivait, à cinq heures dix, on l'introduisit dans la chambre de

15. Qu'est-ce qui irrite le procureur? Qui traite-t-il avec ménagements?

16. Où les deux hommes vont-ils se revoir?

17. A l'enterrement de qui??? (Savons-nous qui c'est?)

18. Quelle est la réaction de Phillipe?

19. De quoi s'excuse Malgret?

20. Que fait Phillipe à ce moment? (Pourquoi?)

21. A qui est cette chambre Louis XIV?

22. Qu'a fait la dame en rentrant de chez le dentiste?

---

⁵**serrer la main?** Que fait-on quand on se dit au revoir?
⁶**la voix?** Qu'est-ce qu'on entend quand quelqu'un parle?

droite, la chambre Régence, qui est du plus beau jaune. Et dans cette chambre, la pauvre vieille femme était, non seulement morte, mais déjà déshabillée, sans même autour d'elle le désordre qui suit un hâtif déshabillage... Que pensez-vous de ce problème, monsieur le procureur?

—Continuez, répondit sèchement celui-ci.

—Ce mystère n'est pas le seul. En voici un autre: le jeune docteur Liévin, qui vient seulement de s'installer dans le quartier, et qui donne des consultations à dix francs aux pauvres gens, est appelé dans l'hôtel des Deligeard de préférence à tout autre médecin. Or il constate[7] que la mort remonte[8] à quatre heures vingt environ. Qui ment? Le docteur, ou le valet de chambre qui a vu entrer Mme Croizier un peu avant cinq heures? Et, dans ce cas, le dentiste ment aussi, qui prétend qu'à quatre heures vingt la vieille dame de Bayeux était dans son cabinet...

—Je ne comprends pas...

—Patience! Je n'ai pas compris tout de suite... comme je n'ai pas compris non plus pourquoi ce jour-là, parti plus tôt que d'habitude△ de son domicile, M. Deligeard est arrivé à son cercle à cinq heures un quart, alors que ses partenaires△ habituels s'impatientaient et étaient sur le point de chercher un autre quatrième . . .[9]

—On peut marcher plus ou moins vite...

—C'était le procureur qui répondait, car Deligeard, le visage pâle, gardait une immobilité rigoureuse.

23. Dans quelle chambre était la dame quand le docteur est arrivé?

24. Quelle est la situation du docteur Liévin?

25. D'après lui, quand la dame est-elle morte?

26. Mais qui l'a vue encore en vie après cette heure?

27. Quand est-ce que Phillipe a quitté la maison?

28. Et quand est-il arrivé au cercle?

∞ Activités sur le récit

Résumé de l'action

A. Résumez l'action en corrigeant les phrases fausses.

1. Maigret se trouve dans le corridor du Palais de Justice.
2. Il est assis dans une chaise confortable.
3. Il a reçu une convocation très aimable du procureur.
4. M. Deligeard est dans le cabinet du procureur.
5. Maigret affecte une manière élégante et aisée en entrant.

---

[7]**il constate** il remarque
[8]**la mort remonte à 4 h 20** *death occurred as early as 4:20*
[9]**un quatrième?** Ils jouent au bridge, jeu où il y a quatre joueurs.

6. Il s'assied tout de suite sans attendre que le procureur l'y invite.
7. Le procureur est charmé par son attitude.
8. Il l'accuse d'être entré frauduleusement chez les Deligeard.
9. Maigret le nie.
10. Il dit qu'il n'a commis aucune faute.
11. Il était surpris de trouver les traces de boue dans la voiture car personne ne les lui avait signalées.
12. Le procureur n'aime pas son ton de raillerie.
13. Quand Maigret prononce le nom de Caroline, Phillipe garde un calme parfait.
14. Il explique que Mme Croizier est montée dans sa chambre bleue.
15. Les signes d'un hâtif déshabillage montrent que la crise l'a prise très rapidement.
16. D'après le docteur, la mort remonte à quatre heures vingt.
17. Ses partenaires de bridge prétendent que Phillipe est arrivé au cercle à l'heure habituelle.

B. Résumez l'action en choisissant la terminaison qui convient à chacune des phrases suivantes.

1. Maigret a reçu une convocation assez sèche
   a. du procureur
   b. de Phillipe Deligeard
   c. du docteur Liévin
2. En entrant dans le bureau, Maigret affecte les manières d'un vrai policier de caricature à qui il ne manque que:
   a. l'air plus bête que nature
   b. un drôle de sourire
   c. les fortes moustaches
3. Le procureur lui demande où il était hier vers neuf heures du soir. Maigret
   a. refuse de répondre
   b. dit qu'il a oublié
   c. répond qu'il devait être chez M. Deligeard
4. Maigret explique qu'il est entré dans le garage
   a. pour parler avec le chauffeur Arsène
   b. pour voir les traces de boue qu'Arsène lui avait signalées
   c. parce qu'il n'avait pas de mandat de perquisition
5. Il prétend qu'il ne s'est pas fait annoncer à M. Deligeard parce que:
   a. il ne voulait pas le déranger
   b. M. Deligeard l'aurait reconduit
   c. M. Deligeard était allé à son cercle
6. Le procureur dit que ça suffit, et ajoute qu'il n'aime pas
   a. le fait d'être dérangé par un homme comme Phillipe Deligeard
   b. le ton de raillerie que Maigret semble prendre
   c. l'interruption d'une enquête menée par le célèbre Maigret
7. En disant au revoir à Deligeard le procureur lui dit qu'il va le voir
   a. au Palais de Justice
   b. à son cercle
   c. à l'enterrement de Mme Croizier

8. Maigret pose une seule question à Phillipe. Il veut savoir s'il
   a. fera un voyage dans le Midi
   b. va porter plainte contre Cécile
   c. ira à l'enterrement de Caroline
9. En un instant le visage de Phillipe se décomposa, et il faillit
   a. téléphoner à son avocat
   b. se précipiter sur le commissaire
   c. accuser le docteur Liévin
10. Le procureur demande à Maigret
    a. de ne plus continuer son enquête
    b. de quitter le bureau immédiatement
    c. de s'expliquer plus clairement
11. Maigret dit que quand Joséphine Croizier est rentrée à l'hôtel
    a. elle est montée dans la chambre bleue
    b. elle est morte aussitôt d'une crise cardiaque
    c. elle était de très mauvaise humeur
12. Il ajoute que le docteur Liévin a examiné la pauvre vieille femme
    a. dans l'escalier où la crise l'avait prise
    b. dans la chambre bleue qui était la sienne
    c. dans la chambre Régence, qui est du plus beau jaune.
13. D'après le docteur Liévin, dans la chambre où il a examiné la vieille femme
    a. il n'y avait aucun signe d'un déshabillage hâtif
    b. les domestiques se pressaient autour du lit
    c. il était la seule personne présente
14. Maigret explique que le docteur Liévin
    a. n'était pas certain de l'heure de la mort de la vieille femme
    b. donne des consultations à dix francs aux pauvres gens
    c. est le médecin de famille des Deligeard
15. D'après le docteur Liévin la mort de la dame a eu lieu
    a. à une heure indéterminée
    b. à quatre heures vingt environ
    c. un peu avant cinq heures
16. Au cercle, les partenaires habituels de Phillipe prétendent
    a. qu'il est arrivé à son heure habituelle
    b. qu'ils étaient sur le point de chercher un autre quatrième
    c. qu'il ne s'est jamais présenté au cercle ce jour-là

Sujets de discussion orale ou écrite

C. Le jeu du chat et de la souris. Parlons de l'attitude que prend Maigret pendant cette scène.

1. Quelle opinion Maigret a-t-il du procureur?
2. Qu'est-ce qui a pu contribuer à cette opinion?
3. Par contre, quelle est l'attitude du procureur envers Maigret?
4. S'agit-il peut-être de la suspicion d'un provincial envers un parisien?
5. Pourquoi Maigret est-il de si bonne humeur?
6. Décrivez le rôle qu'il aime jouer quand il est de bonne humeur.

7. Quelles excuses donne-t-il pour ses deux entrées frauduleuses?
8. Qu'est-ce qui montre que le procureur n'est pas dupe de cette fausse humilité?
9. Qu'est-ce qui montre que le procureur et Phillipe Deligeard appartiennent à la même classe sociale?
10. Qui est le chat? Qui est la souris? A quel moment précis le chat montre-t-il ses griffes (*claws*)? Comment la souris réagit-elle?
11. Qui joue le rôle de spectateur dans le jeu? Est-ce un spectateur impartial?

D. Le rôle du procureur. Transformons les remarques du procureur en un monologue.

1. Dites à Maigret de fermer la porte et d'avancer.
2. Dites-lui ce que vous lui aviez recommandé.
3. Dites-lui qui vous lui aviez dit de ne pas croire.
4. Dites-lui avec qui il fallait user de ménagements.
5. Dites lui de s'asseoir. Dites-lui quels sont les gens qui vous font horreur.
6. Dites-lui où il était hier soir.
7. Dites-lui comment il y est entré.
8. Dites-lui ce qu'il a fait après être sorti de la maison.
9. Demandez-lui s'il le nie.
10. Ajoutez une remarque sur ce que vous n'aimez pas dans son ton.
11. Dites à M. Deligeard—d'un ton amical—comment il peut considérer cet incident.
12. Dites-lui où vous le verrez demain.
13. Demandez à Maigret—d'un ton sec—quelle est cette question qu'il veut poser à M. Deligeard.

E. Le monologue de Maigret.

1. Posez la question qui laisse le procureur stupéfait.
2. Demandez-lui pardon de l'attarder.
3. Dites-lui ce qui vous a confirmé dans vos soupçons.
4. Dites à M. Deligeard ce qu'il est inutile de faire.
5. Dites quelle chambre Mme Croizier occupe.
6. Dites dans quelle chambre et en quelle condition le docteur a trouvé la vieille dame.
7. Expliquez qui est le docteur Liévin.
8. Dites où il a été appelé et pourquoi cela l'a étonné.
9. Dites ce que le docteur a constaté quant à la mort de la vieille dame.
10. Dites ce que faisaient les partenaires habituels de M. Deligeard à environ cinq heures et quart.

L'Art de lire: or

The little word **or** (which has nothing to do with either **l'or**—*gold*—or with **ou**—*or*) helps coordinate the presentation of narrative discourse at the beginning of sentences. Simenon uses it frequently in recounting events. After the scene is set, establishing which was Mme Croizier's room, **or** introduces first one event: **Or, à cinq heures...** ; and then another: **Or, quand le médecin...** Further on, **or** follows another statement of the situation regarding which doctor was called, to introduce another event: **Or il constate que la mort remonte...** The meanings here may not have obvious English equivalents. Sometimes **now, well then,** or **so** can give the sense. At other times, English may not use any word at all. At other times, **or** may have more meaning in English. To fix the precise time of the telephone call, the doctor says his nurse always leaves at five o'clock: **Or, elle partait quand le téléphone a sonné.** We might say something like *Now, it so happens that...*

L'art de lire: l'ironie

Behind the language used in stories we interpret an attitude toward the world. Simenon's narrator does not take center stage and is hardly present at all. He even expresses a certain hesitation regarding Maigret's motivation: **il y avait peut-être une bonne part d'affectation.** But without much direct statement there are still very clear understandings in this particular world regarding right and wrong: the upper classes here tend to have degraded moral values. Their mansions with rooms decorated in Louis XIV and Regency styles may protect them for a while from the likes of the **procureur** but not from Maigret. Maigret reveals that appearances are false. He is said to be playing: **comme s'il jouait au chat et à la souris.** We are able to interpret Maigret's game, where other characters usually cannot, though the **procureur** does sense his tone of **raillerie.** We know that he does not mean it, for instance, early in the second selection, when he says to himself: **Ça va être gai!** His game continues in the section we just read. We understand an irony, as Phillipe and the **procureur** do not, when he uses the greeting **Bien le bonjour, monsieur Deligeard.**

La Vieille Dame de Bayeux

Georges Simenon

Sixième Partie

Préparation à la lecture

Le Lexique

Vocabulaire

Phillipe n'a pas de **métier,** et on n'en apprend pas **du jour au lendemain.**

*Phillipe has no **trade** (profession), and you don't learn one **from one day to the next**.*

Il veut continuer à **vivre** selon ses **goûts.**

*He wants to go on **living** according to his **tastes**.*

Il est **à peine** arrivé au **salon de jeu** que le valet lui téléphone.

*He has **just** arrived at the **card-room** when the valet calls him.*

Sa tante a eu **une crise.**

*His aunt has had **an attack**.*

Phillipe annonce sa mort.

Phillipe announces her death.

Mais **le cœur** de Mme Croizier était en excellent état.

*But Madame Croizier's **heart** was in excellent shape.*

C'est Caroline, **l'ancienne** servante, qui a eu une **crise cardiaque.** Mme Deligeard va à son **chevet.**

*It's Caroline, the **former** servant, who had **a heart attack**. Madame Deligeard goes to her **bedside**.*

M. Deligeard **la ramène.**

*Monsieur Deligeard **brings her back**.*

Pour comprendre ce qui s'est passé il faut **parcourir** le même **chemin** que Maigret, aller dans la **banlieue,**

*To understand what happened you must **travel** the same **path** as Maigret, go to the **suburbs**,*

61

parler aux **voisins** qui ont remarqué ces **allées et venues**.

*speak to the **neighbors** who noticed these **comings and goings**.*

Quand Mme Croizier entre dans sa chambre, elle est **aussitôt** assassinée à l'aide d'un **couteau**.

*When Madame Croizier enters her room, she is **immediately** murdered by means of a **knife**.*

Le silence qui **suit** le récit de Maigret **pèse,** et Phillipe finit par **baisser** les yeux.

*The silence that **follows** Maigret's story **weighs heavily**, and Phillipe finally **lowers** his eyes.*

Il fallut lui donner un **verre d'eau**.

*It was **necessary** to give him a **glass of water**.*

Mots apparentés et partiellement apparentés

Caroline est **malade**.	cf. *malady*	*sick*
Elle ne se **sent** pas bien.	*sense*	*feel*
Elle est seule dans son **logis**.	*lodging*	*house*
Phillipe va la **secourir**.	*to succor*	*to help*
Il **charge** son corps dans sa voiture, puis il étrangle la dame avec un **lacet**.	*charges (a firearm, a furnace)* cf. *lace*	*loads* *shoelace*
D'abord elle s'**agite**.	*agitates*	*struggles*
Mais bientôt elle ne **bouge** plus.	*budge*	*move*
Tout ceci est **inquiétant**.	*disquieting*	*worrisome*
Maigret **grommela** une mauvaise plaisanterie entre ses dents.	*grumbled*	

L'art de lire: les mots apparentés

Study the following verbs:

Phillipe voulait **supprimer** sa tante. Il n'a presque rien **négligé**.

Il a voulu se **créer** un alibi.

Il l'a **étranglée**.

to suppress
neglected
to create
strangled

The **-primer** ending can correspond to *-press: exprimer, opprimer, réprimer.*
The ending in **-iger** often corresponds to *-ict* or *-ect: corriger, infliger, ériger.*
The **-er** ending can correspond to *-ate: spéculer, pénétrer, aggraver, tolérer.*
Words that begin with **é-** often correspond to words that begin with *s-: état, étude, étranger, écarlate, épice, épouse, étable.*

La Grammaire

Mots-clés

Ils vont **souvent** voir Caroline.	*They **often** go to see Caroline.*
Tout à coup une occasion se présente. **Voilà qu'**elle est **à nouveau** malade.	***Suddenly** an opportunity comes along. **It happens that** she is sick **again (anew)**.*
Maigret fait une enquête **à ce sujet**.	*Maigret makes an investigation **about it**.*
Il veut en savoir **davantage**.	*He wants to know **more** about it.*
Selon lui, Phillipe est coupable.	***According to** him, Phillipe is guilty.*
Son plan était **pour le moins** ingénieux.	*His plan was ingenious **to say the least**.*
Afin d'avoir un alibi il est allé au cercle où il serait **parmi** ses amis.	***In order to** have an alibi, he went to the club where he would be **among** his friends.*
Cependant, c'était en vain, **puisque** Maigret a compris.	*However, it was in vain, since Maigret understood.*
Malgré les précautions de Phillipe, Maigret **a fini par** découvrir la vérité.	***In spite of** Phillipe's precautions, Maigret **finally** discovered the truth.*

L'art de lire: la phrase

As we have seen, you have to know the structure of a sentence to understand it. This means identifying the subject, verb, and object of the main clause and then seeing how any dependent clauses or phrases may relate to them. Usually this happens unconsciously, but in longer sentences you may have to think about how the parts relate to one another. Consider this sentence:

> Or quand le médecin, le docteur Liévin, appelé par téléphone, arriva, à cinq heures dix, on l'introduisit dans la chambre de droite, la chambre Régence, qui est du plus beau jaune.

Always use the help that punctuation offers. In this case, to get to the heart of the sentence, omit the phrases between commas. This gives you a dependent clause:

subject	verb
Or quand le médecin	arriva

and the main clause:

subject	object	verb	object of the preposition
on	l'	introduisit	dans la chambre de droite

That is the essential part of the sentence. The phrases between commas are nouns in apposition, prepositional phrases, or dependent clauses that offer further specification and qualification of who, what, why, where, and when.

dependent clause, subject:	Or quand le **médecin**,
who was he?	le docteur Liévin,
how was he summoned?	appelé par téléphone,
dependent clause, verb:	**arriva**,
when?	à cinq heures dix,
main clause, subject, object, verb:	**on l'introduisit**,
where?	dans la chambre de droite,
specification:	la chambre Régence,
further specification:	qui est du plus beau jaune.

L'art de lire: ce qui et ce que

We have seen how texts cohere through references that work beyond sentences. When Maigret tells the **procureur** what he was doing in the Deligeard mansion, his temporary boss summarizes this overall event in order to criticize Maigret's tactics:

> C'est bien **ce que** je vous reproche.

At the end of the story, the **procureur** compliments Maigret but proceeds to warn him about his methods. Maigret catches his meaning and summarizes it for him with a similar relative pronoun:

> **Ce qui** signifie... que je ne resterai pas longtemps à Caen?

Like other pronouns, these relatives establish quick references to antecedents and help project what is past or not known into the present. Short, summary references like these help make a text readable. Can you account for the difference in meaning between **ce que** and **ce qui**?

Exercices

A. Identify the subject, verb, and object of the main clause of the following sentence. They express the main thought: what happened to whom. Then, skimming over words of which you are unsure, using the cognates, and observing the structure of the sentence, try to discover what the dependent clauses and phrases say about how, when, and why.

Grâce à la mort inopinée de son mari, survenue au cours d'un voyage d'affaires en Angleterre, Mme Croizier, qui jusqu'au moment de l'accident avait vécu plus que modestement, héritait d'une fortune d'autant plus inattendue que son mari lui avait caché la manie qu'il avait de s'assurer excessivement, signant des polices avec toutes les compagnies possibles et imaginables.

First, the main thought:

subject: who

verb: action, event

object: what

Then, what the dependent clauses and phrases add:

about the subject: how qualified and described?

about the action: why and how did it happen?

about the object: how qualified and described?

B. Lisez le passage suivant en remplissant les tirets par le mot convenable.

d'ailleurs   puisque   selon
malgré

Phillipe est un personnage important dans la ville, ___1___ le procureur. ___2___ ,
Phillipe est son ami personnel. Mais, ___3___ tout cela, Maigret continue son enquête.
D'abord il ne comprend pas, ___4___ Phillipe semble avoir un alibi.

C. Lisez le passage suivant en remplaçant les mots en **caractères gras** par un synonyme.

entre   plus   puis
fréquemment   pour   sur lui
néanmoins

Quant à Phillipe, Maigret a des doutes **à son sujet** (1). Il compte **parmi** (2)
les gens les plus distingués de la ville. Le procureur le lui a dit fermement et **souvent** (3).

Cependant (4) Maigret continue à avoir des doutes. Il veut **davantage** (5) de
preuves. Il questionne d'abord le chauffeur, **ensuite** (6) le valet. Puis il examine la
voiture **afin de** (7) vérifier les allégations du chauffeur.

D. Corrigez ce passage en remplaçant les mots en **caractères gras** par un mot ou une
expression qui signifie le contraire. Faites les changements de genre nécessaires.

à nouveau   bouleverser   mourir
au centre de la ville   goût   est sans occupation
baisser   jour précédent

La tante de Phillipe est venue **vivre** (1) à Caen. Le départ de Phillipe pour le Midi,
c'était le **lendemain** (2).

Quant à Phillipe, c'est un homme qui **a un métier** (3) dans la vie. Il demeure
dans un hôtel particulier **dans la banlieue** (4). Il a une **aversion** (5) pour les objets
rares et la vie somptueuse.

Maigret le confronte **pour la première fois** (6) dans le bureau du procureur.
Ce que Maigret lui dit semble le **calmer** (7). Il commence à **lever** (8) la tête.

E. Remplissez les tirets dans les phrases suivantes par le mot convenable.

chemin	parcourir	verre
cœur	pèse	voisin
couteau	tuée	

1. Il a eu une crise cardiaque car il avait une maladie de _____.
2. Donnez-moi un _____ d'eau, s'il vous plaît.
3. La personne qui demeure à côté de vous est votre _____.
4. Mme Croizier a été «aidée à mourir», c'est à dire qu'on l'a _____.
5. L'arme utilisée par l'assassin était un _____.
6. Maigret est un homme assez gros. Il _____ quatre-vingts kilos.
7. Je vais vous accompagner. Nous suivons le même _____.
8. Pour bien connaître un pays il faut le _____ d'un bout à l'autre.

La Vieille Dame de Bayeux

(Sixième Partie)

—Alors répondez à cette question, monsieur le procureur. M. Phillipe est à peine arrivé que son valet de chambre lui téléphone que sa tante vient d'avoir une crise. Le valet n'en dit pas davantage puisqu'il ne sait rien de plus. Cependant, M. Deligeard rentre au salon de jeu, tout bouleversé, et annonce que sa tante vient de mourir...

Le procureur jeta un assez vilain regard à Phillipe qui ne bougeait toujours pas et qui avait fini par baisser les yeux.

—Maintenant des questions secondaires. Pourquoi, ce jour-là précisément, M. Deligeard donne-t-il congé à son chauffeur sous prétexte qu'il aura besoin de lui tous les jours de la semaine suivante? Hasard? Soit! Pourquoi sort-il la voiture à deux heures de l'après-midi? Où se rend-il avec sa femme?

—Auprès d'une personne malade! répliqua△ soudain Phillipe.

—Auprès de Caroline, c'est exact, de Caroline qui habite dans la banlieue, ce qui explique les traces de boue. Nous sommes en présence, monsieur le procureur, d'un des crimes les plus ignobles que je connaisse, en même temps que d'un crime presque parfait... △

1. Qui a téléphoné?
2. Quel est le message?

3. Et que dit Phillipe?

4. La réaction du procureur? Et de Phillipe?

5. A qui est-ce que Phillipe donne congé, et sous quel prétexte?

6. Comment Maigret décrit-il: le crime de Phillipe?

Pour que vous compreniez, il faut que je vous fasse parcourir rapidement le chemin que j'ai moi-même parcouru... Phillipe Deligeard, qui n'a jamais rien fait dans la vie, sinon épouser△ une femme riche, et spéculer avec si peu de bon sens△ qu'il a perdu toute sa fortune, est aux abois[1] depuis trois ans et sa seule ressource est sa tante, qui refuse de le secourir...

7. sa vie?

«On n'apprend pas un métier à son âge... On ne change pas d'existence du jour au lendemain...

«La tante est vieille... Malgré cette fille inquiétante, Cécile Ledru, elle ne déshéritera△ pas son neveu...

«Phillipe, d'ailleurs, prend ses précautions en révélant à la vieille dame que la jeune fille reçoit chaque nuit un amant dans la maison de sa protectrice...

8. Quelle précaution Phillipe prend-il?

«Vous me suivez, monsieur le procureur? On pourrait dire que le crime est décidé, qu'il est nécessaire... Il faut que Joséphine Croizier meure pour que les Deligeard continuent à vivre selon leurs goûts...

9. Pourquoi faut-il que la dame meure?

«Je répète que le crime est virtuellement décidé.

«Ce qui manque c'est l'occasion, l'occasion de supprimer la vieille dame sans aucun risque...

10. Qu'est-ce qu'ils attendent?

«Et voilà que tout à coup cette occasion se présente. Phillipe a une vieille nourrice,△2 à peu près de l'âge de Mme Croizier, qui vit seule dans une maison de banlieue et n'a pas de famille.

11. Caroline: âge, domicile, famille?

«Cette nourrice, qui a déjà eu plusieurs crises cardiaques, en a une nouvelle et le couple, alerté, va la voir à deux heures de l'après-midi, revient une heure plus tard, sachant que Caroline— c'est son nom—n'en a plus que pour deux heures à vivre...

12. Que lui arrive-t-il?

«La disposition de la maison est favorable, mais il ne faut négliger aucun détail.

«Mme Deligeard repart aussitôt par la porte de derrière et retourne au chevet[3] de la nourrice qui meurt vers quatre heures vingt minutes.

---

[1]**aux abois?** Quelle est en effet la situation financière de Phillipe?
[2]**nourrice** *wet-nurse. At the time Phillipe was born, which would be in the 1890s, it was still a fairly common practice in bourgeois families for a newborn child to be breastfed by a wet-nurse—a woman other than the mother. A wet-nurse would naturally have a closer bond to the family than the average servant. This may explain why the Deligeards have remained in touch with her over the years.*
[3]**au chevet?** Où se met-on quand on est auprès d'un malade?

«Phillipe, lui, ne quitte l'hôtel qu'à peu près à son heure habituelle, un tout petit peu plus tôt, à cause de son impatience. Il retrouve sa voiture, va chez Caroline, charge le corps dans la voiture et ramène sa femme par la même occasion.

«Tous deux, toujours par la porte de derrière, introduiront le cadavre dans la maison et l'installeront dans la chambre jaune du second étage.

«Pour les domestiques, Mme Deligeard n'est pas sortie. Quant au mari, il est en route pour son cercle...

«Ils sont dans la maison. Ils attendent le retour△ de la tante, qui ne peut tarder...

«Elle arrive, pénètre dans sa chambre, la chambre bleue, et est aussitôt assassinée...

«Il ne reste à Phillipe qu'à aller à son cercle—par la porte de derrière, en auto—afin de se créer un alibi.

«Au médecin, qu'on choisit parmi ceux qui ne connaissent pas la maison ni Joséphine Croizier, on montre le corps de Caroline, morte de mort naturelle, et il délivre évidemment un acte de décès.

«Il suffira ensuite de transporter à nouveau le corps de la nourrice dans son logis...

—Qu'est-ce qui vous a fait penser à Caroline? questionna le procureur après un silence.

—La logique! Le médecin ne pouvait pas avoir examiné le corps de Joséphine Croizier. J'ai donc acheté le journal du lendemain. J'ai lu la liste des décès. J'étais sûr de trouver le nom d'une vieille femme et quand je l'ai trouvé j'ai fait une enquête à son sujet... Les voisins ont remarqué plusieurs allées et venues en auto, mais ne s'en sont pas inquiétés, sachant que les anciens patrons de la vieille venaient assez souvent la voir...

Le silence pesa. Le magistrat questionna d'une voix hésitante:
—Vous avouez, Phillipe Deligeard?
—Je ne répondrai qu'en présence de mon avocat.
Formule traditionnelle! Il était très pâle. Quand il se leva il tremblait et il fallut lui donner un verre d'eau.

***

L'autopsie de la pauvre Joséphine Croizier révéla avant tout que le cœur était en excellent état, ensuite qu'elle avait été tuée maladroitement, d'abord à l'aide d'un lacet avec lequel on avait essayé

13. Que font-ils du cadavre chez Caroline?

14. et chez eux?

15. Décrivez le retour de la dame.

16. Comment le médecin est-il dupé?

17. Pourquoi a-t-il pensé à la substitution d'un autre cadavre?

18. Que cherchait-il dans le journal?

19. Pourquoi les voisins ne se sont-ils pas inquiétés des allées et venues chez Caroline?

20. Réaction de Phillipe à la narration de Maigret?

de l'étrangler, puis, sans doute parce qu'elle s'agitait encore, de deux coups de couteau.

—Je ne peux que vous féliciter, dit le procureur à Maigret, en accompagnant ces mots d'un sourire glacial. Vous êtes bien l'as⁴ qu'on nous avait annoncé. Cependant j'aime mieux vous avouer que vos méthodes, dans une petite ville, sont pour le moins périlleuses... ᐃ

—Ce qui signifie, n'est-ce pas, que je ne resterai pas longtemps à Caen?

—Il est certain que...

—Je vous remercie, monsieur le procureur.

—Mais...

—Je me sentais, moi aussi, assez mal à l'aise dans le pays. Ma femme m'attend à Paris. Tout ce que je veux, c'est que le jury de cette ville ne se laisse pas impressionner par l'hôtel particulier de cette crapule intégrale de Phillipe⁵ et qu'ils exigent sa tête...

Et il grommela entre ses dents une mauvaise plaisanterie:

—Ainsi, il pourra continuer à faire le mort⁶ au bridge!

21. Comment a-t-on tué la dame?

22. Ces deux hommes s'aiment-ils?

23. Que pense Maigret de Caen? de Phillipe?

24. Que craint-il de la part du jury?

25. Quelle sentence veut-il?

---

⁴**l'as?** mot apparenté. Mais attention! Lequel? Maigret est-il bête ou est-il intelligent?
⁵**cette crapule intégrale de Phillipe** *that unmitigated scum of a Phillipe*
⁶**faire le mort** Au bridge, il y a un quatrième joueur qui ne joue pas. En anglais il s'appelle *the dummy,* en français, **le mort.** Maigret fait «une mauvaise plaisanterie», un jeu de mots, sur **le mort**—*the dummy* et **le mort**—*the dead man.*

❧ Activités sur le récit

Résumé de l'action

A. Résumez l'action en complétant les phrases suivantes.

1. Le valet téléphone à M. Phillipe que sa tante vient d'. . .
2. Mais celui-ci annonce au salon de jeu que sa tante vient de...
3. Avec sa femme il se rend auprès de Caroline, qui habite...
4. Maigret est indigné. «Nous sommes en présence, dit-il, d'un...
5. Phillipe n'a jamais rien fait dans la vie, sinon...
6. A son âge on n'apprend pas...
7. Sa seule ressource est...
8. Sa tante ne va pas laisser sa fortune à Cécile. D'ailleurs, il prend ses précautions en lui révélant que...
9. Il faut que Joséphine Croizier meure pour que les Deligeard continuent à...

10. Sa vieille nourrice, Caroline, a déjà eu plusieurs...
11. Quand elle meurt Phillipe va chez elle et charge...
12. Ils introduisent le cadavre dans la maison, et l'installent dans la...
13. La tante arrive, pénètre dans sa chambre, et elle est aussitôt...
14. Mme Deligeard appelle un médecin qui ne connaît pas...
15. Elle montre au médecin le corps de...
16. Le médecin délivre un...
17. Il suffira ensuite de transporter à nouveau le corps de Caroline...
18. Je savais que le médecin ne pouvait pas avoir examiné le corps de Joséphine Croizier. J'ai donc lu dans le journal...
19. J'étais sûr d'y trouver le nom...
20. Mon enquête m'a appris que cette vieille femme avait été...
21. L'autopsie a révélé que Mme Croizier avait été tuée maladroitement, d'abord à l'aide...
22. et ensuite de deux coups de...
23. Tout ce que je veux c'est que le jury exige...
24. Ainsi cette crapule intégrale de Phillipe pourra continuer à...

Si vous n'avez pas trouvé la réponse vous pouvez la chercher dans la liste suivante:

a. acte de décès
b. assassinée
c. avoir une crise
d. dans la banlieue
e. Caroline
f. Cécile a un amant
g. chambre jaune du second étage
h. le corps dans la voiture
i. crime des plus ignobles
j. crises cardiaques
k. couteau
l. épouser une femme riche et spéculer avec si peu de bon sens qu'il a perdu toute sa fortune

m. faire le mort au bridge
n. d'un lacet
o. la liste des décès
p. dans son logis
q. la maison
r. un métier
s. mourir
t. la nourrice des Deligeard
u. sa tante
v. sa tête
w. d'une vieille femme
x. vivre selon leurs goûts

B. Résumez l'action en spécifiant ce qui est désigné par chacune des phrases suivantes.

1. l'endroit où Phillipe joue au bridge
2. le moyen de communication par lequel il apprend la mauvaise nouvelle
3. ce que Phillipe a donné à son chauffeur le jour de l'assassinat
4. la partie de la ville où habite Caroline
5. ce que Phillipe a perdu en spéculant avec peu de bon sens
6. ce qu'on n'apprend pas à l'âge de Phillipe
7. la personne que Cécile reçoit chaque nuit dans la maison de la vieille dame
8. la porte par laquelle on introduit le cadavre de Caroline dans la maison
9. ce que Phillipe essaie de se créer en partant pour son cercle aussitôt après avoir tué sa tante

10. ce que Maigret lit dans le journal pour apprendre qui est mort le même jour que Mme Croizier
11. la personne sans la présence de qui Phillipe refuse de répondre
12. ce avec quoi on a d'abord essayé d'étrangler la vieille dame
13. l'arme qu'on a utilisée ensuite
14. les personnes de la ville de Caen qui vont déterminer l'innocence ou la culpabilité de Phillipe

Si vous n'avez pas trouvé la réponse vous pouvez la chercher dans la liste suivante.

un alibi	sa fortune	un métier
son amant	un jour de congé	la porte de derrière
son avocat	le jury	le salon de jeu
la banlieue	la liste des décès	le téléphone
un couteau	un lacet	

Sujets de discussion orale ou écrite

C. Le crime. Parlons du caractère et des mobiles de ce crime.

1. Qui sont les criminels?
2. Quels sont leurs goûts, quel est leur style de vie? Donnez des détails.
3. Quelle a été la source de leur fortune?
4. Comment Phillipe a-t-il su la perdre?
5. Qu'est-ce qu'il fait dans la vie, Phillipe, et qu'est-ce qu'il ne fait pas?
6. Pourquoi commettent-ils ce crime?
7. Comment les jugez-vous moralement?
8. Diriez-vous que les craintes de Mme Croizier étaient justifiées?
9. Y a-t-il dans la réalité des gens distingués et élégants comme eux qui ont commis des crimes aussi ignobles?
10. A qui Phillipe rend-il visite de temps en temps? Cela le montre-t-il peut-être sous un aspect moins ignoble que le reste de sa conduite?
11. Qu'est-ce que Maigret craint de la part du jury? Pourquoi seraient-ils indulgents pour Phillipe? Y a-t-il une justice pour les pauvres gens, et une autre pour les gens distingués qui sont «reçus partout»?

D. Le dénouement de l'intrigue.

1. Qui est Caroline?
2. De quelle maladie souffre-t-elle?
3. Où et avec qui vit-elle?
4. Qui va la voir de temps en temps?
5. Pourquoi Phillipe donne-t-il congé au chauffeur quand il apprend que Caroline va mourir dans quelques heures?
6. De quoi meurt-elle et à quelle heure?
7. Que font les Deligeard dès qu'elle est morte?
8. Quel docteur appellent-ils?
9. Pourquoi pas le médecin de la famille?

10. Quel cadavre le docteur a-t-il examiné?
11. Qui croyait-il examiner?
12. D'après l'acte de décès qu'il a signé, qui est la morte et quelle est la cause de sa mort?
13. Qu'ont fait les Deligeard dès que Mme Croizier est montée dans sa chambre?
14. Qu'ont-ils fait du cadavre de Caroline?
15. Quelle erreur Phillipe a-t-il faite quand il a annoncé la mauvaise nouvelle à ses partenaires?
16. Quel a été l'élément essentiel dans la solution du crime?

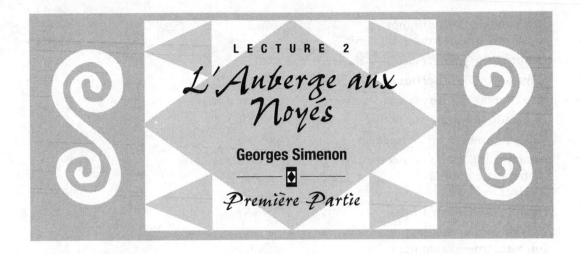

꩜ Préparation à la lecture

Le titre, le cadre. In *L'Auberge aux Noyés* we move from the stuffy provincial town of Caen to the banks of the Loing river, a hundred kilometers south of Paris, where the story centers on a shabby roadside inn with a sinister nickname near a dangerous curve on the truck route that runs along the river. As often happens in Simenon's stories, the weather intensifies the atmosphere and contributes to the action. It is raining from beginning to end.

Les personnages. Rather than having to display a show of deference to a **procureur** whose chief concern is not to offend the man who turns out to be the murderer, Maigret is in charge here, and is working with a colleague whom he likes and respects, **le capitaine** Pillement. Another character in the story, the well-to-do bourgeois Germain La Pommeraye, is as proper in his manner as the pretentious and haughty Phillipe Deligeard, but he is presented as a kind and decent person.

L'action. The murder itself is very different from Phillipe Deligeard's elaborately prepared and nearly perfect crime. The crime in *L'Auberge aux Noyés* is clumsy, rash, and stupid, **le crime dans toute sa bêtise.** Nonetheless Maigret must call upon all his powers of logic and observation, and his knowledge of human behavior, to catch the criminal.

Le lexique

Vocabulaire

Quel **sale** temps!	*dirty (ugly)*
La **pluie** ne finit pas.	*rain*
Un accident a eu lieu **la veille.**	*the day before*

73

Un **camion** de dix tonnes	truck
a **heurté** une auto sans lumières.	ran into
L'auto a été **projetée** dans la rivière.	thrown
Pouvait-on l'**empêcher**?	prevent
On cherche des **noyés** dans la rivière.	drowned people
Il y a une **péniche** sur la rivière.	barge
Quelqu'un essayait de **nager**.	to swim
Maintenant, l'auto est **accrochée**	hooked onto
à une **grue** pour la	crane
retirer de l'eau.	pull out
Tout le monde l'**entoure**.	surrounds
La grue fait un **bruit**,	noise
un **vacarme** insupportable.	loud noise
On a alerté la **gendarmerie**.	police station
A qui appartient la voiture?	Who owns...?
On tire Maigret par la **manche**.	sleeve
C'est le **propriétaire** de l'auberge,	owner
sous un grand **parapluie**.	umbrella
Un jeune couple a couché à l'**Auberge**	inn
des **Pêcheurs**.	fishermen
Ils ont **rempli**	filled out
la **fiche**.	registration form
L'auberge est **éclairée** la nuit.	lit up
On trouve le cadavre d'une femme	
caché dans la voiture.	hidden
Elle a eu la **gorge tranchée**.	throat cut

Mots apparentés et partiellement apparentés

Une voiture **de passage** s'arrête.	passing	
C'était une voiture **découverte**.	uncovered	open, convertible
Elle était sans **lumières**.	cf. *illumination*	light
Un camion qui **effectuait** le	cf. *to effect*	to make
service entre Paris et Lyon passait.		
La voiture a été projetée au **fond**	foundation	bottom
de la rivière.		
On a appelé au **secours**.	succor	help
Quand il a ouvert le **coffre** il a	coffer	trunk
reculé d'horreur devant	recoiled	drew back
ce qu'il **a aperçu**.	perceived	saw, noticed

Maigret va **s'occuper** du crime.	*to occupy himself*	*to pay attention*
mais pour le moment il attend les **événements.**	*events*	*developments*

Faux amis

On l'appelle **couramment** l'Auberge aux Noyés.	not: *currently*	but: *usually*
Des **peupliers** bordaient le canal.	not: *people*	but: *poplars*
Le **brigadier** fait son rapport.	not: *brigadier*	but: *sergeant*

La Grammaire

Mots-clés

Au delà de la rivière des peupliers bordaient le canal.	*beyond*
Il n'y avait **aucune** lumière.	*no*
Que s'est-il passé **au juste**	*exactly*
à la suite de l'accident	*following*
il y a quelques heures?	*ago*
Lorsqu'il arrive à l'auberge Maigret commence son enquête.	*when*
Tour à tour, il voit tout le	*in turn*
monde, **y compris** le patron, celui	*including*
qui parle de l'accident **en** connaisseur.	*as a*
Il parle avec le marinier **dont** la péniche était amarrée tout près.	*whose*

L'art de lire: la substantivation

Adjectives, marked with any article, are nouns. Adding words can clarify the meaning in English.

Un **anonyme** a ouvert le coffre.	*Some **anonymous person** opened the luggage compartment.*
Un des **curieux** était médecin.	*One of the **curious people** (i.e., **spectators**) was a doctor.*
Il y a **du nouveau, de l'assez vilain.**	*There is **something new**, something rather ugly.*
On cherche les **noyés.**	*They are looking for the **drowned people**.*
Ma fille est une **impulsive.**	*My daughter is an **impulsive girl (person)**.*

L'art de lire: que

The simple word **que** has lots of meanings. Note and try to account for the following.

1. **Que** is a very frequently used conjunction:

   Maigret savait **que** dans le pays on l'appelait...

   L'aubergiste trouvait **qu'**on ne s'occupait pas assez...

   Des cheveux indiquaient **que**...

   Il m'a dit **que**...

2. **Que** can introduce the subjunctive in subordinate clauses:

   Il fallait attendre **que** l'auto fût accrochée à la grue.

3. It also introduces commands in the third person:

   Qu'on ne touche à rien!

4. **Ne... que** establishes a restriction (where English would use the word *only*):

   L'auberge **n'**est **qu'**à sept cent mètres.

   Il **n'**y avait **qu'**à se rapprocher des journalistes pour se rendre compte que...

5. **Que** is also a relative pronoun referring to a direct object:

   M. Daubois, **que** j'ai eu au téléphone...

6. Note its use as an interrogative pronoun and as a conjunction (as in Point 1 above) in the following dialogue:

   —**Que** vous a dit le chauffeur?

   —**Qu'**il allait prévenir la gendarmerie.

Exercices

A. Lisez le passage suivant en remplaçant les mots en **caractères gras** par un synonyme.

à la suite de	empêcher	prévenir
au delà de	il y a environ cent ans	tour à tour
au juste	lorsque	y compris
cache		

On a construit l'auberge **vers 1895** (1). Je ne sais pas **exactement** (2) où elle se trouve, mais on dit que pour la trouver il faut aller **plus loin que** (3) la ville.

C'est là que Maigret prend la déposition des témoins **l'un après l'autre** (4). Il interroge tout le monde, **sans omettre** (5) le propriétaire.

Quand (6) il arrive à l'auberge, le chauffeur téléphone à son patron pour l'**avertir** (7) qu'il est retenu par la police **à cause de** (8) l'accident. Maigret prend la précaution de **rendre impossible** (9) son départ. Peut-être que ce chauffeur **dissimule** (10) quelque chose.

B. Lisez le passage suivant en remplissant les tirets par le mot convenable.

accrocher	lumières	pluie
camions	nager	remplir
éclairée	noyée	tranchée
heurté	péniche	veille

Ils sont partis ensemble le 30 avril, c'est à dire la ___1___ du premier mai. L'auberge n'était pas encore ___2___ mais elle était ouverte, et ils sont entrés. Le propriétaire leur a donné une fiche qu'ils ont dû ___3___.

Ne tolérant pas le bruit des ___4___ qui passaient sur la route nationale, ils sont sortis. Il y avait beaucoup de boue sur la route, car il y avait eu beaucoup de ___5___. Un camion qui n'a pas pu s'arrêter à temps a ___6___ leur voiture. Il n'a pas vu leur voiture parce qu'elle était sans ___7___. La voiture a été projetée à l'eau. Pour la retirer il a fallu l' ___8___ solidement à une grue (*crane*).

La fille dans la voiture savait-elle ___9___? On dit qu'elle s'est ___10___ parce qu'elle ne savait pas nager. En tout cas, un marinier qui dormait dans sa ___11___ a entendu un cri dans la nuit. Mais le cri c'était peut-être cette femme qu'on a découverte, la gorge ___12___.

L'Auberge aux Noyés

(Première Partie)

Maigret était venu à Nemours pour une affaire d'importance secondaire qu'il avait à discuter△ avec le capitaine de gendarmerie Pillement. Le capitaine était un homme charmant, cultivé et sportif. Après le dîner, comme il pleuvait à torrents, il avait invité le commissaire à dormir dans la chambre d'amis.[1]

On était au plus mauvais de l'automne et depuis quinze jours on vivait sous la pluie.

A six heures du matin, alors que le jour n'était pas encore levé, Maigret entendit la sonnerie du téléphone.

Quelques instants plus tard, le capitaine murmurait derrière la porte:

1. Qui est le capitaine Pillement?

2. Pourquoi Maigret a-t-il passé la nuit chez lui?

3. Qu'est-ce qui le réveille?

_____

[1]**chambre d'amis?** Le contexte indique ce que c'est. (Notez qu'en anglais on donne un nom un peu différent à cette chambre.)

—Vous dormez, commissaire?

—Non, je ne dors pas!

—Cela ne vous dit rien de² venir avec moi à quinze kilomètres d'ici? Il y est arrivé cette nuit un curieux accident.

Maigret y était allé, bien entendu! Au bord△ du Loing, là où la route nationale suit la rivière, entre Nemours et Montargis. Un ciel bas et froid. La rivière d'un brun△ sale et au delà les peupliers△ bordant△ le canal.

4. Qu'est-ce qui est arrivé?

5. Où l'accident a-t-il eu lieu?

Pas un village. La seule auberge, l'Auberge des Pêcheurs, était à sept cents mètres, et Maigret savait déjà que dans le pays on l'appelait couramment l'Auberge aux Noyés.

Quant aux noyés de cette fois-ci, on n'en savait encore rien! Il fallait attendre, attendre que l'auto qui était là, sous les eaux rapides, fût solidement accrochée à la grue et retirée de la rivière.

6. Où est l'auto?

Ce qui s'était passé, on ne le savait pas au juste. La veille au soir, un camion de dix tonnes, qui effectuait△ un service régulier Paris-Lyon, passait sur cette même route, un peu après huit heures. Il avait heurté une auto qui était arrêtée, sans lumières, et l'auto avait été projetée△ dans le Loing.

7. Qu'est-ce qui a heurté l'auto? Pourquoi?

Le chauffeur, Joseph Lecoin, avait cru entendre des cris, et le marinier△ de la *Belle-Thérèse*, dont la péniche était amarrée³ dans le canal, à moins de cent mètres, prétendait avoir, lui aussi, entendu des appels au secours.

Les deux hommes avaient effectué de vagues recherches.△ Puis le chauffeur du camion avait continué sa route jusqu'à Montargis où il avait alerté la gendarmerie.

8. Qu'est-ce qu'on a entendu?

9. Qui a alerté la police?

Le propriétaire de l'auberge était là, abrité⁴ sous un vaste parapluie, et il discutait la question en connaisseur.

—Si les corps ne sont pas coincés⁵ dans la voiture, on ne les retrouvera pas d'ici longtemps.

—Ils ne sont sûrement plus dans l'auto, répliquait△ le chauffeur du camion, puisque c'est une voiture découverte!

—C'est curieux.

—Pourquoi?

10. Pourquoi ne peuvent-ils pas être coincés dans la voiture?

---

²**cela ne vous dit rien de... ?** *would you be at all interested in... ?*
³**amarrée** attachée au bord du canal
⁴**abrité?** Utilisez le contexte. Quelle est la fonction d'un parapluie?
⁵**coincés** *stuck, jammed*

—Parce qu'hier j'avais deux petits clients en voiture découverte. Ils ont couché et déjeuné à l'auberge. Ils devaient y coucher encore et je ne les ai pas revus.

La grue faisait un vacarme insupportable et on voyait enfin sortir de l'eau une voiture...

Le capitaine notait la plaque△ avec le nom△ du propriétaire: R. Daubois, 135 avenue des Ternes, Paris.

Tout le monde, y compris une douzaine△ de curieux descendus d'autos de passage, entourait la voiture. Ce fut précisément un anonyme qui eut la curiosité d'ouvrir le coffre. Celui-ci s'ouvrit sans effort, et l'homme poussa un cri, recula de deux ou trois pas.

Maigret s'approcha comme les autres, et dit:

—Allons! Reculez! Qu'on ne touche à rien!

Il avait vu aussi. Il avait vu une forme humaine au fond du coffre. Des cheveux blonds platinés△ indiquaient qu'il s'agissait d'une femme.

—Capitaine, il y a du nouveau, de l'assez vilain...

Un des curieux était médecin. Il examina le cadavre.

—La mort remonte à trois jours au moins...

On tirait Maigret par la manche. C'était Justin Rozier, le patron de l'Auberge aux Noyés.

—Je reconnais la voiture, déclara-t-il. C'est celle de mes petits clients!

—Vous avez leur nom?

—Ils ont rempli leur fiche.

—Le médecin, à nouveau, intervenait.

—Vous savez qu'il s'agit d'un crime?

—Commis avec quoi?

—Un rasoir.△ Cette femme a eu la gorge tranchée...

Il pleuvait toujours, sur l'auto comme sur le cadavre et sur toutes ces silhouettes noires.

Une motocyclette... △ Le brigadier qui sautait à terre...

—L'auto n'appartient plus à M. Daubois, que j'ai eu en personne au téléphone. Il l'a vendue la semaine dernière à un garagiste△ de la Porte Maillot.

—Et le garagiste?

—J'ai téléphoné. Le garage a revendu la voiture il y a trois jours à un jeune homme dont on n'a pas pris le nom.

—Mais puisque moi j'ai le nom! s'impatienta△ l'aubergiste qui

11. Quelle sorte de voiture les deux clients de l'auberge ont-ils?

12. Qu'y a-t-il d'écrit sur la plaque?
13. Qui entoure la voiture?

14. Qu'a fait l'un d'eux? (Montrez son geste.)

15. Qu'y avait-il dans le coffre?

16. Que dit Rozier?

17. De quel crime s'agit-il? Commis avec quoi?

18. Qu'est-ce que Daubois a fait de sa voiture?

19. Qui a acheté la voiture?

trouvait qu'on ne s'occupait pas assez de lui. Venez seulement jusque chez moi et...

Une heure plus tard, à l'Auberge aux Noyés, il n'y avait qu'à se rapprocher△ de la cabine téléphonique, où les journalistes pénétraient tour à tour, pour se rendre compte qu'avant le soir l'auberge serait célèbre.

... *Le Mystère de l'Auberge aux Noyés... Le Crime de l'Auberge aux Noyés... Un cadavre dans un coffre... L'Enigme de l'auto grise...*

Dans tout ce monde, deux personnages seuls intéressaient Maigret: le marinier de la *Belle-Thérèse* et le chauffeur du camion.

Il fit répéter sa déposition au marinier:

—J'allais me coucher quand j'ai entendu un drôle de bruit... De l'intérieur de la péniche on ne se rend pas compte... Je suis sorti et il m'a semblé entendre une voix qui appelait au secours.

—Une voix d'homme ou de femme?

—Plutôt d'homme!

—Vous vous êtes donc dirigé dans cette direction?

—J'ai vu les lumières d'un camion. Puis j'ai aperçu un gros homme qui marchait...

—Le chauffeur... C'est bien celui-là?

—Oui... Il m'a dit qu'il avait heurté une auto et que celle-ci avait roulé△ dans la rivière... Je suis allé prendre ma torche électrique...

—Quand vous avez vu qu'il n'y avait rien à faire, que vous a dit le chauffeur?

—Qu'il allait prévenir la gendarmerie.

—Il n'a pas précisé laquelle?

—Non... Je ne crois pas...

—Vous n'avez pas pensé à lui dire qu'il pouvait téléphoner de l'auberge qui n'est qu'à sept cents mètres?

—J'y ai pensé après, quand j'ai vu qu'il continuait sa route...

Le chauffeur avait prévenu téléphoniquement son patron qu'il était retenu par la police à la suite d'un accident et il attendait sans impatience les événements, se faisant offrir à boire par les journalistes à qui, en échange, il répétait sans cesse△ son histoire.

Maigret le prit à part.△

—A quelle heure avez-vous quitté△ Paris?

—A deux heures. Par la pluie je ne pouvais pas aller vite.

—Je suppose que vous vous êtes arrêté pour dîner dans un restaurant?

20. Qui sait le nom de l'acheteur et comment le sait-il?
21. Où sont-ils une heure plus tard?

22. Où lira-t-on des titres sensationnels?

23. Qu'est-ce que le marinier a entendu quand il est sorti?

24. Qui est le gros homme qu'il a rencontré?

25. Qu'est-ce que le chauffeur a décidé de faire?

26. Où aurait-il pu téléphoner?

27. Pourquoi le chauffeur attend-il sans impatience?

28. Pourquoi n'allait-il pas vite?

—Comme vous dites! Je me suis arrêté chez la mère Catherine qui fait de la fameuse cuisine.[6]

29. Où s'est-il arrêté?

—Et vous n'avez vu le roadster[Δ] qu'au moment de l'accident?

—A quelques mètres, alors qu'il était trop tard pour empêcher le choc.[Δ]

—Il n'y avait aucune lumière?

—Aucune!

30. Pourquoi a-t-il heurté la voiture?

—Et vous n'avez aperçu personne?

—Je ne peux pas vous dire... Il pleuvait... Tout ce que je sais, c'est que, quand l'auto a été dans l'eau, il m'a semblé que quelqu'un, dans l'obscurité, essayait de nager. Puis j'ai entendu comme un appel au secours...

31. Qu'a-t-il entendu d'abord?
32. Et ensuite?

—Cette auberge, lorsque vous êtes passé, n'était-elle pas éclairée?

—Peut-être que oui!

—Vous faites souvent la route?

—Deux fois par semaine.

—L'idée ne vous est pas venue de téléphoner à l'auberge?

—Non! J'ai pensé que Montargis n'était pas loin et j'y suis allé...

33. Pourquoi ne s'est-il pas arrêté à l'auberge?

—Personne, pendant que vous cherchiez au bord de la rivière, n'a pu se cacher dans votre camion?

34. Quelle dernière question Malgret lui pose-t-il?

—Je ne pense pas.

—Je vous remercie. Bien entendu, vous restez à ma disposition.

—Si cela peut vous être utile.

---

[6]**elle fait de la fameuse cuisine?** Que fait une cuisinière dans sa cuisine? (Notez qu'ici **fameux** veut dire **très bon** plutôt que **célèbre**)

෴ Activités sur le récit

Résumé de l'action

A. Résumez l'action en choisissant la terminaison qui convient à chacune des phrases suivantes.

1. Maigret a passé la nuit
   a. dans la chambre d'amis chez le capitaine Pillement
   b. à l'auberge
   c. au bord du Loing

2. Il est beaucoup question dans cette histoire du temps qu'il fait, c'est-à-dire
   a. du froid
   b. de la chaleur
   c. de la pluie
3. Un curieux accident a eu lieu
   a. au bord du Loing
   b. à l'Auberge aux Noyés
   c. devant la gendarmerie
4. Un camion avait heurté une voiture parce que
   a. la voiture allait trop vite
   b. la voiture était sans lumières
   c. le camion s'était arrêté
5. Quand le marinier a entendu des appels au secours il était
   a. dans sa péniche
   b. dans le camion
   c. à l'auberge
6. Celui qui est allé alerter la gendarmerie à Montargis c'est
   a. le chauffeur du camion
   b. le propriétaire de l'auberge
   c. le marinier
7. Les occupants de la voiture ne sont certainement pas coincés dans la voiture parce
   que:
   a. on n'a pas entendu de cris
   b. c'était une voiture découverte
   c. il n'y avait personne dans la voiture
8. Ce qui fait un grand vacarme pendant cette scène c'est
   a. tous ces curieux qui entourent la voiture
   b. les voitures qui passent sur la route nationale
   c. la grue qui retire la voiture de l'eau
9. Un anonyme a poussé un cri et reculé de deux ou trois pas quand
   a. Maigret a dit: Qu'on ne touche à rien!
   b. il a reconnu le chauffeur
   c. il a ouvert le coffre
10. La femme qu'on a trouvée dans la voiture
    a. avait passé la nuit à l'auberge
    b. a eu la gorge tranchée
    c. était la propriétaire de la voiture
11. Celui qui a dit que la mort remontait à trois jours au moins était
    a. un médecin
    b. le capitaine Pillement
    c. Maigret
12. Le propriétaire de l'auberge croit savoir le nom des occupants de la voiture parce
    que:
    a. ce sont des gens qui viennent souvent à l'auberge
    b. ils ont rempli leur fiche
    c. il a lu la plaque dans la voiture

13. M. Daubois, le monsieur dont le nom est sur la plaque, ne peut pas être une des victimes de l'accident parce qu'
    a. il est encore à l'auberge
    b. il s'agit d'un autre M. Daubois
    c. il a vendu la voiture
14. Le propriétaire de l'auberge s'impatiente parce que:
    a. il veut rentrer dans son auberge
    b. il trouve qu'on ne s'occupe pas assez de lui
    c. la pluie continue sans arrêt
15. De l'intérieur de la péniche le marinier
    a. a entendu un drôle de bruit
    b. a vu deux personnes qui nageaient dans la rivière
    c. a vu le camion projeter la voiture dans le Loing
16. Quand le marinier a entendu des appels au secours il avait l'impression que c'était
    a. une voix de femme
    b. une voix d'homme
    c. plusieurs voix
17. Quand il s'est dirigé dans la direction d'où venaient ces bruits
    a. il n'a rien pu voir dans le noir
    b. il a vu la voiture qui disparaissait sous l'eau
    c. il a vu le chauffeur qui marchait
18. Comme le marinier et le chauffeur ne trouvaient personne
    a. le marinier est allé téléphoner à la police
    b. le chauffeur est allé prévenir la gendarmerie
    c. il sont tous deux allés téléphoner à l'auberge
19. Les journalistes se faisaient répéter l'histoire et offraient à boire
    a. au chauffeur
    b. à Maigret
    c. au capitaine Pillement
20. Parti de Paris à deux heures, le chauffeur
    a. ne s'est arrêté qu'au moment de l'accident
    b. s'est arrêté à l'auberge pour téléphoner
    c. s'est arrêté pour dîner chez la mère Catherine
21. Quand le chauffeur a vu la voiture grise au milieu de la route il a essayé
    a. d'éviter le choc
    b. de continuer sa route
    c. de trouver les occupants
22. Quand l'auto a été dans l'eau il lui a semblé
    a. qu'elle disparaissait sous l'eau
    b. que quelqu'un se cachait dans l'obscurité
    c. que quelqu'un essayait de nager
23. Il ne s'est pas arrêté pour téléphoner à l'auberge parce que:
    a. il a pensé que Montargis n'était pas loin
    b. l'auberge n'était pas éclairée
    c. il allait dans l'autre direction

24. A la fin de leur entretien Maigret lui demande
   a. quelle était vraiment la cause de l'accident
   b. pourquoi il n'a pas demandé au marinier de l'accompagner
   c. si quelqu'un a pu se cacher dans son camion

B. Résumez l'action en identifiant les endroits précisés dans les phrases suivantes.

1. où Maigret a passé la nuit
2. où se trouve la voiture grise après l'accident
3. où se trouvait le marinier au moment de l'accident
4. quelle était la destination du camion
5. où les deux petits clients ont couché et déjeuné
6. où il y avait une plaque avec le nom R. Daubois
7. où se trouve le garage qui a revendu la voiture
8. où on peut trouver le nom des personnes qui étaient dans la voiture
9. où se trouvait la femme aux cheveux blonds platinés
10. où les journalistes pénétraient tour à tour pour entrer en contact avec leur journal
11. où le chauffeur s'est arrêté pour dîner
12. où le chauffeur est allé pour avertir les autorités qu'un accident avait eu lieu

Si vous n'avez pas trouvé la réponse vous pouvez la chercher dans la liste suivante.

a. à l'auberge
b. dans la cabine téléphonique
c. dans le coffre
d. dans la chambre d'amis du capitaine
e. sous les eaux
f. sur la fiche
g. à la gendarmerie
h. Lyon
i. chez la mère Catherine
j. à Paris
k. dans la péniche
l. dans la voiture

Sujets de discussion orale ou écrite

C. Le marinier.

1. Quelle sorte de vie mène-t-il?
2. Où dort-il la nuit?
3. Que faisait-il quand l'accident a eu lieu?
4. Pourquoi est-il sorti?
5. Qui a-t-il vu dans l'obscurité?
6. Qu'est-ce qu'il est allé chercher?
7. Quel était le résultat de ses recherches?
8. Son témoignage semble-t-il honnête ou suspect?

D. Le capitaine Pillement.

1. Quel contraste y a-t-il entre lui et le procureur de la ville de Caen?
2. Quels sont ses rapports avec Maigret?

3. Quelles sont ses qualités personnelles?
4. Pourquoi est-ce Maigret et non lui qui fait l'enquête?

E. Le chauffeur de camion.

1. Qu'est-ce qu'il fait deux fois par semaine?
2. Quel plaisir s'offre-t-il sur la route?
3. Croyez-vous qu'il a bu avant l'accident? Cela aurait-il de l'importance dans l'enquête?
4. Comment l'accident est-il arrivé au juste?
5. Quel temps faisait-il? Cela a-t-il pu jouer un rôle dans l'accident?
6. Par contre, quelle semble avoir été la cause majeure de l'accident?
7. A-t-il fait tout ce qu'on aurait pu faire pour trouver les victimes?
8. Y a-t-il dans son témoignage un élément qui vous semble suspect?
9. Semble-t-il impatient de continuer sa route vers Lyon?
10. Comment passe-t-il son temps à l'auberge?

L'art de lire: le temps

Narrative text uses verbal tense and adverbs to tell of situations and events in a number of time frames.

1. The narrator presents this story with the **plus-que-parfait** tense:

   Maigret **était venu** à Nemours.   *Maigret **had come** to Nemours.*

   See how the next two parts of the story begin. Description of character and weather is in the **imparfait:**

   Il pleuvait.   *It **was raining**.*

   The narrative action in this story starts, as it frequently does, with a **passé simple:**

   Maigret entendit....   *Maigret **heard**...*

   Place is evoked with the **présent: la route nationale suit la rivière** and some nominative sentences with no verb. Dialogue uses many tenses particularly the **présent**, the **passé composé**, and the **imparfait**, but also the **plus-que-parfait.** Look for examples of all of these.

2. French, unlike English, uses the present tense to express duration up through the present. Remember what Maigret says about Phillipe:

   Il est aux abois **depuis** trois ans.   *He has been hard-pressed (at bay) **for** three years.*

   Duration up to a moment in the past is expressed with **depuis** and the **imparfait** where English uses a pluperfect:

   Maigret **attendait depuis** une demie heure.   *Maigret **had been waiting for** half an hour.*

Compare with this sentence: **depuis quinze jours on vivait sous la pluie.**

3. **Il y a** can introduce items in space: **Il n'y avait aucune lumière. Il y a** also tells time by establishing a point in the past:

Il y a deux ans que ça dure.	*It has been going on **for** two years.*
Le garage a revendu la voiture **il y a** trois jours.	*The garage sold the car three days **ago**.*

4. We also read: **La mort remonte à trois jours.** In this sentence the present tense refers to the past in relation to the present.

5. Another way the past continues into the present of a story is with the **imparfait** and an adverb:

Il pleuvait **toujours**.	*It was **still** raining.*

6. That continuous time frame may be contrasted with the meaning articulated with **ne... plus**:

L'auto **n'**appartient **plus** à M. Daubois.	*The car **no longer** belongs to Monsieur Daubois.*
Phillipe **n'**avait **plus** d'argent.	*Phillip had **no more** money.*

7. Simultaneous time can be expressed in a number of ways:

lorsque vous êtes passé...	***when** you went by*
pendant que vous cherchiez...	***while** you were looking*

8. As we have seen, **devoir** can point to the future in the past:

Ils **devaient** y coucher encore.	*They **were supposed to** sleep there again.*

9. When it is not showing place, **ici** can also be used to mean the present:

On ne les retrouvera pas **d'ici longtemps**.	*They won't be found **for a long time** (from now).*

10. Consider the time frames invoked by the phrase **Quant aux noyés de cette fois-ci...**

L'art de lire: le faire causatif

Characters are often presented in some hierarchy expressed directly or indirectly. Note the difference between these two sentences as they express authority:

On **a appelé** le docteur.	*They (we) **called** the doctor.*
On **a fait appeler** le docteur.	*They (we) **had** the doctor **called.***

In the first, the action is performed by the subject. In the second, the action expressed by the infinitive is performed not by the subject but by someone else. The expression **faire** with an infinitive is the equivalent of *to have* in expressions like *to have one's hair cut,* but in French the verb precedes the noun. A family with servants, like the Deligeard couple, may frequently have their actions performed for them. Maigret also has authority.

Maigret **fait répéter** sa déposition **au marinier.**	*Maigret **has the sailor repeat** his statement.*

When, as in the above example, both the subject and the object of the infinitive are specified, the subject is introduced by **à** or **par** and comes at the end. The **chauffeur** acquires a kind of authority by virtue of having a story to tell.

Le chauffeur **se faisait offrir** à boire **par les journalistes.**	*The driver **was getting the journalists to offer him** drinks.*

Consider other ways in which authority is expressed in the telling of this story. Does the **tu** and **vous** distinction play a role?

L'art de lire: les conjonctions

Stories typically refer to events that have consequences. Conjunctions like **parce que** (*because*) and **donc** (*therefore*) establish and help sum up logical relationships of cause and effect. Maigret's bad joke at the end of **La Vieille Dame de Bayeux** is introduced by **ainsi** (*thus*). Causes and results are often not expressed directly in the text but can be inferred and should be followed.

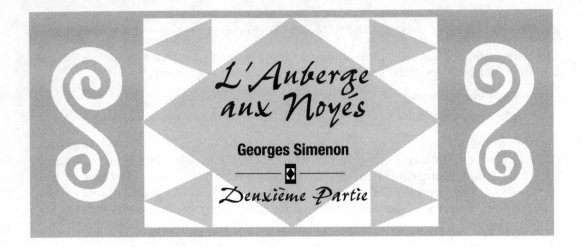

L'Auberge
aux Noyés

Georges Simenon

Deuxième Partie

∾ Préparation à la lecture

Le Lexique

Vocabulaire

Quelle **suite** d'événements!	*succession*
Les journalistes **emplissent** l'auberge de leur vacarme.	*fill*
Il y a **en outre** la question de la jeune fille.	*in addition*
Comment s'est-elle trouvée **mêlée** à cette affaire?	*get mixed up*
La voiture était **vide**, donc Viviane peut être encore **vivante**.	*empty* *alive*
Elle portait un **manteau léger**.	*light coat*
Tenez! Voici un homme.	*Look!*
Je **parie** que c'est son père.	*bet*
Je ne crois pas **me tromper**.	*am wrong*
Ma foi, vous avez raison.	*Well (literally: my faith)*
Viviane avait rencontré Jacques à la **piscine**.	*pool*
Il comptait sur sa **dot** pour la **faire vivre**.	*dowry* *support*
Les **propos** cyniques de Jacques m'étonnaient.	*remarks*

Il a **laissé entendre** qu'elle voulait
s'enfuir avec lui.

let it be understood (implied, suggested)
to run off

Il y a deux jours de cela.

It's been two days since then.

Qu'est-ce qui l'**a amenée** à ça?

brought

Les hommes **se turent**.

fell silent

Ils continuent à **se taire**.

not speaking

Mots apparentés et partiellements apparentés

Le **portefeuille** de Jacques n'est pas vide.	2. *portfolio*	1. *wallet*
Il ne va pas mourir de **faim.**	cf. *famine*	*hunger*
Mais il n'a pas de **situation.**	1. *situation*	2. *job*
Il **compte** vivre de l'argent de sa femme.	*is counting on*	
Sa compagne était très jeune.	*his female companion*	*the woman with him*
Ils sont sortis en **promenade.**	*promenade*	*stroll, ride, drive*
Son père ne voulait pas la **contrarier,** mais maintenant il commence à **s'inquiéter.**	*to be contrary to* *to be disquieted*	*to oppose* *to worry*

Faux amis

Ma fille est très **jolie.**	not: *jolly*	but: *pretty*
Elle **avait envie** de partir.	not: *envied*	but: *wanted to*
Elle est **sans doute** partie	not: *without doubt*	but: *probably*
avec ce jeune homme dont j'**ignore** l'origine.	not: *ignore*	but: *don't know*

L'art de lire: les familles de mots

One of the best ways of developing reading comprehension is to learn to recognize word families. When you know the meaning of a noun, for example, the meaning of the verb or adjective related to it is usually quite easy to grasp.

Je ne **crois** pas en cette théorie.	*I don't **believe** in that theory.*
Elle n'est pas **croyable.**	*It isn't **believable**.*
Sa **croyance** en Dieu est indestructible.	*His **belief** in God is indestructible.*

The various English equivalents of a word family in French may not all belong to the same word family in English.

Votre **témoignage** est indispensable.	*Your **testimony** is indispensable.*
Vous allez **témoigner** contre le criminel. Vous êtes le seul **témoin**.	*You are going to **testify** against the criminal. You are the only **witness**.*

Sometimes the word and its relatives have more than one meaning. If you realize that **jouer** means not only *to play* but also *to gamble*, the family relationships of the word are clear.

Maigret **joue** le rôle du policier maladroit. Maigret est un **joueur** expert. Dans ce **jeu** c'est la vie d'un homme qui est **en jeu**.	*Maigret **plays** the role of a clumsy policeman. Maigret is an expert **player**. In this **game** the life of a man is **at stake**.*

La Grammaire

Mots-clés

Elle serait partie **n'importe quand** pour aller **n'importe où**, **pourvu que** ce fût avec lui.	*anytime (no matter when)* *anywhere (no matter where)* *provided (that...)*
Elle fait **toujours** ce qu'elle **a envie** de faire.	*always* *wants to, feels like*
Si bien que, **à tort ou à raison** cet accident m'inquiète.	*So that* *rightly or wrongly*
Est-elle **toujours** en vie?	*still*
Je ne comprends pas les événements **tels que** les journaux les ont retracés.	*as (in the way that)*

L'art de lire: les pronoms réfléchis

When the direct or indirect object of a verb is identical with the subject, the pronoun is reflexive. First and second person object pronouns remain **me**, **te**, **nous**, and **vous**, but the third person pronoun, singular or plural, direct or indirect, is **se**. Use context to grasp the meaning of these pronouns and consider these three possibilities.

1. The reflexive pronoun may correspond to *myself, herself, ourselves,* etc.

Elle **s'**est faite sa complice.	*She made **herself** his accomplice.*
Maigret **s'**invite.	*Maigret invites **himself**.*
Vous **vous** êtes fait mal?	*Did you hurt **yourself**?*
Je **me** fais entendre.	*I make **myself** understood.*

2. These pronouns may correspond to *each other* or *one another*, expressing reciprocal action.

Ils **s'**aimaient mais maintenant ils **se** détestent.	*They loved **each other** but now they hate **each other**.*
Nous ne voulons pas **nous** quitter.	*We don't want to leave **one another**.*

3. Frequently, the reflexive pronoun simply forms part of a pronominal verb. Here, to think of a separate meaning for the pronoun in English is clumsy or misleading.

Ils **s'**arrêtent à l'auberge.	*They stop at the inn.*
Vous **vous** inquiétez trop.	*You worry too much.*
Je ne peux pas **me** souvenir.	*I can't remember.*
Maigret n'aime pas **se** presser.	*Maigret doesn't like to hurry.*

Find examples of reflexive and reciprocal pronouns and pronominal verbs in these stories and account for their meanings.

Exercices

A. Expliquez le sens des mots en **caractères gras** dans chacune des phrases suivantes.

1. Elle **soigne** la malade. C'est son premier **soin**. C'est une bonne qui fait du travail **soigneux**. Son apparence est très **soignée**.
2. Elle va porter **plainte**. Elle **se plaint** de tout, cette femme. Elle a une voix **plaintive**.
3. Vos **craintes** sont des craintes de vieille dame. Vous **craignez** tout. Vous êtes trop **craintive**.
4. Vous allez **devoir** témoigner. C'est votre **devoir**.

B. Lisez le passage suivant en remplaçant les mots en **caractères gras** par un synonyme.

à tort ou à raison	laisser entendre	si bien que
en outre	n'importe quand	vouloir
encore	pourvu	

J'avais la valise **et donc** (1) je ne m'inquiétais pas quand ils ont quitté l'hôtel. **De plus** (2) ils avaient dit qu'ils rentreraient dîner. Je leur ai dit: «Vous pouvez sortir **à condition** (3) que vous laissiez la valise. Puisque la porte reste ouverte vous pouvez rentrer **à l'heure que vous voudrez** (4)».

Avoir envie de (5) sortir de temps en temps c'est tout naturel. Rien ne pouvait **suggérer** (6) que c'étaient des criminels. **Correctement ou non** (7) j'ai cru qu'ils étaient honnêtes. Leur valise est **toujours** (8) là.

C. Même exercice.

amener à	propos	se tromper
s'enfuir	suite	vêtir
s'en mêler	se taire	

C'est l'affaire du capitaine Pillement. Maigret hésite à **s'y engager** (1). Mais le capitaine a besoin de son aide. Maigret essaie donc de comprendre la **succession** (2) des événements. Que veulent dire les **paroles** (3) du chauffeur et du marinier? Maigret avance lentement. Il vaut mieux **ne rien dire** (4) que de **faire une erreur** (5).

Et que dire de cette jeune fille qui a décidé de **prendre la fuite** (6) avec son amant? Elle n'a même pas pris le temps de s'**habiller** (7) convenablement. Qu'est-ce qui a pu la **persuader de** (8) faire une chose comme ça?

D. Lisez le passage suivant en remplissant les tirets par les mots convenables.

franchise	cheveux	faire vivre
légère	dot	vide
parier	s'emplir	vivante
piscine		

D'ordinaire, en hiver, il n'y a personne à l'auberge. Elle est absolument __1__. Mais aujourd'hui elle commence à __2__ de journalistes.

Le père de la jeune fille arrive. C'est un vieux monsieur aux __3__ gris. Sa fille et son amant allaient nager ensemble dans la __4__ d'un club sportif. Ce garçon lui disait qu'il voulait l'épouser mais qu'il n'avait pas assez d'argent pour la __5__. Mais il ne l'aimait pas. Il voulait l'épouser seulement pour sa __6__. Il a dit la vérité au père de la fille. Cela montre au moins sa __7__.

La jeune fille est partie impulsivement, portant une robe bien trop __8__ pour la saison. Le père craint qu'elle ne soit morte. Il se demande si elle est encore __9__. Mais Maigret trouvera la solution. Vous pouvez __10__ là-dessus.

L'Auberge aux Noyés

(Deuxième Partie)

L'aubergiste avait déclaré à Maigret:

—Avant-hier, dans la soirée, j'ai vu arriver un jeune couple dans une auto grise, celle qui a été retirée de la rivière. J'ai pensé aussitôt que c'était des jeunes mariés. Voici la fiche que j'ai fait remplir.

1. A qui est l'auto?

On lisait:

«Jacques Vertbois, 20 ans, 18, rue des Acacias, à Paris.»

La réponse aux questions de la fiche était: venant de Paris, allant à Nice.

Enfin, le jeune homme avait ajouté: «Et madame.»

—... Une jeune personne très jolie, de dix-sept à dix-huit ans, répondait le patron à Maigret. Elle était vêtue d'une robe trop légère pour la saison et d'un manteau de sport.

—Le couple avait des bagages?

—Une valise, elle est toujours là-haut...

—Ils paraissaient nerveux?

—Pas spécialement... A vous dire vrai, ils pensaient plutôt à l'amour et ils ont passé une bonne partie de la journée d'hier dans leur chambre...

—Ils ne vous ont pas dit pourquoi, allant à Nice, ils se sont arrêtés à moins de cent kilomètres de Paris?

—Je crois qu'ils se seraient arrêtés n'importe où, pourvu qu'ils aient une chambre...

—Et l'auto?

—Elle était dans le garage... Vous l'avez vue...

—Vous n'avez pas eu la curiosité d'ouvrir le coffre?

—Je ne me permettrais jamais...

—En somme, le couple devait revenir chez vous pour coucher?

—Pour dîner et pour coucher...

—A quelle heure la voiture est-elle sortie du garage?

—Vers quatre heures et demie... J'ai supposé que nos jeunes gens avaient envie, après être restés si longtemps enfermés dans leur chambre, de sortir... la valise était toujours là, si bien que je ne m'inquiétais pas pour la note...[1]

Si bien que cela se résumait ainsi:

Le lundi, vers cinq heures de l'après-midi, un certain Jean Vertbois, vingt ans, demeurant 18 rue des Acacias, à Paris, achetait une voiture qu'il payait avec cinq billets[2] de mille francs. (Le garagiste, on venait de le téléphoner à Maigret, avait l'impression que le portefeuille de son client contenait une liasse assez importante[3] de billets.)

2. Qu'est-ce qu'on lit sur la fiche?

3. Quelle était leur destination?

4. Comment était vêtue la jeune fille?

5. Quels bagages avaient-ils?

6. Où ont-ils passé la journée?

7. Pourquoi leur arrêt à l'auberge est-il bizarre? Comment Rozier l'explique-t-il?

8. Où devaient-ils dîner et coucher ce soir-là?

9. Selon Rozier, pourquoi sont-ils sortis?

10. Combien Vertbois a-t-il payé la voiture?

11. Qu'y avait-il dans son portefeuille quand il a payé?

---

[1]**la note?** Utilisez le contexte. De quoi s'inquiéterait un aubergiste?
[2]**billets?** Utilisez le contexte.
[3]**une liasse assez importante** *a rather big wad*

De la journée de mardi on ne savait encore rien.

Le mercredi, à la soirée, le même Vertbois, avec sa voiture, arrivait à l'Auberge aux Noyés, à moins de cent kilomètres de Paris, en compagnie d'une très jeune fille que le patron de l'auberge prenait pour une personne de bonne famille.

Le jeudi, le couple sortait en auto comme pour une simple promenade dans la région et quelques heures plus tard l'auto était heurtée par un camion à sept cent mètres de l'auberge et le chauffeur du camion, ainsi qu'un marinier, croyaient entendre des appels dans la nuit.

De Jean Vertbois et de la jeune fille, aucune trace. Toute la gendarmerie du pays enquêtait depuis le matin dans la région. Dans les gares, rien! Dans les fermes, dans les auberges, sur les routes, rien!

Par contre, dans le coffre de l'auto, on découvrait le cadavre d'une femme de quarante-cinq à cinquante ans, très soignée, très coquette.

Et le médecin légiste[4] confirmait que cette femme avait été assassinée le lundi à coups de rasoir!

Avec moins d'assurance, le médecin légiste laissait entendre en outre que le corps avait été mis dans le coffre quelques heures seulement après la mort.

La conclusion était que, quand le couple était arrivé à l'auberge, il y avait déjà un cadavre dans la voiture!

Vertbois le savait-il?

Sa jeune compagne le savait-elle?

Que faisait leur voiture à huit heures du soir, sans lumières, au bord de la route?

Qui était dans l'auto à ce moment?

Et qui avait crié dans la nuit?

Les journalistes considéraient l'auberge comme terrain conquis△ et s'installaient en maîtres,△ emplissant toutes les pièces de leur vacarme.

Le capitaine s'assit en face de Maigret.

—Je commence à croire que cet accident de la route, si banal au début, va devenir petit à petit une des affaires les plus mystérieuses qu'il soit possible d'imaginer...

—Quand nous saurons qui est cette jeune fille belle et amoureuse...

Questions (marge)

12. L'auberge est à combien de kilomètres de Paris?

13. L'accident était à quelle distance de l'auberge?

14. Où cherche-t-on le couple? Avec quel résultat?

15. Décrivez la victime.

16. Quelle conclusion peut-on tirer?

17. Qui faisait du bruit dans l'auberge?

---

[4]**médecin légiste** *forensic surgeon*

Une grosse auto, conduite par un chauffeur en livrée,^△ s'arrêtait devant la porte, et un homme à cheveux gris en descendait.

—Tenez! murmura Maigret. Je parie que voici son père!

18. Un monsieur riche arrive. Comment sait-on qu'il est riche?

***

Le commissaire ne s'était pas trompé.

—Germain La Pommeraye, notaire[5] à Versailles. Vous l'avez retrouvée?

19. Qui est cet homme et que veut-il savoir?

—Je vais être obligé, soupira Maigret, de vous poser un certain nombre de questions assez précises dont je m'excuse. Pouvez-vous me dire tout d'abord ce qui vous a fait penser que votre fille pouvait être mêlée à cette affaire?

—Vous allez comprendre. Ma fille Viviane a dix-sept ans et en paraît vingt. Je dis *a*, alors que, sans doute, je devrais déjà dire *avait*...[6] C'est une impulsive... Et, à tort ou à raison, je me suis toujours refusé à contrarier ses instincts... J'ignore où elle a fait connaissance de ce Jean Vertbois, mais je crois me souvenir que c'est à la piscine, ou dans un club sportif...

20. Quelle sorte de fille Viviane est-elle?

21. Où a-t-elle rencontré Vertbois? (Sait-elle nager?)

—Vous connaissez personnellement Jean Vertbois?

—Je l'ai vu une fois. Ma fille, je le répète, est une impulsive. Un soir, elle m'a déclaré: «Papa, je me marie!»

—Continuez, monsieur!

22. Qu'a-t-elle déclaré à son père?

—J'ai d'abord pris la chose en plaisantant. Puis, voyant que c'était sérieux, j'ai demandé à voir le candidat. C'est ainsi qu'un après-midi Jean Vertbois est venu à Versailles. J'ai demandé au jeune homme avec quelles ressources il comptait faire vivre une femme et il m'a répondu avec franchise qu'en attendant une situation plus brillante la dot de ma fille empêcherait en tout cas celle-ci de mourir de faim. Comme vous le voyez, le type même du petit arriviste[7] cynique dans ses propos comme dans ses attitudes... Après une heure je l'ai mis à la porte.

—Combien de temps y a-t-il de cela? questionna Maigret.

23. Qui le père a-t-il voulu voir?

24. Que lui a-t-il demandé?

25. Qu'est-ce qui empêcherait Viviane de mourir de faim, selon Vertbois?

26. Qu'a fait le père?

—Une semaine à peine. Lorsque j'ai vu ma fille, ensuite, elle m'a déclaré qu'elle n'épouserait pas d'autre homme que Vertbois, et, ma foi, elle m'a menacé, si je ne consentais pas au mariage, de s'enfuir

27. Que va faire Viviane?

---

[5]**notaire** *official who draws up wills and marriage contracts and advises his clients on financial and real estate investments.* **Notaires** *are usually considered to be well-to-do, discreet, conservative, and dignified.*
[6]**avait** *Remarquez que le temps du verbe peut exprimer une situation pathétique.*
[7]**arriviste** *unscrupulous social climber*

avec lui... Or, depuis mardi après-midi, Viviane a disparu...△ Dès
mardi soir, je me suis rendu au domicile de Vertbois, mais on m'a
répondu qu'il était parti en voyage, accompagné d'une très jeune
fille, c'est-à-dire de Viviane... Voilà pourquoi quand, ce midi, j'ai lu
dans les journaux le récit des événements de la nuit...

Il restait calme et digne.

—Je vous demande une seule chose, commissaire, la franchise!
A votre avis, ma fille est-elle vivante?

Maigret fut un bon moment sans répondre. Enfin il murmura:

—Laissez-moi d'abord vous poser une dernière question. Vous
me semblez connaître très bien votre fille. Croyez-vous que votre
fille, apprenant que Vertbois était un assassin, se serait fait sa com-
plice△ par amour? Ne répondez pas trop vite. Supposez que votre
fille arrive chez son amant... Je vous demande pardon, mais le mot
est malheureusement exact... Elle apprend que, pour pouvoir
s'enfuir avec elle et trouver l'argent nécessaire à cette fuite, il a été
amené à tuer...

Les deux hommes se turent. Enfin M. La Pommeraye soupira:

—Je ne sais pas...

—Je l'espère!

—Comment?

—Parce que, si Jean Vertbois n'a rien à craindre de sa compagne, il n'a aucune raison de la faire disparaître. Si, au contraire,
par exemple, en découvrant le cadavre dans le coffre, votre fille a
manifesté son indignation et l'a menacé...

—Je comprends ce que vous voulez dire, mais je ne comprends
pas la suite des événements tels que les journaux nous les ont
retracés. L'auto, au moment de la collision n'était pas vide, puisque
le chauffeur du camion et un marinier ont entendu des cris.
Vertbois et Viviane n'avaient aucune raison de se quitter... Il est
donc probable...

—Depuis ce matin, on drague△ la rivière. Jusqu'ici on n'a obtenu
aucun résultat.

—Croyez-vous qu'il me reste des chances de retrouver ma fille
vivante?

Maigret n'osa pas lui répondre que, dans ce cas, Viviane La
Pommeraye serait probablement inculpée[8] de complicité d'assassinat!

---

[8]**inculpée** accusée

28. Que fera-t-elle s'il
n'y consent pas?

29. Qu'a-t-on dit au père
quand il est allé chez
Vertbois?

30. Que veut-il savoir?

31. Maigret répond par
une question. Laquelle?

32. Pourquoi Vertbois
aurait-il tué quelqu'un?

33. «Faire disparaître»,
autrement dit, c'est quoi?
Pourquoi Jean voudrait-il
«faire disparaître»
Viviane?

34. De quoi Viviane
risque-t-elle d'être
accusée si elle est encore
vivante?

∽ Activités sur le récit

Résumé de l'action

A. Résumez l'action en corrigeant les phrases fausses.

1. L'aubergiste a tout de suite compris que le jeune couple n'était pas marié.
2. La jeune fille avait l'air encore plus jeune que son compagnon.
3. L'aubergiste n'a aucune idée pourquoi ils se sont arrêtés à moins de cent kilomètres de Paris.
4. Quand ils sont sortis ils ont emporté leur valise.
5. Vertbois venait d'acheter la voiture.
6. La gendarmerie cherchait partout dans la région des traces du jeune couple.
7. La femme dans le coffre avait à peu près le même âge que le jeune couple.
8. Pendant toute cette enquête les journalistes travaillent en silence.
9. Le monsieur qui arrive en voiture conduit lui-même.
10. La fille du monsieur s'appelle Viviane. Elle a dix-sept ans.
11. M. La Pommeraye se rend compte qu'il a été un père trop sévère.
12. Jean et Viviane se sont rencontrés soit à la piscine soit dans un club sportif.
13. M. La Pommeraye ne voulait pas rencontrer le jeune homme mais Viviane a insisté.
14. Vertbois a répondu avec franchise quand M. La Pommeraye a demandé comment il allait faire vivre Viviane.
15. Vertbois ne manifeste aucun intérêt dans la dot de Viviane.
16. M. La Pommeraye l'a mis à la porte.
17. Viviane a caché à son père le projet qu'elle avait de s'enfuir avec Jean Vertbois.
18. Quand son père se rend au domicile de Vertbois personne ne peut le renseigner.
19. C'est par le journal qu'il a appris la nouvelle de l'accident.
20. Il est certain que sa fille ne peut pas être la complice d'un assassin.
21. Si elle est sa complice Vertbois n'a aucune raison de la faire disparaître.
22. Le père sait que la voiture n'était pas vide quand elle a été projetée dans l'eau.
23. Mais puisque Viviane sait nager il est à peu près certain qu'elle est encore en vie.
24. Maigret pense qu'elle peut être accusée de complicité d'assassinat si elle est encore en vie.

B. Les phrases suivantes racontent les événements, mais dans le désordre. Mettez-les dans leur ordre chronologique. (Méthode à suivre: Sur une feuille de papier écrivez les numéros de 1 à 10 suivis d'un tiret. La première phrase c'est la phrase d. Mettez d sur le tiret à côté du numéro 1. Ensuite cherchez la phrase qui suit logiquement la première, et mettez sa lettre sur le tiret à côté du numéro 2. Et ainsi de suite.)

a. Dès que la grue retire la voiture de l'eau, vendredi matin, on commence à draguer la rivière.

b. Ayant lu les journaux, M. La Pommeraye arrive à l'Auberge aux Noyés et demande à Maigret si sa fille est encore en vie.

c. Vertbois et sa compagne, allant de Paris à Nice, arrivent à l'Auberge aux Noyés mercredi.

d. Viviane déclare à son père: «Papa, je me marie avec Jean Vertbois.»

e. Maigret n'ose lui répondre que dans ce cas elle serait probablement inculpée de complicité d'assassinat.

f M. La Pommeraye fait venir ce Jean Vertbois à Versailles, et, s'apercevant que c'est un petit arriviste cynique, le met à la porte.

g. Les journaux de vendredi annoncent la découverte d'un cadavre dans le coffre d'une voiture appartenant à Jean Vertbois.

h. Dès mardi soir, M. La Pommeraye se rend chez Vertbois et apprend qu'il est parti en voyage accompagné d'une très jeune fille.

i. Le lendemain le couple sort en auto comme pour une simple promenade dans la région. On ne les a plus revus depuis.

j. Peu après l'entretien entre M. La Pommeraye et Jean Vertbois, Viviane disparaît.

Sujets de discussion orale ou écrite

Prenez le rôle de l'aubergiste. Imaginez que c'est un type qui parle beaucoup et faites diverses observations à Maigret.

1. ce que vous avez pensé aussitôt quand le jeune couple est arrivé à l'auberge
2. ce que le jeune homme a écrit sur la fiche et ce qu'il y a ajouté
3. la jeune fille: son apparence, ses vêtements, sa fortune, son attitude envers le jeune homme
4. pourquoi ils voulaient une chambre
5. les choses qu'on apprend à observer quand on est aubergiste
6. le type de client qui vient dans votre auberge
7. pourquoi un aubergiste doit être discret
8. la sorte de curiosité qu'on ne doit pas se permettre
9. pourquoi on appelle votre auberge ce qu'on l'appelle
10. pourquoi le jeune couple est sorti en promenade
11. pourquoi vous n'étiez pas inquiet

Prenez le rôle du père de Viviane. Expliquez à Maigret ce qui s'est passé. Si le conte ne dit rien sur certains sujets inventez quelque chose vous-même.

1. vous vous présentez
2. l'âge, l'apparence, la personnalité de Viviane
3. les idées que vous avez eues sur la bonne façon d'élever un enfant, et ce que vous en pensez maintenant
4. la mère de Viviane
5. comment Jean et Viviane se sont rencontrés
6. pourquoi vous avez demandé à voir Jean Vertbois
7. ce que vous lui avez demandé
8. comment il a répondu
9. votre opinion de lui
10. comment votre entretien avec lui s'est terminé
11. ce que vous refusez de faire même s'ils se marient
12. pourquoi vous espérez que ce refus va décourager Vertbois

13. ce que Viviane a menacé de faire si vous ne consentez pas au mariage
14. ce qu'on vous a dit quand vous êtes allé au domicile de Vertbois
15. ce que vous voulez surtout savoir de Maigret

L'art de lire: les connaissances

All stories express what people know and how and when they get to know it. The search for knowledge characterizes mystery genres in particular.

1. With **voir** and other verbs of perception, the subject of an infinitive follows the verb (as in **faire** and the infinitive). The witness recounts what he has seen:

   J'ai **vu arriver** un jeune couple.   *I saw a young couple **arrive**.*

2. Witnesses also express thoughts and opinions with verbs like **penser** and **croire**:

   J'ai **pensé que** c'était des jeunes mariés.
   Je **crois qu'**ils se seraient arrêtés n'importe où...

   Compare these examples with the first examples of **que** used as a conjunction in the **L'art de lire** on **que** on page 76.

3. **Croire** and **penser** can also be used with infinitives. Note that unlike English, the subject of the infinitive is not specified in French. If you have trouble understanding, put the pronoun corresponding to the subject of the verb in front of the infinitive. Adding a word can clarify the meaning.

Le père **croit se souvenir** que c'était à la piscine.	*The father **thinks he remembers** it was at the pool.*
Le marinier **a cru entendre** des appels.	*The sailor **thought he heard** calls.*
J'**ai pensé mourir.**	*I **thought I would die**.*
Vous me **semblez connaître** bien votre fille.	*You **seem** (to me) **to understand** your daughter well.*

4. Information can be passed along in other ways:

Le médecin **laissait entendre** que le corps avait été mis dans le coffre après la mort.	*let it be understood*
Je parle que voici son père.	*I bet*
Elle m'**a menacé** de s'enfuir.	*threatened*

5. The verb **devoir** expresses an understanding:

Le couple **devait** revenir.	*was supposed to*

6. Some expressions of what is known are never stated as such. Irony is one example (see **l'ironie** in **L'art de lire** on page 60). Punctuation can also communicate information. **Points de suspension**—three periods that suspend discourse—are used sometimes to suggest nothing more than the hesitation of the **aubergiste** answering questions: **"Ils paraissaient nerveux? Pas spécialement..."** The same device manages also to express the couple's behavior and activities:

Ils ont passé une bonne partie de la journée d'hier dans leur chambre...

Ils se seraient arrêtés n'importe où pourvu qu'ils aient une chambre...

The *points de suspension* here help develop the phrase **ils pensaient à l'amour** and communicate the notion that the couple is not traveling as brother and sister. Later, Maigret apologizes to the father for using the word **amant.** Sexual love motivates stories through many oblique kinds of reference.

7. Sometimes, the text allows, and sometimes it encourages, readers to make inferences—suppositions that may or may not turn out to be relevant. We learn that Viviane met Jean at the **piscine** or at a **club sportif.** We can make, if we want to, certain suppositions regarding her ability to swim and her athletic conditioning.

Try to notice and keep track of how information is presented and passed on in stories.

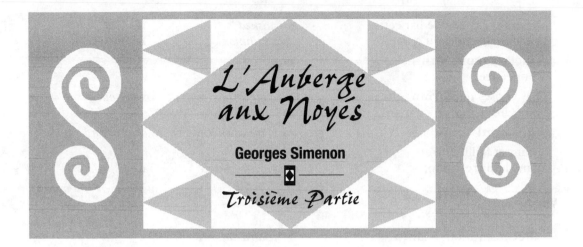

L'Auberge aux Noyés

Georges Simenon

◆

Troisième Partie

Préparation à la lecture

Le Lexique

Mots apparentés et partiellement apparentés

Au cours du **repas**	*repast*	*meal*
Maigret décide de **tenter**	*to attempt*	*to try*
une **expérience.** Il en parle	*1. experience*	*2. experiment*
à voix **basse** au capitaine.	*2. bass*	*1. low*
Ce n'est pas une idée **banale.**	*banal*	*ordinary, everyday*
Cela sera pour lui une **façon**	*fashion*	*way*
de découvrir la vérité, et		
si les journalistes sont **sages**	*1. sage, wise*	*2. good, well-behaved*
et font ce qu'il leur dit de		
faire ils auront un bon **papier.**	*1. paper*	*2. newspaper article*
Le chauffeur dit qu'il		
veut bien **rendre service**	*render a service*	*do a favor*
à Maigret, faire une		
commission pour lui,	*1. commission*	*2. errand*
le **déposer** chez le capitaine,	*2. to depose*	*1. to drop off, to put down*
par exemple, s'il veut **descendre** là.	*1. to descend*	*2. to get out*
Lentement, son **humeur**	*1. humor*	*2. mood*
devient moins **franche.**	*frank*	*open*
Maigret lui fait des **ennuis.**	*annoyances*	*difficulties, trouble*
La situation semble l'**ennuyer.**	*to annoy*	*to bother*

Il semble **angoissé** par cette **reconstitution** du crime.	*anguished* *reconstitution*	*worried* *reconstruction*
Quelle **preuve** a-t-il de son innocence?	*proof*	
Les choses ne **s'arrangent** pas pour lui. Un coup de frein!	*arrange themselves*	*work out*
Un **juron**!	*jury, jurisdiction*	*swear word*
Maigret faillit entrer dans le **pare-brise.**	cf. *para-* + *breeze*	*windshield*

Vocabulaire

«Reconstitution?» **lança** un reporter assez **malin.**	*called out* *shrewd, sharp, critical*
«Je le désire **vivement**», dit Maigret.	*earnestly*
Il se met sur le **siège** du camion.	*seat*
Il **cause** avec le chauffeur.	*chats*
Juste à l'**endroit** de l'accident, il **faillit** perdre son calme et **s'en prendre** au marinier.	*place* *almost* *to take it out on*

L'art de lire: un coup de

This expression is used in so many different idioms that it deserves special attention. The basic meaning is a *knock*, a *blow*, or a *stroke*. Some of the phrases in which it appears should be easy to figure out:

un **coup** de couteau	*a* **blow** *of the knife* i.e., *a* _____
un **coup** de pied	*a* **blow** *of the foot* i.e., *a* _____

Others may not be so obvious:

le **coup** de grâce	*the* **stroke** *of mercy*	*the death blow*
un **coup** d'œil	*a* **stroke** *of the eye*	*a glance*

The basic rules of reading comprehension apply to these idioms, as they do elsewhere.

1. Use context and common sense. For example:

    Je vais vous donner un **coup** de téléphone.

    You do not usually hit people with a telephone. The meaning is clearly something simpler than that and should be obvious.

2. It is the meaning of the phrase that counts, rather than the isolated word. Without translating the word **coup** itself, state or imitate with a gesture (or sound effects, if you choose) the action conveyed by these sentences:

> Quand il a vu l'auto il a donné un **coup** de frein.
>
> La femme a été tuée à **coups** de rasoir.

It must be admitted, however, that now and then an idiom does not mean what it appears to mean and the reasonable assumption proves false. If a **coup de pied** is a *kick*, a **coup de main** ought to mean a *slap*. But it doesn't. It's quite the other way around. A **coup de main** is a *helping hand*.

La Grammaire

Mots-clés

Là-bas, sur la scène de l'accident, voilà Maigret qui est **en train de** questionner le chauffeur:	*over there* *in the process of (in the act of)*
«Evidemment, **du moment que** vous n'avez rien à cacher, et **comme** vous dites la vérité, vous n'avez rien à craindre.	*since* *since*
Mais dites-moi: il pleut **tout autant** qu'hier, **pourtant** aujourd'hui vous **avez pu** vous arrêter. Pourquoi?»	*just as much* *yet* *succeeded (were able)*
Chacune de ses questions ennuie le chauffeur.	*Each*
«**Si** nous allions au café, propose Maigret.	*Suppose (what if)*
—**Comme** vous voudrez.»	*As*

L'art de lire: en

This little word has two quite separate uses. Look for and identify the following:

1. It is sometimes a preposition, where its meaning usually poses little problem, though the English might be quite different:

Le couple sortait **en** auto.	*The couple went out **in** the car.*
Nous étions **en train de** causer.	*We were **busy** talking.*
On passait **en** face de l'auberge.	*They were passing **in** front of the inn.*

In this way too it is used as a gerundive to express either contemporaneous action:

J'ai pris la chose **en** plaisantant.	*I took it lightly.*
Lecoin questionnait **en** haussant les épaules.	*Lecoin shrugged his shoulders to indicate a question.*

or to express cause:

Le chauffeur gagne deux mille francs **en** aidant à pousser l'auto à l'eau.	*The driver earns 2000 francs by helping to push the car into the water.*

Refer to the note in *Lecture* 3 Troisième Partie on the **gérondif** for further examples.

2. The same word is used for completely different functions as a pronoun to replace expressions marked by **de.** Here too, the meaning is expressed in many different ways in English.

    a. When **de** is used as an indefinite or a partitive marker, **en** expresses quantity:

Il voulait de l'argent, mais il n'**en** avait pas.	*He wanted money, but he didn't have **any**.*
Sa tante **en** avait beaucoup.	*His aunt had a lot (**of it**).*

How do you explain **en** when the father says: Ma fille Vivianne a dix-sept ans et **en** paraît vingt.

    b. When **de** is used as a preposition or as part of a prepositional phrase, a little more reconstruction may be necessary. Maigret sets up a situation....

sans rien **en** dire à personne.	*without telling anyone anything **about it**.*

In the beginning of the story it is assumed there are some drowned people but:

Quant aux noyés, on n'**en** savait encore rien.	*As for the drowned, nothing was known about **it** (**them**) so far.*

    c. **En** is used in idiomatic expressions:

Le chauffeur faillit **s'en prendre** au marinier.	*The driver almost **attacked** the sailor.*

L'art de lire: la négation

Sometimes negative words cluster together:

Maigret, **sans rien** en **dire**
à personne a fait rappeler le marinier.

without saying anything... to anyone

When two or more negative words are used in combination, only one of them has negative value. Look for examples.

Il n'a **rien** fait.	*He has done **nothing**.*
Il n'a **jamais rien** fait.	*He has **never** done **anything**.*

L'art de lire: les prépositions

1. It is essential to know such elementary meanings as **sur**—*on,* **dans**—*in,* etc. In many phrases, however, a literal translation of a preposition can lead to confusion. Here is a truck driver talking:

   Les gens crient **sur** nous parce que nous tenons le milieu de la route.

   He could have used **après** or **contre** and the meaning would be the same in English. What would you say that meaning was? Where are the **gens**?

2. Many different idioms use **à** with varying equivalents in English. Consider the context when you encounter examples like these:

Le camion s'est arrêté **à** temps.	*The truck stopped **on** time.*
Il pousse la voiture **à** la main.	*He pushes the car **by** hand.*
Il retire sa pipe de la bouche **à** regret.	*He takes his pipe out of his mouth **with** regret.*

3. Certain expressions require a preposition in French where none appears in English.

Donnez-nous quelque chose **de** bon.	*Give us something good.*
Il n'y a personne **de** plus bête.	*There is nobody dumber.*

   Some expressions use **de** when followed by an adjective:

   Quoi **de** neuf?

   Rien **de** nouveau.

   Quelqu'un **d'**intéressant.

Exercices

A. Lisez le passage suivant en remplaçant les mots en **caractères gras** par un synonyme. Faites les changements de genre nécessaires.

causer	endroit	je propose que
copains	lancer	seuil
empresser	les nouveaux venus	

«**Si** (1) nous allions dîner», dit Maigret. Ils entrent dans un restaurant où mangent les **amis** (2) du chauffeur. Les clients se retournent pour regarder **ceux qui viennent d'arriver** (3).

Ils s'arrêtent un moment à l'**entrée** (4). On entend Maigret **crier** (5) un bonjour cordial à tout le monde. On voit la serveuse se **hâter** (6) de leur offrir une table.

Pendant le repas ils vont **parler** (7). Puis ils iront visiter le **lieu** (8) où l'accident a eu lieu.

B. Lisez le passage suivant en remplissant les tirets par le mot convenable.

autant	fenêtre	pourtant
épaules	frein	siège
en éveil	malin	juron

En regardant par la ___1___ on voit qu'il pleut toujours. Maigret s'installe à côté du chauffeur sur le ___2___ avant. Aujourd'hui il pleut tout ___3___ qu'hier. Pour éviter un accident le chauffeur a toute son attention ___4___. Il donne un coup de ___5___ quand c'est nécessaire.

Le chauffeur dit qu'il n'a rien à cacher. ___6___ il a l'air nerveux. D'abord il exprime son indifférence en haussant les ___7___. Ensuite il exprime sa surprise et sa mauvaise humeur en prononçant un ___8___. Enfin il se rend compte que Maigret est plus ___9___que lui.

C. Lisez le passage suivant en remplaçant les mots en **caractères gras** par un synonyme.

cacher	et après?	nettement
comme	méfiance	s'en prendre à

Le chauffeur regarde Maigret avec **suspicion** (1). Maigret semble penser qu'il a quelque chose à **dissimuler** (2). Il voudrait **blâmer** (3) Maigret pour tous ses ennuis. «Oui, dit-il, c'est comme hier. **Mais quelle différence est-ce que ça fait?** (4) **Du moment que** (5) je n'ai rien à cacher je me sens à l'aise.» Il a **distinctement** (6) l'impression que Maigret a des soupçons.

L'Auberge aux Noyés

(Troisième Partie)

Il avait fallu insister pour décider le notaire à rentrer à Versailles et, la pluie continuant, l'Auberge aux Noyés ressemblait de plus en plus à un quartier général.[1]△

1. Qu'est-ce que le notaire ne voulait pas faire?

Il était six heures quand un reporter appela le patron et lui lança:

—Qu'allez-vous nous faire de bon à dîner?

Et on entendit une voix répondre:

—Rien du tout!

C'était Maigret.

—Je vais vous demander en effet, messieurs, de ne pas dîner ici ce soir. De sept heures à neuf heures, je désire vivement que les lieux ne soient occupés que par les personnes qui s'y trouvaient hier au soir...

2. Qui seront les seuls occupants de l'auberge ce soir-là?

—Reconstitution? lança un malin.

—Même pas! Si vous êtes sages vous aurez sans doute un beau papier pour vos éditions de demain matin... Il est essentiel que, de sept heures à dix heures, chacun à l'auberge soit à la place qu'il occupait hier, que les lumières soient les mêmes...

3. Que promet Maigret aux journalistes?

Il restait quelqu'un qu'on semblait avoir oublié, Joseph Lecoin, le chauffeur du camion. Il observait Maigret avec étonnement, ouvrait enfin la bouche.

—Et moi?

—Toi, tu vas me conduire à Nemours.

4. Que va faire Joseph Lecoin?

—En camion?

—Ma foi, pourquoi pas?

—Comme vous voudrez. Si cela peut vous rendre service...

Et c'est ainsi que le commissaire Maigret quitta l'Auberge aux Noyés sur le siège d'un camion de dix tonnes qui faisait un vacarme infernal.

***

---

[1]**quartier général?** C'est une comparaison militaire.

—Où est-ce que je vous dépose?

—Tu ne me déposes pas, mon vieux!

Le chauffeur regarda son compagnon avec étonnement, croyant que celui-ci plaisantait:

—Alors quoi? On retourne à Paris?

—Non! Attends que je regarde l'heure...

Il consulta sa montre.[2]

—Où va-t-on?

—D'abord dîner chez la mère Catherine, comme tu l'as fait hier au soir. Tu vois? Il pleut tout autant. Nous sommes juste à la même heure...

5. Où vont-ils d'abord?

N'y avait-il pas, pendant le repas, un certain changement dans le chauffeur? Son humeur était moins franche.

6. Qu'est-ce qui est le même qu'hier? Qu'est-ce qui est différent?

De temps en temps Maigret tirait sa montre de sa poche.

—C'est bien ainsi que cela s'est passé hier, n'est-ce pas?

—Ma foi, oui... Ce serait le moment de partir...

—Partons!

—On retourne là-bas?

—Exactement comme hier... Cela t'ennuie?

—Moi? Pourquoi est-ce que ça m'ennuierait? Du moment que je n'ai rien à cacher...

7. Pourquoi la reconstitution n'ennuie-t-elle pas Lecoin, d'après ce qu'il dit? (Mais semble-t-il sincère?)

Or, à cet instant, Catherine s'approcha, demanda au chauffeur:

—Dites donc! Vous avez fait ma commission à Benoît?

—Mais oui!

Une fois sur le siège, Maigret questionna:

—Qui est ce Benoît?

—Il tient une pompe[4] à essence[3] à Montargis. C'est un copain. La mère Catherine voudrait une pompe aussi, et je devais dire à Benoît...

8. Que fait Benoît?

—Il pleut fort, hein!

—Même un peu plus fort qu'hier...

—Nous n'allons pas trop vite?

—Tout juste comme hier...

Maigret alluma[4] sa pipe.

---

[2]**montre?** Que regarde-t-on pour savoir l'heure qu'il est?
[3]**essence?** Utilisez le contexte. Qu'est-ce qu'il y a normalement dans une pompe au bord de la route qui serait tenue par un copain d'un chauffeur de camion?
[4]**alluma?** Que faut-il faire si on veut fumer sa pipe?

—Nous, murmurait Lecoin, c'est toujours sur nous qu'on crie, parce qu'on tient le milieu de la route. Mais si les gens qui conduisent les petites voitures avaient à piloter△ des monuments comme les nôtres...

9. De qui se plaint Lecoin?

Soudain, un juron, un coup de frein violent, si violent que Maigret faillit entrer tête première dans le pare-brise.

—Par exemple!... s'écria Joseph Lecoin. C'est vous qui l'avez fait mettre là?

10. Décrivez—ou montrez—ce qui se passe soudain.

Il y avait une voiture, en effet, à l'endroit exact où était celle de Jean Vertbois la veille. Une voiture grise, comme l'autre! Il pleuvait! La nuit était noire! L'auto n'était pas éclairée!

Et pourtant le camion s'était arrêté à plus de trois mètres du roadster!

11. Comment la situation ressemble-t-elle à celle qui a produit un accident?

—Vous auriez pu me prévenir! A supposer que je ne l'aie pas vu à temps...

—Et pourtant, nous étions en train de causer...

—Et après?

—Hier tu étais seul... Tu avais donc toute ton attention en éveil...

Et Lecoin questionnait en haussant les épaules:

—Qu'est-ce que vous voulez maintenant?

12. En quoi est-elle différente?

—Nous allons descendre... Par ici... Attends... Je veux tenter une expérience... Appelle au secours...

—Moi?

—Comme ceux qui criaient hier ne sont pas là, il faut bien que quelqu'un les remplace...

Et Lecoin cria.

13. Qu'est-ce que Maigret demande à Lecoin de faire?

Où il fut le plus angoissé, c'est quand il entendit des pas et quand une silhouette bougea dans le noir.

—Approche! cria Maigret au nouveau venu.

14. Qu'est-ce qui l'ennuie le plus?

C'était le marinier de la *Belle-Thérèse*, que sans rien en dire à personne, le commissaire avait fait rappeler par la gendarmerie.

15. Qui sort du noir?

—Eh bien?

—C'est difficile à affirmer de façon catégorique... Pour moi, c'était à peu près la même chose...

—Quoi? dit Lecoin.

—Je ne sais pas qui a crié, mais je dis que c'était à peu près le même son△ qu'hier.

Cette fois le chauffeur faillit perdre son calme et s'en prendre au

16. Qu'est-ce que Maigret a dû demander au marinier d'identifier?

marinier qui ne savait pas lui-même quel rôle il jouait dans cette comédie.

—Remonte dans le camion!

Quelqu'un qui n'avait pas bougé jusque-là s'approcha, le capitaine Pillement.

—Tout va bien, lui annonça Maigret à voix basse. Pour le reste, nous allons voir...

Et il reprit sa place auprès de Lecoin, qui n'essayait plus de paraître aimable.

—Qu'est-ce que je fais?

—Comme hier!

—Je vais à Montargis?

—Comme hier!

—Si vous voulez! Je ne sais pas quelle idée vous avez dans la tête, mais si vous croyez que je suis mêlé à cette histoire-là...

On passait déjà en face de l'Auberge aux Noyés, dont quatre fenêtres étaient éclairées et l'une de ces fenêtres portaient en lettres d'émail[5] le numéro de téléphone.

—Ainsi tu n'as pas eu l'idée de t'arrêter pour téléphoner?

—Puisque je vous l'ai déjà dit...

—Continue!

Un silence!

On arriva ainsi à Montargis, et soudain le commissaire remarqua:

—Tu l'as dépassée...

—Quoi?

—La gendarmerie...

—C'est vous avec toutes vos histoires...[6]

—Continue!

—Continuer quoi?

—De faire exactement ce que tu as fait hier...

—Mais je suis allé...

—Tu n'es pas allé tout de suite à la gendarmerie... La preuve, c'est que l'heure ne correspond pas... Où est-ce, la pompe de Benoît?

—Au second coin de la rue...

17. A qui Lecoin a-t-il envie de s'en prendre?

18. Qui d'autre est caché dans le noir?

19. Comment Lecoin a-t-il changé?

20. Qui réaffirme son innocence? (Insiste-t-il trop?)

21. Qu'y-a-t-il sur une des fenêtres de l'auberge? Qu'est-ce que Lecoin aurait pu y faire?

22. Qu'est-ce que Lecoin a oublié de faire? Quelle est son excuse?

23. Quelle est la preuve qu'il ne s'est pas arrêté à la gendarmerie cette nuit-là?

---

[5]**émail** *enamel* Les hôtels et les restaurants en France mettent souvent leur numéro de téléphone en lettres d'émail sur une fenêtre ou sur une porte en verre.
[6]**avec toutes vos histoires** *with all your shenanigans*

—Allons-y!

—Pour quoi faire?

—Rien... Fais ce que je te dis...

C'était une pompe banale devant une maison où on vendait des bicyclettes. Le camion était à peine arrêté qu'un homme sortait.

—Combien de litres? demanda-t-il sans regarder le camion.

L'instant d'après, il le reconnaissait, levait les yeux vers Lecoin, questionnait:

—Qu'est-ce que tu fais ici? Je croyais...

—Mets-moi cinquante litres!

Maigret restait dans son coin, invisible aux yeux du garagiste. Benoît, se croyant seul avec son camarade, allait peut-être parler, mais Lecoin sentit le danger, s'empressa de prononcer:

—Alors, monsieur le commissaire, c'est tout ce que vous désirez?

—Ah! Tu es accompagné?

—Quelqu'un de la police qui fait une reconstitution, comme il dit... Je n'y comprends rien de rien...

Maigret avait sauté à terre et était entré dans le magasin, au grand étonnement de Benoît. C'est qu'il avait aperçu la femme de celui-ci à l'intérieur.

—Lecoin demande comment ça s'arrange... lança-t-il à tout hasard.[7]

Elle le regarda avec méfiance, questionna:

—Il est là, Lecoin?

—Il prend de l'essence.

—On ne lui a pas fait d'ennuis?

Et, inquiète, ne comprenant rien à l'intrusion de cet homme, elle se dirigea vers le seuil.

—Dis donc, Paul... C'est Lecoin qui est là?

Alors le commissaire entendit nettement l'un des deux hommes qui demandait à l'autre:

—Qu'est-ce qu'on fait?

—Qu'est-ce que tu ferais, toi?

—Si nous allions nous expliquer à l'intérieur? proposa Maigret.

24. Où vont-ils ensuite? Quelle sorte de maison est-ce?

25. Pourquoi Lecoin s'empresse-t-il de parler?

26. Que fait Maigret ensuite et pourquoi?

27. Quelle est l'attitude de la femme envers Maigret?

28. Quels mots Maigret entend-il et qu'est-ce que cela montre?

---

[7]**à tout hasard** *on the off chance (of finding something out)*

🌀 Activités sur le récit

Résumé de l'action

A. Résumez l'action en complétant les phrases suivantes.

1. L'heure du dîner approchant, un reporter lança au patron de l'auberge: «Qu'allez-vous nous faire...
2. Mais c'était Maigret qui répondait: «...
3. «Je veux que les lieux ne soient occupés ce soir que par les personnes qui...
4. Il promet un beau papier pour leurs éditions du lendemain matin aux...
5. «Toi, tu vas me conduire à Nemours, dit-il à...
6. Et c'est ainsi que Maigret quitta l'auberge sur...
7. Au chauffeur étonné il annonça: «Nous allons d'abord chez...
8. De temps en temps Maigret tirait de sa poche...
9. «Nous retournons là-bas, dit-il. Est-ce que cela...?
10. «Pourquoi ça m'ennuierait? répond Lecoin. Du moment que je n'ai rien...
11. Catherine demanda: «Vous avez fait ma commission à...
12. «On crie toujours sur nous, grommelait Lecoin, parce que nous tenons...
13. Soudain un juron, un violent...
14. Maigret faillit entrer tête première...
15. A l'endroit exact de l'accident de la veille il y avait...
16. Et pourtant le camion...
17. «Et hier tu étais seul, dit Maigret. Tu avais donc ton attention...
18. «Je vais tenter une expérience. Appelle...
19. Une silhouette bougea dans le noir. C'était...
20. «Je ne sais pas qui a crié, dit-il, mais je dis que c'était à peu près...
21. Ils remontent dans le camion, et passent devant l'auberge dont les quatre fenêtres sont...
22. «Ainsi, dit Maigret, tu n'as pas eu l'idée de t'arrêter pour...
23. Soudain il remarque: «Tu as dépassé la...
24. Ils arrivent devant la pompe de Benoît. Celui-ci leur demande...
25. Il allait peut-être parler. Alors Lecoin s'empresse de prononcer: «Il y a quelqu'un de la police qui fait...
26. Maigret entend ce que disent les deux hommes et fait une proposition: «Si nous allions...

Si vous ne trouvez pas la réponse vous pouvez la chercher dans la liste suivante.

a. s'est arrêté à plus de trois mètres de la voiture
b. au secours
c. Benoît
d. de bon à dîner
e. à cacher
f. combien de litres?
g. coup de frein
h. éclairées
i. t'ennuie
j. en éveil
k. nous expliquer à l'intérieur
l. gendarmerie
m. journalistes
n. le marinier de la *Belle-Thérèse*
o. le même son, la même chose
p. le milieu de la route
q. Lecoin, le chauffeur du camion

r. la mère Catherine	w. le siège d'un camion de dix tonnes
s. sa montre	x. téléphoner
t. dans le pare-brise	y. s'y trouvaient hier au soir
u. une reconstitution	z. une voiture grise
v. rien du tout	

B. Résumez l'action en spécifiant le personnage qui prononce ou pourrait prononcer les phrases suivantes.

1. Dites donc, monsieur Rozier, qu'est-ce que vous allez nous faire de bon à dîner?
2. Mais votre reconstitution m'ennuie sérieusement! Pensez au nombre de clients que j'aurais eu pour le dîner ce soir!
3. Eh bien, te revoilà, toi qui as mangé ici hier soir! C'est que tu sais ce que c'est que la bonne cuisine, toi.
4. Vous auriez pu me prévenir! A supposer que je ne l'aie pas vue à temps...
5. Difficile à affirmer de façon catégorique, mais pour moi c'était à peu près le même son qu'hier.
6. La reconstitution marche bien? Est-ce qu'il continue à prétendre qu'il n'est pas mêlé à l'affaire?
7. Combien de litres je vous mets?
8. On n'a pas fait d'ennuis à Lecoin? J'avoue que je suis inquiète.
9. Si nous allions nous expliquer à l'intérieur.

Si vous n'avez pas trouvé la réponse vous pouvez la chercher dans la liste suivante.

a. l'aubergiste Justin Rozier	e. la femme du garagiste Benoît
b. le capitaine Pillement	f. le garagiste Benoît
c. le chauffeur de camion Joseph Lecoin	g. un des journalistes
	h. le marinier
d. le commissaire Maigret	i. la mère Catherine

Sujets de discussion orale ou écrite

C. La reconstitution. Qu'est-ce qui est le même que la veille, et qu'est-ce qui est différent?

1. l'auberge, ses occupants, ses lumières
2. le camion. Quelle différence?
3. l'heure
4. chez la mère Catherine. Y a-t-on dit quelque chose qu'on n'avait pas dit la veille? Quelle importance cela a-t-il pour l'enquête de Maigret?
5. l'humeur de Joseph Lecoin pendant le repas
6. le temps qu'il fait
7. la voiture grise
8. «l'accident»
9. les personnes présentes à l'endroit où «l'accident» a eu lieu
10. la gendarmerie
11. la pompe à essence de Benoît

D. Les propos de Maigret. Imaginez ce qu'il a dit avant la reconstitution pour la préparer.

1. au père de Viviane
2. aux journalistes
3. à l'aubergiste
4. au capitaine Pillement (à propos du roadster)
5. au marinier (où il doit être, pour quoi faire)
6. à Joseph Lecoin

E. Imaginez ce qu'il a dit à Joseph Lecoin pendant la reconstitution.

1. où ils vont dîner
2. quand ils doivent quitter le restaurant
3. sur le temps qu'il fait
4. après l'arrêt soudain du camion
5. ce qu'il doit crier
6. ce qu'il doit faire ensuite
7. quand ils passent devant l'auberge
8. quand ils passent devant la gendarmerie
9. où ils doivent aller ensuite

L'Auberge aux Noyés

Georges Simenon

Quatrième Partie

∞ Préparation à la lecture

Le Lexique

Étudier les mots dans les résumés suivants. Quels sont les mots apparentés et partielle-ment apparentés? Cacher l'anglais pendant la première lecture.

Vertbois est l'**assassin** de Marthe.	*assassin*	*murderer*
Son projet de mariage est **raté.**	*failed*	
L'argent **lui échappe.**	*escapes him (gets away from him)*	
Il **s'en prend** à sa maîtresse.	*takes it out on*	
Il la **tue.**	*kills*	
Il lui a **volé** son argent.	*stole*	
Il faut **se débarrasser** du cadavre.	*to get rid of*	
Il a eté **trahi.**	*betrayed*	
Son crime ne va pas **rapporter.**	*pay, bring (anything) in*	
Est-ce qu'il a **enlevé** Viviane?	*abducted, take away*	
Sa voiture n'est pas vraiment **en panne.**	*broken down*	
Il invente un **simulacre** de suicide.	cf. *similar*	*imitation, pretense*
A la rigueur, il aurait pu	*In a pinch (just possibly)*	
arriver à pousser la voiture	*succeed*	
dans l'eau. Le chauffeur de camion		
lui donne un **coup de main**	*a helping hand*	
pour **deux méchants billets de mille.**	*two lousy thousand (franc) notes*	
Viviane a-t-elle le **sang-froid**	*nerve*	
(ou plutôt la **bêtise**)	*stupidity*	

de vouloir **partager**	*share*
le **sort** d'un criminel?	*fate*
Elle croyait vivre une **lune de miel.**	*honeymoon*
Elle est partie **en courant.**	*running*
Elle arrive **brisée,** **pantelante,** chez sa tante.	*broken down,* *panting*
Vertbois **a sauté** du premier étage.	*jumped*
Il **s'est cassé** la jambe.	*broke*
Maigret trouva une forme **étendue** dans la rue.	*extended, stretched out, sprawling*
—Si vous approchez, je **tire!**	*shoot*

L'art de lire: les homonymes

As you read, your eye should travel along the line, grasping the meaning as it unfolds and not stopping at every word. Yet every now and then as you move along something goes wrong and confusion sets in. Words that are spelled alike but have different meanings can be one of the sources of difficulty. These are homonyms. It is helpful to be aware of them as you read.

When homonyms are the same part of speech, only the context can tell you which meaning is the correct one. The context usually makes matters clear, however:

Je **suis** l'inspecteur Maigret.	*I **am** Inspector Maigret.*
Je **suis** la trace du criminel.	*I **am following** the track of the criminal.*

Often homonyms are different parts of speech and therefore structure as well as context helps the reader keep the meanings distinct from one another.

Ayant débuté comme sa **bonne,** Cécile est devenue une **bonne** amie de la vieille dame.	*Having begun as her **maid**, Cécile became a **good** friend of the old lady.*

Words that are not really homonyms at all, but happen to look like one another, can sometimes cause trouble. Individual readers vary as to which words they confuse with others, but observing which words tend to get mixed up in your mind and paying special attention to them should limit the confusion. One accent or one letter more or less can make a big difference.

Je l'ai vue, la **vieille.**	*I saw her, the **old woman**.*
Je l'ai vue la **veille.**	*I saw her the **day before**.*

La Grammaire

Mots-clés

Afin que l'on sache ce qui
se passe, il faut établir les faits.

In order to (so that)

Etant donné qu'elle était
à côté de lui dans l'auto,
elle doit être **quelque part** ici,
soit seule, **soit** avec lui.

Since (given that)
beside
somewhere
either... or...

L'art de lire: les pronoms compléments

Object pronouns are often used in French where their presence would not be necessary in English.

1. Find the meaning of the sentence as a whole rather than of every individual word.

Vous **y** êtes entré sans frapper.

You entered without knocking.

Je vous **en** demande pardon.

I beg your pardon.

Si vous **le** voulez bien,
je vais essayer de **m'en** expliquer
aussi bien que je **le** pourrai.

If you are willing, I will try to explain as well
as I can.

2. Verbs can change meaning when they become pronominal as in the following sentences:

Passe-moi la bouteille et
dis-moi ce qui **se passe.**

***Pass** me the bottle and tell me what is*
***going on**.*

Il croit qu'il peut **tromper**
Maigret, mais il **se trompe.**

*He thinks he can **fool** Maigret, but he **is***
***wrong**.*

Je **doute** qu'il puisse le faire.

*I **doubt** that he can do it.*

Maigret **se doute** de quelque chose.

*Maigret **suspects** something.*

Compare these words to homonyms.

L'art de lire: le faire causatif

Review this structure in the note on page 87 and identify meanings of the following:

Il veut **faire croire** à un suicide amoureux.

Elle **s'est fait conduire** dans la campagne.

C'est vous qui **avait fait mettre** la voiture là?

L'art de lire: les connaissances

Stories establish what people know and what they say they know in a variety of ways. The **garagiste** explains: *Je me suis aperçu que le jeune homme n'était pas un imbécile.* When he adds, *Il m'a juré qu'il n'y comprenait rien*, we may be able to place Vertbois's sworn word in the appropriate context: he's lying.

Exercices

A. Expliquez la différence entre les mots en **caractères gras** dans chacune des phrases suivantes.

1. Maigret lui demande l'heure qu'il est. Elle lui **montre** sa **montre.**
2. L'homme qu'elle accuse d'assassinat est une vraie **bête** humaine. Il n'est pas **bête,** et cela le rend encore plus dangereux.
3. Mais le **fait** que Maigret a déjà **fait** une première enquête la rassure.
4. Je **souris** quand je vois Maigret jouer au chat et à la **souris** avec Phillipe.
5. Lecoin **cause** en conduisant, ce qui **cause** un accident.
6. Quand il a demandé à Cécile si la dame **s'est tuée,** elle **s'est tue.**

B. Lisez les passages suivants en remplaçant les mots en **caractères gras** par un synonyme.

à la rigueur	donner un coup de main	jure
arriver	étant donné que	sang-froid
briser	est en panne	

Je dois réparer le moteur. Il **ne fonctionne pas** (1). Pouvez-vous m'**aider** (2) ? **Si c'est absolument nécessaire** (3) je pourrais le faire tout seul, mais je suis maladroit et risque de **casser** (4) quelque chose.

Devant Maigret, Vertbois **affirme solennellement** (5) qu'il est innocent. Il dit qu'il n'aurait pas le **calme impassible** (6) qu'il faut pour commettre ce crime. Mais **puisque** (7) Maigret est plus malin que Vertbois, celui-ci ne va pas **parvenir** (8) à prouver son innocence.

C. Contredisez chacun des propos suivants en utilisant un des mots ci-dessous. Suivez le modèle.

EXEMPLE: Il faut l'**empêcher.**
     Au contraire! Il faut l'**encourager.**

gentil	lucrative	un succès
intelligence	partager	encourager

1. Quelle **bêtise!**
   Au contraire! Quelle _____.
2. Son projet est **raté.**
   Au contraire! Son projet est _____.
3. C'est une affaire **qui ne rapporte pas.**
   Au contraire! C'est une affaire _____.
4. Il va tout **garder pour lui-même.**
   Au contraire! Il va tout _____.
5. Il est vraiment **méchant.**
   Au contraire! Il est vraiment _____.

D. Racontez l'incident suivant en remplissant les tirets par le mot convenable.

à côté de	essuyer	sauter
arracher	jambes	sort
courir	jeter	tirer
débarrasser	lune de miel	trottoir
échapper	quelque part	voler
enlever		

Cécile et Robert se marient. Ils vont vivre ensemble et partager le même __1__. Ils veulent partir en voyage pendant leur __2__, aller __3__, n'importe où mais ensemble.

Les voilà à Paris. Ils se promènent l'un __4__ l'autre pendant des heures. Il fait chaud et ils ont les __5__ fatiguées. Ils s'arrêtent pour s'__6__ le front et pour __7__ leurs manteaux.

Quand ils rentrent dans leur chambre d'hôtel, ils trouvent un individu qui est en train de __8__ leur valise! Robert veut __9__ la valise des mains de ce misérable. Il veut se __10__ sur lui. Mais celui-ci a la présence d'esprit de __11__ par la fenêtre.

Robert le poursuit en s'écriant: «Laisse tomber la valise ou je vais __12__». Affolé, le voleur décide de se __13__ de la valise pour pouvoir __14__ plus vite. Il la laisse tomber sur le __15__. Tout ce que le voleur veut faire maintenant c'est de s'__16__.

L'Auberge aux Noyés

(Quatrième Partie)

—Asseyez-vous, murmura la femme en essuyant[1] machinalement la table devant Maigret.

Et Benoît prit une bouteille dans le buffet et quatre petits verres qu'il remplit sans mot dire, cependant que Lecoin se laissait tomber sur une chaise.△

—Vous vous doutiez de quelque chose? lançait-il en regardant Maigret dans les yeux.

—Pour deux raisons. D'abord parce qu'on n'a entendu que des cris d'homme, ce qui était assez étrange, étant donné qu'il y avait une jeune fille sur les lieux et qu'elle était assez bonne nageuse pour se maintenir un certain temps à la surface et appeler au secours... Ensuite, après un accident de ce genre, on ne fait pas vingt kilomètres pour prévenir la gendarmerie, alors qu'il y a le téléphone tout à côté... Les fenêtres de l'auberge étaient éclairées... Il était impossible de ne pas penser à...

—Bien sûr, admit Lecoin. C'est lui qui a voulu...

—Il avait pris place dans le camion, évidemment?

Il était trop tard pour reculer. C'est la femme qui conseilla.△

—Vaut mieux tout raconter. Ce n'est pas pour deux méchants billets de mille qu'on doit...

—Joseph va le dire, intervint son mari.

—Ça s'est passé juste comme ce soir... Vous avez eu raison... Malgré la pluie j'ai d'assez bons yeux et d'assez bons freins pour ne pas heurter une voiture arrêtée sur la route... J'ai donc stoppé à un mètre cinquante... J'ai cru qu'il s'agissait d'une panne, et je suis descendu de mon siège pour donner un coup de main... C'est alors que j'ai aperçu un jeune homme agité, qui m'a demandé si je voulais gagner deux mille francs...

—En l'aidant à pousser△ l'auto à l'eau? intervint Maigret.

—A la rigueur, il aurait pu la pousser à la main. C'est ce qu'il essayait de faire quand je suis arrivé. Mais ce qu'il voulait surtout c'était être conduit quelque part sans qu'on le sache jamais. Je

1. Que font-ils avant de commencer leur discussion?

2. Qu'aurait fait Viviane si elle avait été dans la voiture?

3. Où est-ce que Lecoin aurait pu téléphoner?

4. Qui est cet «il» dont ils parlent?

5. Pourquoi Lecoin serait-il incapable d'avoir un tel accident?

6. Que faisait le jeune homme quand Lecoin est arrivé?

---

[1]**essuyant** Elle nettoie la table avec un linge sans penser à ce qu'elle fait.

crois bien que, si cela n'avait été que lui, je ne l'aurais pas fait.
Mais il y avait la petite...

—Elle était encore vivante?

—Bien sûr! Pour me décider il m'a expliqué qu'on ne voulait
pas les laisser se marier, qu'ils s'aimaient, qu'ils voulaient faire
croire à un suicide, afin qu'on n'essaie pas de les retrouver et de les
séparer... Je n'aime pas beaucoup ces manigances-là,[2] mais si vous
aviez vu la petite sous la pluie... Bref, j'ai aidé à pousser l'auto dans
le Loing... Les jeunes gens se sont cachés dans mon camion... On
m'a demandé, pour la vraisemblance,[3] d'appeler au secours et je
l'ai fait... Comme ça, on les croirait morts tous les deux... Après, il
me suffisait de les conduire à Montargis...

7. A quoi voulaient-ils faire croire et pourquoi?

8. Pourquoi Lecoin a-t-il décidé de les aider?

«Par exemple, je me suis aperçu, en chemin, que le jeune homme
n'était pas un imbécile... Il savait qu'il ne pouvait pas descendre à
l'hôtel... Il n'avait pas davantage envie de prendre le train... Il m'a
demandé si je ne connaissais personne qui, moyennant[4] deux autres
mille francs, les garderait pendant quelques jours, le temps de laisser
l'enquête se terminer... J'ai pensé à Benoît...

9. Où le jeune homme ne voulait-il pas aller? (Pourquoi pas?)

La femme affirma:

—On croyait, nous aussi, que c'étaient des amoureux...

—Ils sont toujours dans la maison?

—Pas elle...

—Comment?

Et Maigret regardait autour de lui avec inquiétude.

—Après midi, commença le garagiste, quand j'ai vu le journal, je
suis monté et j'ai demandé si l'histoire du cadavre était vraie. La
jeune fille m'a arraché[5] le journal des mains, l'a parcouru des
yeux,[6] et elle est partie en courant...

10. Qu'a-t-elle fait quand elle a vu le journal?

—Sans manteau?

—Sans manteau ni chapeau...[7]

—Et le jeune homme?

—Il m'a juré qu'il n'y comprenait rien, qu'il venait d'acheter la
voiture et qu'il n'avait pas eu la curiosité d'ouvrir le coffre...

—Votre maison n'a pas d'autre porte que celle-ci?

11. Et qu'a dit le jeune homme?

---

[2]**manigances** *tricks, schemes*
[3]**pour la vraisemblance** pour que cela semble vrai
[4]**moyennant** pour la somme de
[5]**arraché** prendre
[6]**parcouru des yeux?** Que fait-on quand on lit un journal rapidement?
[7]**chapeau?** Quand on sort on porte un manteau et un...

A l'instant même, comme le garagiste répondait par un signe négatif, on entendit un fracas△ dans la rue. Maigret courut vers le trottoir et y trouva une forme étendue, un jeune homme qui essayait en vain de s'enfuir, malgré la jambe qu'il s'était cassée en sautant du premier étage.

C'était à la fois dramatique et pitoyable△ car Vertbois était fou de rage et n'admettait pas encore sa défaite.△

—Si vous approchez, je tire...

Maigret préféra se jeter sur lui, et l'autre ne tira pas, soit qu'il eût peur, soit que le sang-froid lui manquât.

—Du calme, maintenant...

Le jeune homme s'en prenait au chauffeur, au garagiste, à la femme de celui-ci, les accusait de l'avoir trahi.

—Où est Viviane? lui demanda Maigret en lui passant les menottes.[8]

—Je ne sais pas.

—Ainsi tu étais arrivé à la persuader que tu envoyais la voiture à l'eau seulement pour faire croire à un suicide d'amoureux?

—Elle ne me quittait pas...

—Et c'est ennuyeux, n'est-ce pas? d'être en possession d'un cadavre dont on n'arrive pas à se débarrasser!

Le crime crapuleux[9] dans toute sa bêtise, dans toute son horreur, celui qui ne rapporte jamais!

Jean Vertbois, voyant que son projet de mariage était raté, et que l'argent des La Pommeraye lui échappait, même s'il enlevait Viviane, s'en prenait à une maîtresse△ qu'il avait depuis longtemps, la tuait, lui volait son argent, et, achetant avec une partie de cet argent une auto, projetait de se débarrasser du cadavre dans un lieu désert.

Or, voilà que Viviane arrivait, avec son jeune amour, avec sa passion, Viviane décidée à ne plus retourner chez elle, et à partager le sort de son amant.

Elle ne le quittait plus! Les heures passaient, l'auto roulait,△ emportant toujours le cadavre.

Viviane croyait vivre une véritable lune de miel, et elle était en plein cœur d'un drame immonde![10]

12. Quelle est la cause du fracas dans la rue?

13. Pourquoi Vertbois ne peut-il pas s'enfuir?

14. Que fait Maigret devant la menace de Vertbois?

15. A qui s'en prenait Vertbois?

16. De quoi voulait-il se débarrasser?

17. Qui avait-il tué et pourquoi?

18. Qu'est-ce que Viviane a décidé de faire?

19. Quand ils étaient ensemble, à quoi pensait Viviane? A quoi pensait Vertbois?

---

[8]**les menottes?** Qu'est-ce qu'on met à un criminel dangereux quand on l'arrête?
[9]**crime crapuleux** *foul crime*
[10]**immonde** *base, vile*

Elle embrassait[A] l'homme qu'elle aimait, et celui-ci ne pensait qu'au cadavre dont il lui fallait se débarrasser!

C'est alors qu'il inventait ce simulacre d'un suicide, que compliquait, tout en le facilitant, l'arrivée fortuite[A] d'un camion...

20. Quelle solution Vertbois a-t-il trouvée?

***

—Les renseignements promis, commissaire? demandaient les journalistes.

—L'assassin de Marthe Dorval est à l'hôpital...

—Marthe Dorval?

—Une ancienne chanteuse[A] d'opérette, qui était maîtresse de Jean Vertbois...

21. Qui est Marthe Dorval?

—Il est à l'hôpital?

—A l'hôpital de Montargis avec une patte[11] cassée... Je vous autorise à aller le photographier et à lui poser toutes les questions qu'il vous plaira...

22. Où est Vertbois?

—Mais la jeune fille?

Maigret baissa la tête. D'elle, il ne savait rien, et on pouvait craindre un acte de désespoir.

23. Et Viviane?

Il était plus de minuit, et le commissaire avait rejoint, dans la maison de Nemours, le capitaine Pillement avec qui il parlait des événements quand la sonnerie du téléphone se fit entendre.

24. Qu'est-ce qui interrompt la conversation de Maigret et du capitaine? Qu'est-ce qu'ils apprennent?

Le capitaine, au téléphone, manifesta une surprise heureuse, posa quelques questions: «Vous êtes sûr de l'adresse? Ecoutez! Pour plus de précautions, amenez-moi le chauffeur...»

Et il expliqua à Maigret:

—Mes hommes viennent de découvrir un chauffeur de taxi qui a chargé une jeune fille sans manteau... Elle s'est fait conduire dans la campagne, près de Bourges, où elle est entrée dans une gentilhommière[12] isolée... Comme, en chemin, le chauffeur s'inquiétait de son argent, ne voyant même pas à sa cliente de sac à main, elle lui a répété plusieurs fois:

25. Quels détails montrent que la jeune fille est Viviane?

—Ma tante paiera...

26. De quoi s'inquiétait le chauffeur, et pourquoi?

Viviane La Pommeraye, en effet, brisée, pantelante, s'était réfugiée chez une de ses tantes chez qui, depuis son enfance,[A] elle passait ses vacances.

27. Où Viviane a-t-elle trouvé refuge?

---

[11]**patte?** Nous savons ce qui est cassé. Donc, qu'est-ce que **patte** doit signifier ici?
[12]**gentilhommière** *manor house*

⚙ Activités sur le récit

Résumé de l'action

A. Résumez l'action en choisissant la terminaison qui convient à chacune des phrases suivantes.

1. «Oui, nous sommes mêlés à l'affaire, dit le chauffeur à Maigret. Il est évident que vous vous
   a. en doutiez
   b. ennuyiez
   c. trompiez

2. «En effet, répondit Maigret. D'abord, parce que quand la voiture est allée dans l'eau
   a. la jeune fille n'y était pas
   b. on n'a entendu que des cris d'homme
   c. on n'a rien entendu

3. «Et puis, ajouta-t-il, la jeune fille se serait maintenue à la surface de l'eau. Elle
   a. l'avait déjà quitté
   b. est assez bonne nageuse
   c. ne savait pas ce qu'elle faisait

4. «Ensuite, après un accident de ce genre, on ne fait pas vingt kilomètres pour
   a. prévenir la gendarmerie
   b. remarquer les lettres en émail
   c. trouver une auberge

5. Ils décident tous les trois de tout raconter, se disant qu'il est trop tard pour
   a. dire la vérité
   b. reculer
   c. rester debout

6. «Oui, dit Lecoin, je me suis arrêté à temps. Mon camion
   a. a un excellent pare-brise
   b. roulait très vite
   c. a de bons freins

7. Il y avait un jeune homme qui était descendu de son roadster et essayait
   a. de le pousser
   b. de le réparer
   c. de l'allumer

8. Il m'a offert deux mille francs pour que je le conduise quelque part sans
   a. qu'on le sache jamais
   b. que le jeune fille l'accompagne
   c. qu'on trouve la voiture

9. J'ai décidé de le faire parce que
   a. j'avais besoin de l'argent
   b. je craignais un acte de violence
   c. la petite était si émue et jolie

10. Les jeunes gens se sont cachés
    a. dans mon camion
    b. dans le roadster
    c. au bord du Loing
11. Moyennant deux autres mille francs, il voulait que je trouve quelqu'un qui
    a. aurait un téléphone
    b. pourrait les garder
    c. cacherait la voiture
12. «Quand je suis monté avec le journal, a dit Benoît, elle
    a. pleurait dans sa chambre
    b. était déjà partie
    c. me l'a arraché des mains
13. Elle l'a parcouru des yeux, puis elle
    a. est partie en courant
    b. s'est attaquée au jeune homme
    c. a appelé un taxi
14. Le jeune homme a juré qu'il venait d'acheter la voiture et qu'il n'avait jamais
    a. enlevé la jeune fille
    b. fait une telle chose auparavant
    c. pensé à ouvrir le coffre
15. Entendant un fracas dans la rue, Maigret courut vers
    a. la pompe à essence
    b. le rez-de-chaussée
    c. le trottoir
16. Il trouva dans la rue une forme
    a. étendue
    b. entendue
    c. attendue
17. C'était le jeune homme. Il essayait en vain de
    a. parler
    b. rester calme
    c. s'enfuir
18. C'était un spectacle dramatique et pitoyable, car il s'était cassé
    a. la tête
    b. le nez
    c. la jambe
19. Cela lui est arrivé quand il a voulu s'échapper
    a. en sautant du premier
    b. en volant le camion de Lecoin
    c. en offrant deux mille francs au garagiste
20. Il s'écria: «Ne vous approchez pas ou je
    a. meurs
    b. tire
    c. cours

21. Mais rien de tel ne se passa car
    a. Maigret se jeta sur lui
    b. le jeune homme avait du sang-froid
    c. il a préféré tirer en l'air
22. Confrontant le chauffeur, le garagiste, et sa femme, Vertbois
    a. leur reprenait son argent
    b. prenait la peine de les inculper
    c. s'en prenait à eux tous
23. C'était pour faire croire à un suicide d'amoureux qu'il
    a. s'était jeté de la fenêtre
    b. avait envoyé la voiture à l'eau
    c. avait tué la femme dans le coffre
24. C'est ennuyeux d'être en possession d'un cadavre
    a. dont on ne peut pas se débarrasser
    b. sans avoir commis aucun crime
    c. quand on attend votre retour à l'auberge
25. L'argent des La Pommeraye lui échappait. Son projet de mariage était
    a. donné
    b. volé
    c. raté
26. L'argent qu'il avait sur lui, il l'avait obtenu
    a. en vendant sa voiture au garagiste de la porte Maillot
    b. d'une femme qui le lui avait prêté
    c. en le volant d'une ancienne maîtresse qu'il avait tuée
27. Quand les deux jeunes gens sont partis ensemble Viviane croyait vivre
    a. un drame immonde
    b. une lune de miel
    c. un acte de désespoir
28. Brisée, pantelante, Viviane avait enfin trouvé un taxi, et le chauffeur
    a. s'est échappé avec elle
    b. l'avait conduite où elle voulait aller
    c. avait refusé de l'emmener avec lui
29. En chemin le chauffeur s'inquiétait pour son argent, car elle
    a. n'avait pas de sac à main
    b. s'est mise à le menacer
    c. a voulu appeler la police
30. Le chauffeur de taxi dit qu'il a déposé Viviane
    a. devant la gendarmerie de Montargis
    b. chez son père à Versailles
    c. dans la gentilhommière de sa tante

B. Résumez l'action en spécifiant ce qui est désigné par chacune des phrases suivantes.

1. où Benoît alla prendre une bouteille et quatre verres
2. ce à quoi Viviane et Jean voulaient faire croire en poussant la voiture à l'eau
3. ce que Lecoin a appelé, pour la vraisemblance, après avoir poussé la voiture à l'eau

4. ce que Jean et Viviane semblaient être, aux yeux de Lecoin, de Benoît et de sa femme
5. comment le garagiste a appris qu'il y avait un cadavre dans le coffre
6. ce que Jean prétendait ne pas avoir eu la curiosité d'ouvrir
7. ce que Jean s'était cassé en sautant du premier étage
8. ce que Jean menace de faire si Maigret s'approche
9. ce qui semble manquer à Jean quand il finit par ne pas tirer
10. ce que Marthe Dorval avait été pour Jean dans le passé
11. l'activité professionnelle de Marthe Dorval
12. ce à quoi Jean pensait quand Viviane l'embrassait
13. ce que Viviane pensait vivre au milieu de ce drame immonde
14. la personne chez qui Viviane a trouvé refuge à la fin

Si vous n'avez pas trouvé la réponse vous pouvez la chercher dans la liste suivante.

a. des amoureux
b. au secours
c. dans le buffet
d. au cadavre
e. chanteuse d'opérette
f. le coffre
g. la jambe
h. par le journal
i. une lune de miel
j. une maîtresse
k. le sang-froid
l. à un suicide
m. sa tante
n. tirer

Sujets de discussion orale et écrite

C. Viviane La Pommeraye. Prenez son rôle et racontez son histoire. S'il s'agit d'un travail écrit imaginez que c'est une lettre qu'elle écrit a une amie intime. Vous pouvez suivre le plan suivant en ajoutant ou en éliminant des détails.

1. où elle a rencontré son jeune homme
2. pourquoi elle aimait être avec lui
3. leurs projets de mariage
4. ce qu'elle a dit à son père
5. la première réaction de son père. Et ensuite?
6. comment l'entretien qu'il a eu avec Jean Vertbois s'est passé
7. ce qu'elle pense de l'attitude de son père
8. ce qu'elle a décidé de faire
9. où elle est allée trouver Jean. (Semblait-il content de la voir?)
10. comment ils sont partis
11. ce qu'elle pensait de la voiture qu'il venait d'acheter
12. où ils se sont arrêtés et ce qu'ils ont fait
13. comment ils se sont débarrassés de la voiture
14. pourquoi ils ont inventé ce simulacre
15. où ils sont allés ensuite et comment
16. ce qu'elle a lu dans le journal

17. ce qu'elle a fait tout de suite
18. comment elle est arrivée chez sa tante
19. ce que son aventure lui a appris

D. Jean Vertbois. Suivez le même procédé pour lui.

1. où il a rencontré Viviane
2. ce qui l'intéressait en elle
3. sa conduite pendant son entretien avec M. La Pommeraye. (La regrette-t-il?)
4. pourquoi il a décidé d'abandonner Viviane
5. ce qu'il a décidé de faire pour se procurer de l'argent
6. ce qu'il allait faire du cadavre
7. ce qu'il a acheté
8. pourquoi l'arrivée de Viviane a compliqué les choses
9. ce à quoi il pensait pendant toute leur «lune de miel»
10. la solution qu'il a trouvée
11. pourquoi l'arrivée fortuite du camion ne semblait pas être un désastre
12. où ils se sont cachés
13. ce qu'il a dit au garagiste à propos de ce qu'il y avait dans le coffre
14. ce qu'il fait quand il s'est rendu compte que la police était sur les lieux
15. comment il espère sortir de sa situation difficile...

L'art de lire: on

Narrative often seeks to establish reasons for events. In the beginning of this passage Maigret responds to a question by giving two reasons for his suspicion. This information, introduced with **parce que** and qualified as **étrange,** is given as a trade for another story, the true account of events from the **chauffeur.** Maigret uses **on** in two distinct ways to establish his reasons.

1. First—**d'abord,** when he says: **on n'a entendu que des cris d'homme**, he is establishing the facts of a situation as reported. English might use the passive construction to indicate that the woman's voice was not heard.
2. **Ensuite,** Maigret says, **on ne fait pas vingt kilomètres... alors qu'il y a le téléphone tout à côté**. Here, **on** does not refer to specific witnesses but to what people can be expected to do in general. This reason is not based on what was (not) heard but on what is not done. The code of reference here is a cultural norm that assumes a logic of behavior. The infraction of that logic is strange enough to motivate a story.

LECTURE 3
L'Aventure de Walter Schnaffs

Guy de Maupassant

❖

Première Partie

◎ Préparation à la lecture

L'auteur, le titre, les personnages

Guy de Maupassant (1850–1893) is a master of the short story.[1] He conveys an atmosphere, the feel of weather and the quality of light, with swift and evocative precision. With a few incisive strokes he shows how his characters think and talk and move as they live through some chance encounter or shattering adventure that life has thrust upon them. What makes his stories an especially good choice to help develop reading skills is the pacing and energy of the narrative, and the economy and clarity with which he builds suspense. Maupassant's stories move at a lively pace towards a rapid, and usually astringent, ironic conclusion. They are stories with a plot, stories that go somewhere. Generations of readers have enjoyed reading them.

A number of Maupassant's stories, including *L'Aventure de Walter Schnaffs* and *Les Deux Amis,* are based on his experience as a volunteer in the Franco-Prussian War (1870–1871), in which France was defeated by Prussia. As a result of the war, the modern German state was created. France was again defeated by Germany in 1940. Maupassant vividly illustrates the stupidity and violence of war and its way of bringing out the best and the worst in human behavior. His stories are inhabited by a variety of characters: complacent civilians whose overriding concern is to look out for their own welfare in a time of national catastrophe; shopkeepers called up from the reserves who are delighted to put on military airs; humble folk whose stubborn and unconsciously heroic resistance to the enemy often brings on their own destruction.

The German enemy can appear as an arrogant and brutal Prussian officer who sees the sufferings war imposes on its victims with indifference or sadistic pleasure. In this

---

[1] As you begin your reading of this new author, it would be good to review general information on reading provided in the *Introduction* to this book and in the first few pages of the first reading segment.

first story, however, a very different and actually older, more traditional caricature of the "typical German" appears. Schnaffs is a name with an ethnic resonance. It sounds like **Schnaps,** a German alcohol, and it is not surprising when his **aventure** has something comic about it. He is a peace-loving, beer-drinking, sausage-eating family man who is horrified to find himself bearing arms, and who desperately wishes to lay them down. Unlike the peaceable Schnaffs, the French reservists he meets up with love to play soldier—provided they can do so at no risk. When such opponents meet, no one is likely to get hurt. Maupassant presents the encounter with an appropriately sardonic humor. Cruelty and heroism are conspicuously absent. War brings more familiar traits to the surface in this story: the cowardice and vanity of comedy.

Le Lexique

Etudiez les mots dans les résumés suivants. Quels sont **les mots apparentés et partiellement apparentés?**

Walter n'est pas un soldat **hardi,**	*hardy*	*bold*
un troupier **enragé,** mais un	1. *enraged*	2. *fanatic, crazy*
homme simple et **bienveillant**	*benevolent*	*kindly*
qui **rêve** à sa famille et mesure	cf. *reverie*	*dreams*
la **profondeur** de sa détresse.	*profoundness*	*depth*
Il **regrette** les tendresses,	1. *regrets*	2. *misses*
les **baisers** de sa femme.	*kisses*	
Il **songe** à sa famille.	*thinks (dreams)*	
La vie de famille est **douce.**	*sweet*	
Mais maintenant **les siens** sont si loin!	*his family*	
Il aurait voulu **demeurer** chez lui,	*stay*	
élever ses enfants et ne pas	*bring up, raise*	
être **envoyé** en France	*sent*	
dans cette **guerre**	*war*	
qui est si **affreuse.**	*awful*	
Ce rêve possède son **âme.**	*soul*	
Il a une **haine** instinctive	*hatred*	
pour les canons et les **fusils.**	*rifles*	
Il déteste la vie qu'il **mène.**	*leads*	
Il trouve la vie militaire **fâcheuse.**	*deplorable*	
Son **faible** détachement s'avance	1. *feeble*	2. *small*
sous le **soleil.** Walter a chaud	*solar*	*sun*
dans son **manteau** trop lourd.	*coat*	
C'est un homme **lourd.**	*heavy*	
Ce n'est pas un homme **vif.**	*lively*	

Il a un gros **ventre**	*belly*
et il **souffle** quand il marche.	*puffs, breathes heavily*
Pour se reposer il **s'appuie**	*leans*
contre le **mur.**	*wall*
Les soldats sont partis **tôt.** Mais	*early*
maintenant il est **midi.** Walter	*noon*
voudrait bien trouver un peu	
d'**ombre.** Soudain, il croit entendre	*shade*
la clameur d'une **lutte.**	*struggle, fight*
Quelle **épouvante** affreuse!	*fright*
Il s'arrête **net.** Que faire?	*abruptly (he stops short)*

Il saute à pieds **joints**	1. *joined*	2. *together*
dans un large **fossé,**	*ditch*	
un **trou** plein de **pierres.**	*hole, stones*	
Brusquement le soir descend	2. *brusquely*	1. *suddenly*
et une faim **aiguë** le possède.	*acute*	*sharp*

Puis il **s'éloigne** dans la direction	*moves off*
d'un petit **bois** où il veut se cacher.	*wood*
Avançant **à travers** la forêt,	*through (across)*
de nouveau seul	*again* (cf. *anew*)
et **loin** de sa famille,	*far*
il **se met à** pleurer.	*starts*

Faux amis

Il porte un **casque** sur la tête.	not: *cask*	but: *helmet*
Il se **traine** à travers une forêt	not: *trains*	but: *drags*
qui semble sans **issue.**	not: *issue*	but: *exit, way out*

L'art de lire: le préfixe re-

The prefix **re-** usually conveys repetition, as in English.

Il pouvait **rejoindre** ses amis.	*He could **rejoin** his friends.*

It does not always correspond to the English prefix, however. It normally expresses repetition or return, ideas which are expressed variously in English.

Il ne veut pas **recommencer** la vie de soldat.	*He does not want **to go back to** the soldier's life.*
Il se leva, puis **se rassit.**	*He got up, then **sat down again**.*
Tout **redevint** muet.	*Everything **became** quiet **again**.*
Il voulait **rentrer** dans sa famille.	*He wanted **to go home** to his family.*

There are verbs, however, in which the idea of repetition or return is attenuated. When it is clear from the context that the action is not one that is happening again, do not be misled by the prefix.

Je me **remets** en vos mains.   *I **put** myself in your hands.*

L'ennemi **se rapproche.**   *The enemy **approaches.***

La Grammaire

L'art de lire: dont ——————————————————————

In the previous story, *L'Auberge aux Noyés,* we met a sailor:

le marinier **dont la péniche** était   *whose barge*
amarrée dans le canal

The car in question in that story was sold to:

un jeune homme **dont** on   ***whose name** was not taken.*
n'a pas pris **le nom**

This relative pronoun links clauses by replacing **de** and a noun. Since **de** is used in many different ways, there is no single equivalent for **dont** in English. It may be rendered *whose, of which,* or *of whom,* but the word order following it may be different in English.

In the following story, Walter Schnaffs has a wife, **une femme *dont* il regrettait les tendresses.** Frightened of being shot, he imagines himself against the wall **en face de douze canons de fusils, dont les petits trous ronds et noirs semblaient le regarder.** Note that the word here helps set up a personification: the rifle barrels appear to stare at him.

L'art de lire: falloir ——————————————————————

The infinitive form of the more common **il faut** expresses necessity or obligation. The subject **il** is impersonal. English expresses these concepts in various ways. Compare and contrast:

Il ne pouvait pas rester là.   ***He couldn't** stay there.*

Il fallait manger, manger   ***He had to** eat, eat every day.*
tous les jours.

Il lui faudrait recommencer   ***He would have to** go back to the dreadful
l'horrible vie d'un soldat.   *life of a soldier.*

Il vous faut du temps.   ***You need** time.*

Necessity provides a strong motivation for a simple narrative structure. Look again at **L'art de lire** on **devoir** on page 30.

L'art de lire: les pronoms réfléchis

Review **L'art de lire** on reflexive pronouns on page 90. Characterize the following sentences according to the categories established there.

> Walter Schnaffs **se** jugeait malheureux.

> Je vais **me** constituer prisonnier.

> Il **se** leva.

Exercices

A. Lisez le passage suivant en remplaçant les mots en **caractères gras** par un synonyme.

demeurer	fâcheuse	se met
envoyé	lutte	songe
épouvante		

La nuit, le pauvre malheureux **pense** (1) à sa famille. Il se demande pourquoi on l'a **fait partir** (2) en France. Quand il pense à sa famille il **commence** (3) à pleurer. Il aurait voulu **rester** (4) dans son pays natal. Il pourrait mourir de faim. C'est une idée **mauvaise** (5) qui le trouble. Il imagine une **bataille** (6) féroce entre les deux adversaires. L'idée d'une attaque le remplit d'une **peur** (7) affreuse.

B. Transformez la situation et le personnage dont il s'agit dans les phrases ci-dessous en remplaçant les mots en **caractères gras** par un mot qui signifie le contraire.

affreux	lourd	tard
haine	midi	vif
loin	au soleil	

L'attaque doit avoir lieu à **minuit** (1). L'action va se passer **à l'ombre** (2). Rien ne peut exprimer **l'amour** (3) qu'il a pour la vie militaire. Pour lui, les canons, les fusils et les sabres sont vraiment des objets **admirables** (4). Il est heureux quand il est **à quelques pas** (5) de l'ennemi. Il avance vers l'ennemi d'un pas **léger** (6). Il veut joindre le combat aussi **tôt** (7) que possible. Il s'éloigne du champ de bataille d'un pas **lent** (8).

C. Lisez le passage suivant en remplissant les tirets par le mot convenable.

âme	élever	pierres
s'appuyer	s'éloigner	souffler
baiser	fusil	trou
bois	murs	ventre

C'est un bon père de famille. Il est dévoué corps et ___1___ au bonheur des siens. Il donne à ses enfants un tendre ___2___ et leur dit au revoir. Il s'inquiète pour eux. S'il meurt, qui va les nourrir, qui va les ___3___? Il voudrait être chez lui, entre les quatre ___4___ de sa chambre.

Il lui est difficile de marcher parce qu'il a beaucoup mangé. Il a le ___5___ plein. Il respire avec difficulté. Il s'arrête pour ___6___ un peu. Son ___7___ est lourd à porter. Il voudrait s'en débarrasser. Il est si fatigué qu'il doit ___8___ sur son fusil pour ne pas tomber.

Soudain les Français, qui étaient cachés dans un petit ___9___, attaquent. Il décide de ___10___ de ce petit bois aussi vite que possible. Il saute dans un fossé rempli de ___11___. En tombant sur les pierres il fait un ___12___ dans son uniforme.

L'Aventure de Walter Schnaffs

(Première Partie)

Depuis son entrée en France avec l'armée d'invasion, Walter Schnaffs se jugeait△ le plus malheureux des hommes. Il était gros, marchait avec peine, soufflait beaucoup, et souffrait△ affreusement des pieds. Il était en outre pacifique△ et bienveillant, nullement magnanime△ ou sanguinaire,△ père de quatre enfants qu'il adorait et marié avec une jeune femme blonde, dont il regrettait désespérément les tendresses△ et les baisers. Il aimait se lever tard et se coucher tôt, manger lentement de bonnes choses et boire de la bière△ dans les brasseries.[1] Il songeait en outre que tout ce qui est doux dans l'existence disparaît△ avec la vie; et il gardait au cœur une haine épouvantable, instinctive et raisonnée△ en même temps, pour les canons, les fusils, les revolvers, et les sabres, mais surtout pour les baïonnettes, se sentant incapable de manœuvrer assez vivement cette arme rapide pour défendre son gros ventre.

Et, quand il se couchait sur la terre, la nuit venue, roulé△ dans son manteau à côté des camarades,△ il pensait longuement aux

1. De quoi souffre Walter quand il marche?

2. Que regrette-t-il?

3. Qu'est-ce qu'il aime dans la vie?

4. Qu'est-ce qu'il déteste?

---

[1]**brasseries?** Où va-t-on pour boire?

siens laissés là-bas, et aux dangers semés[2] sur sa route. «S'il était tué, que deviendraient les petits? Qui donc les nourrirait et les élèverait? A l'heure même, ils n'étaient pas riches, malgré les dettes qu'il avait contractées en partant pour leur laisser quelque argent.» Et Walter Schnaffs pleurait quelquefois.

Au commencement des batailles, il se sentait dans les jambes de telles faiblesses△ qu'il se serait laissé tomber, s'il n'avait songé que toute l'armée lui passerait sur le corps.

Depuis des mois il vivait ainsi dans la terreur et dans l'angoisse.

Son corps△ d'armée s'avançait vers la Normandie; et il fut un jour envoyé en reconnaissance△ avec un faible détachement△ qui devait simplement explorer une partie du pays et se replier[3] ensuite. Tout semblait calme dans la campagne; rien n'indiquait une résistance préparée. Or, les Prussiens descendaient avec tranquillité dans une petite vallée quand une fusillade△ violente les arrêta net, jetant bas[4] une vingtaine des leurs; et une troupe de francs-tireurs,[5] sortant brusquement d'un petit bois grand comme la main, s'élança[6] en avant, la baïonnette au fusil.

Walter Schnaffs demeura d'abord immobile, tellement surpris qu'il ne pensait même pas à fuir. Puis, apercevant à six pas devant lui un large fossé plein de broussailles,[7] il y sauta à pieds joints, sans songer même à la profondeur, comme on saute d'un pont dans une rivière.

Il passa à travers une couche épaisse de lianes et de ronces aiguës,[8] et il tomba lourdement assis sur un lit de pierres.

Levant aussitôt les yeux, il vit le ciel par le trou qu'il avait fait. Ce trou révélateur△ le pouvait dénoncer, et il se traîna avec précaution, à quatre pattes,[9] au fond de cette ornière,[10] allant le plus vite possible, en s'éloignant du combat. Puis il s'arrêta et s'assit de nouveau.

Il entendit pendant quelque temps des détonations, des cris et

5. A quoi et à qui pense-t-il la nuit?

6. De quoi s'inquiète-t-il?

7. Pourquoi ne se laisse-t-il pas tomber?

8. Qu'est-ce que son détachement est envoyé faire?

9. Qu'est-ce qui leur arrive?

10. Quelle est la première réaction de Walter?

11. Que fait-il ensuite?

12. Que voit-il par le trou qu'il a fait?

13. Pourquoi le trou l'inquiète-t-il, et quelle précaution cela lui fait-il prendre?

---

[2]**semés** *sown*
[3]**se replier?** Que fait-on après avoir avancé?
[4]**jetant bas** *bringing down*
[5]**francs-tireurs** *irregulars, partisans; literally: free-shooters*
[6]**s'élança** *courut rapidement en avant*
[7]**un fossé plein de broussailles** *a ditch full of undergrowth*
[8]**une couche épaisse de lianes et de ronces aiguës** *a thick layer of creepers and sharp brambles*
[9]**à quatre pattes** *on all fours;* (**patte**—*paw*)
[10]**ornière** *rut, ditch*

des plaintes.△ Puis les clameurs△ de la lutte s'affaiblirent,△ cessèrent.△ Tout redevint muet△ et calme.

La nuit venait, emplissant d'ombre le ravin. Et le soldat△ se mit à songer. Qu'allait-il faire? Qu'allait-il devenir? Rejoindre son armée?... Mais comment? Mais par où? Et il lui faudrait recommencer l'horrible vie d'angoisses, d'épouvantes, de fatigues, et de souffrances△ qu'il menait depuis le commencement de la guerre! Non! Il ne se sentait plus ce courage! Il n'aurait plus l'énergie qu'il fallait pour supporter les marches et affronter les dangers de toutes les minutes.

14. Que ne peut-il plus supporter?

Mais que faire? Il ne pouvait rester dans ce ravin et s'y cacher jusqu'à la fin des hostilités. Non, certes.△ S'il n'avait pas fallu manger, cette perspective ne l'aurait pas trop atterré;[11] mais il fallait manger, manger tous les jours.

15. Pourquoi ne pas rester dans le ravin?

Et il se trouvait ainsi tout seul, en armes, en uniforme, sur le territoire ennemi, loin de ceux qui le pouvaient défendre.

Soudain il pensa: «Si seulement j'étais prisonnier!» Et son cœur frémit[12] de désir, d'un désir violent, immodéré,△ d'être prisonnier des Français. Prisonnier! Il serait sauvé, nourri, logé,△ sans appréhension possible, dans une prison bien gardée. Prisonnier! Quel rêve!

16. Quelle idée a-t-il soudain?

17. Pourquoi est-ce une idée irrésistible?

Et sa résolution fut prise immédiatement.

«Je vais me constituer prisonnier.»

Il se leva, résolu△ à exécuter ce projet sans tarder d'une minute. Mais il demeura immobile, assailli△ soudain par des réflexions fâcheuses et par des terreurs nouvelles.

Où allait-il se constituer prisonnier? Comment? Et des images affreuses, des images de mort, se précipitèrent dans son âme.

18. Pourquoi hésite-t-il?

Il allait courir des dangers terribles en s'aventurant△ seul avec son casque à pointe,[13] par la campagne.

19. Qu'est-ce qui le trahirait?

S'il rencontrait des paysans?△ Ces paysans, voyant un Prussien perdu, un Prussien sans défense le tueraient comme un chien errant![14] Ils le massacreraient avec l'acharnement[15] des vaincus△ exaspérés!

20. Que feraient les paysans?

---

[11]**atterré** dismayed; literally: brought to the ground, the earth
[12]**frémit** trembla
[13]**à pointe?** De quelle forme un casque prussien est-il?
[14]**un chien errant** a stray dog
[15]**acharnement** fury, determination

S'il rencontrait des francs-tireurs? Ces francs-tireurs, des enragés sans loi[16] ni discipline, le fusilleraient pour s'amuser, pour passer une heure. Et il se croyait déjà appuyé contre un mur en face de douze canons de fusils, dont les petits trous ronds et noirs semblaient le regarder.

S'il rencontrait l'armée française elle-même? Les hommes d'avant-garde[Δ] le prendraient pour quelque hardi et malin troupier[Δ] parti seul en reconnaissance, et ils lui tireraient dessus. Et il entendait déjà les détonations irrégulières des soldats couchés dans les broussailles.

Il se rassit, désespéré. Sa situation lui paraissait sans issue.

La nuit était tout à fait venue, la nuit muette et noire. Il ne bougeait plus. Il s'imaginait à tout moment entendre marcher près de lui.

Après d'interminables heures et des angoisses de damné, il aperçut, à travers les branchages,[Δ] le ciel qui devenait clair.[Δ] Alors un soulagement[17] immense le pénétra; ses yeux se fermèrent. Il s'endormit.

Quand il se réveilla, le soleil lui parut arrivé à peu près au milieu du ciel; il devait être midi. Walter Schnaffs s'aperçut qu'il était atteint[Δ] d'une faim aiguë.

Il se leva, fit quelques pas, sentit que ses jambes étaient faibles, et se rassit pour réfléchir. Pendant deux ou trois heures encore il établit le pour et le contre,[18] changeant à tout moment de résolution.

Une idée lui parut enfin logique[Δ] et pratique,[Δ] c'était de guetter[19] le passage d'un villageois[Δ] seul, sans armes, de courir au-devant de lui et de se remettre en ses mains en lui faisant bien comprendre qu'il se rendait.

21. Et les francs-tireurs?

22. Que voyait-il déjà dans son imagination?

23. Et que ferait l'armée?

24. Que croit-il entendre la nuit?

25. Que sent-il quand le jour revient?

26. Que sent-il quand il se réveille?

27. Qu'est-ce qu'il va attendre?

28. Que dira-t-il?

---

[16]**loi** *law*
[17]**soulagement?** Quel sentiment a-t-on quand la peur ou la douleur disparaît enfin?
[18]**le pour et le contre** *the pros and the cons, the alternatives*
[19]**guetter** *watch for*

L'art de lire: si

Stories often present events that establish some significant situation and choice for a character. Sentences with **si** set conditions in an *if* clause and show possible results. This kind of sentence can keep the story going by posing alternatives one of which might kill the action (and maybe the hero).

Il se serait laissé tomber, **s'il n'avait songé** que l'armée lui passerait sur le corps.	*He would have let himself if he had not imagined*
S'il n'avait pas fallu manger, rester dans le ravin **ne l'aurait pas** trop consterné.	*If he had not had to* *would not have*

These conditions motivate the continuation of events, projecting results: will he let himself fall? will he stay in the ditch? In the same way the repeated question about "what would happen if... " also prepares some of the future of the story, evoking a number of possible scenarios and establishing a kind of suspense. Locate the answers the story suggests to the following questions:

> S'il rencontrait des paysans? des francs-tireurs? l'armée elle-même?

The man's fears are expressed in the third person but the conditions generated by these *if* clauses help personalize the thoughts and render them more immediate. The story takes shape when he thinks *"Si seulement j'étais prisonnier!"*

∾ Activités sur le récit

Résumé de l'action

A. Résumez l'action en complétant les phrases suivantes.

1. Walter marche avec peine. Il souffre affreusement des...
2. Il regrette désespérément les tendresses et les baisers de...
3. Chez lui, il aimait manger de bonnes choses et boire...
4. Pour les canons, les fusils et les revolvers il gardait au cœur...
5. Il se sentait incapable de manœuvrer la baïonnette assez vivement pour défendre...
6. Quand il se couchait sur la terre il pensait...
7. Qui élèverait les enfants s'il... ?
8. Pour leur laisser de l'argent il avait contracté...
9. Il sentait de terribles faiblesses dans...
10. Tout à coup une troupe de francs-tireurs sortit d'un...
11. Apercevant un large fossé, Walter y...
12. Levant aussitôt les yeux, il vit le ciel par...
13. A quatre pattes, avec précaution, il...
14. Il entendit pendant quelque temps des cris et des plaintes, puis tout...

15. Il songeait que s'il rejoignait l'armée il lui faudrait...
16. Il ne pouvait pas rester dans ce ravin jusqu'à la fin des hostilités parce qu'...
17. Soudain il pensa: «Si seulement...
18. Il serait sauvé, nourri, logé dans...
19. Sa résolution fut prise. Mais soudain il demeura immobile, assailli par...
20. S'il rencontrait des paysans, ils le...
21. Et les francs-tireurs? Ils le fusilleraient simplement pour...
22. La situation lui paraissait donc...
23. Il passa une nuit d'angoisses. Mais un immense soulagement le pénétra quand il aperçut...
24. Il dormit jusqu'à midi. Mais en se réveillant il s'aperçut d'une nouvelle souffrance: il avait...
25. Il eut enfin l'idée de trouver un villageois seul, sans armes, et de...

Si vous n'avez pas trouvé la réponse vous pouvez la chercher dans la liste suivante.

a. s'amuser, pour passer une heure	n. petit bois
b. de la bière	o. pieds
c. le ciel qui devenait clair	p. une prison
d. des dettes	q. recommencer l'horrible vie
e. j'étais prisonnier	d'angoisses, de fatigues
f. était tué	r. redevint muet et calme
g. s'éloigna du combat	s. des réflexions fâcheuses
h. faim	t. se rendre
i. sa femme	u. sans issue
j. il fallait manger	v. sauta à pieds joints
k. à sa famille, aux siens	w. son gros ventre
l. une haine épouvantable	x. le trou qu'il avait fait
m. les jambes	y. tueraient comme un chien errant

B. Résumez l'action en spécifiant ce qui est désigné par chacune des phrases suivantes.

1. ce dont Walter souffrait quand il devait marcher
2. ce que Walter aimait boire dans les brasseries
3. le sentiment qu'il avait envers les sabres et les fusils
4. ce qu'il se sentait incapable de défendre avec sa baïonnette
5. ce dans quoi il se roulait quand il se couchait par terre
6. ceux qui lui passeraient sur le corps s'il se laissait tomber
7. comment la campagne semblait, juste avant l'attaque des francs-tireurs
8. ce que chaque franc-tireur avait attaché à son fusil
9. ce dans quoi Walter saute à pieds joints pour s'échapper
10. ce qu'il y avait dans le fossé où il est tombé assis
11. comment il a pu voir le ciel du fossé où il avait sauté
12. comment il a avancé pour s'éloigner du lieu du combat
13. ce qu'il faut faire tous les jours si on veut vivre (d'après Walter)
14. l'endroit où Walter serait sauvé, nourri, logé
15. ceux qui le tueraient comme un chien errant s'ils le trouvaient

16. ceux qui le fusilleraient pour s'amuser
17. ce qu'il fit enfin, après des angoisses de damné, quand le ciel devenait clair
18. ce qu'il vit au milieu du ciel en se réveillant à midi
19. ce dont il s'aperçut bientôt qu'il était atteint
20. ce qu'il va faire s'il trouve un villageois seul et sans armes

Si vous n'avez pas trouvé la réponse vous pouvez la chercher dans la liste suivante.

a. l'armée entière	k. son manteau
b. la bière	l. les paysans
c. une baïonnette	m. des pieds
d. calme	n. des pierres
e. il s'endormit	o. la prison
f. la faim	p. à quatre pattes
g. un fossé	q. se rendre
h. les francs-tireurs	r. le soleil
i. la haine	s. par le trou
j. manger	t. son gros ventre

Sujets de discussion orale ou écrite

C. Walter Schnaffs et la vie de soldat.

1. A quoi pense-t-il depuis son entrée en France?
2. Quelles sont les qualités morales et physiques qui font de lui un soldat médiocre?
3. Quelles sont ses bonnes qualités?
4. Quelle valeur semble-t-il attacher
   au devoir? à l'honneur?
   au patriotisme?
   à ses responsabilités envers ses camarades?
   à ses responsabilités envers sa famille?
   à la vie?
5. Quel ton Maupassant prend-il pour parler de Walter? Montrez avec des exemples dans quelle mesure il présente Walter comme étant
   ridicule?
   gentil?
   bête?
   craintif?
   prudent?
   raisonnable?
   imaginatif?
   capable de comprendre la mentalité des personnes qui ne lui ressemblent pas?
6. Maupassant exprime-t-il un jugement sur la guerre en général dans cette première moitié de son conte? Peut-on discerner quelle est son attitude? Comparez «L'Aventure de Walter Schnaffs» à d'autres histoires de guerre.

L'Aventure de Walter Schnaffs

Guy de Maupassant

Deuxième Partie

Préparation à la lecture

Le Lexique

Etudiez les mots dans les résumés suivants. Quels sont les mots apparentés et partiellement apparentés?

Parmi le **flot** de soldats prussiens	*flood*	
qui ont **envahi** la France,	*invaded*	
le plus **fiévreux** c'est Walter.	*feverish*	
Walter est un **être** timide,	*being*	
un homme **pesant,** une	*heavy*	
personne **molle,** sans courage.	*soft*	
Il ne va certes pas **bondir**	*bound*	*rush*
en avant, sous la lune qui **brille,**	cf. *brilliant*	*shines*
en **vociférant** «En avant!».	*vociferating*	*yelling*
Il préférerait manger tous les **plats**	2. *plates*	1. *dishes, courses*
d'un énorme repas, puis **poser** sa	*pose, depose*	*put down*
tête sur ses bras **croisés** et dormir.	*crossed*	*folded*
Ce qu'il veut, c'est la **sûreté,**	*surety*	*safety*
être mis **hors de combat.**	*out of action*	
Il est très **lié** à sa famille.	*tied*	
Les **liens** de famille comptent beaucoup.	*ties*	
Et sa famille est **lointaine.**	*distant, far away*	
Il **gémit** quand il pense au danger.	*moans*	
Il **frémit.**	*trembles*	

Il voudrait **veiller sur** ses enfants,	*to watch over*
les prendre dans ses **bras.**	*arms*
Il déteste la voix **tonnante** du sergent,	*thundering*
les baïonnettes qui **reluisent** dans	*gleam, shine*
la nuit, l'ennemi qui **se glisse** dans	*creeps up, slides*
l'ombre et les bombes qui **éclatent**	*burst*
et **renversent** tout.	*knock over*
Il voudrait **ôter** son uniforme	*take off*
et **jeter** sa baïonnette.	*throw away*
Il veut **éviter** toute violence.	*to avoid*
Séparé de sa **colonne,** il est seul.	*column*
Le cœur lui bat dans la **poitrine.**	*chest*
Il est **éperdu** de terreur.	*frantic, crazed*
Il voit un **château.**	*castle, manor house*
Il sort de ce **bâtiment**	*building*
une odeur de **viande cuite**	*cooked meat*
qui l'**attire** irrésistiblement.	*attracts*
Cette odeur pénètre son **nez.**	*nose*
Seigneur! Qu'il a faim!	*Lord*
Alors, le cœur **battant,** il avance.	*beating*
Y a-t-il des gens **au-dedans**?	*inside*
Les fenêtres **d'en bas** brillent.	*lower*
Il est **debout** à la fenêtre	*standing*
et il regarde les **assiettes.**	*plates*
Il voudrait les **vider** toutes	*to empty*
ou manger ce qu'il peut et **emporter**	*to take away*
le reste. **Parfois,**	*now and then*
il entend une **rumeur**	1. *rumor* 2. *murmur*
à l'étage **au-dessus.**	*above*
Quel est ce bruit? Il **tend l'oreille.**	*pricks up his ears*
Il n'ose pas **dresser** la tête.	not: *to dress,* but: *to lift up, raise*
Qui sont ces gens qui **hurlent**?	not: *hurl,* but: *yell*
Il a peur d'être **blessé.**	not: *blessed,* but: *wounded*
Sera-t-il **garrotté**?	not: *garroted* (i.e. *strangled*), but: *tied up*

L'art de lire: la substantivation

Sometimes two words of the same family are identical but are different parts of speech.

Que deviennent les **petits** enfants?	*What is happening to the **little** children?*
Que deviennent **les petits**?	*What is happening to **the little ones**?*
Il n'aime pas **être** ici.	*He does not like **being** here.*
Aucun **être** ne se montrait.	*No **one** appeared.*

Review both the discussion on the use of adjectives as nouns (page 75) and the one on word families (page 89).

La Grammaire

L'art de lire: l'article défini

The definite article is used in descriptions for parts of the body, clothing worn, or objects carried, where English uses a possessive adjective, sometimes preceded by *with*.

Le cœur battant, il avance lentement.	***With his** heart beating, he slowly advances.*
Il n'**ose pas se** montrer **le** casque sur **la** tête et **le** revolver à **la** main.	*He doesn't dare show himself **with his** helmet on **his** head and **his** revolver in **his** hand.*

L'art de lire: l'imparfait et le passé simple

These two past tenses establish much of the temporal framework of situations and events that constitute narrative.

1. The **imparfait** establishes situations by expressing a condition or a state of being that is not localized in past time. It is used for descriptions: **Walter était gros**, and situations: **Il ne pouvait rester dans ce ravin**.
2. The **imparfait** is also used to express habitual action, as in the very beginning of this story:

Quand il **se couchait** sur la terre, il **pensait** aux siens.	*When he **would lie down** on the ground, he **would think** of his family.*

English often uses **would** or **used** to to express this time frame.

3. The **imparfait** is used with **depuis** or **il y avait** followed by an expression of time to express continuous action up to a given moment in the past:

Depuis des mois il **vivait** dans la terreur.   *For months he **had been living** in terror.*

4. The **imparfait** is also used to express an action in progress:

Huit domestiques **dînaient** autour   *Eight servants **were dining** around a table.*
d'une table.

Les Prussiens **attaquaient** le château!   *The Prussians **were attacking** the castle!*

English uses the progressive form *was* or *were —ing* to express events in process.

5. The **passé simple** narrates stories or historical events and therefore appears most frequently in the third person. It often recounts events that interrupt a situation or some action in progress expressed in the **imparfait.** The events of *L'Aventure de Walter Schnaffs* begin with just such an interruption:

Les Prussiens **descendaient** dans   *The Prussians **were going down** into a val-*
une vallée quand une fusillade les **arrêta.**   *ley when a volley of shots **stopped** them.*

The **-a** ending is characteristic of **-er** verbs in the third person singular. The plural ends in **-èrent:**

Deux hommes **montèrent** la garde.   *Two men **kept** watch.*

Most **-ir** and **-re** verbs have a singular third person ending in **it:**

Il **écrivit** sur un agenda.   *He **wrote** in an account book.*

Other singular third person verbs often end in **-ut,** including the irregular verb **être:**

Il **fut** examiné par ses vainqueurs.   *He **was** examined by his victors.*

Note the following irregular forms:

faire: il fit   **voire: il vit**   **venir: il vint**

Review **L'art de lire** on **le temps** on page 85.

Exercices

A. Expliquez le sens des mots en **caractères gras** dans chacune des phrases suivantes.

1. Ils sont **liés** par des **liens** d'amitié qui ne se **délieront** jamais.
2. Il voudrait lui donner un **baiser,** il voudrait **baiser** son joli visage.
3. Elle préparait son **manger,** et il aimait tellement **manger**!
4. Mais il va **devoir** quitter sa famille. C'est son **devoir.**
5. C'est un **être** timide. Il veut **être** prisonnier.
6. Il s'**éloigne** des autres. Il se croit **loin** de toute habitation. Puis il aperçoit un château **lointain.**

B. Changez le sens des phrases suivantes en remplaçant les mots en **caractères gras** par un mot qui signifie le contraire.

a. debout
b. dedans
c. lier
d. molle

e. ôter
f. pesant
g. recherche

1. Le fusil moderne est assez **léger.**
2. La terre est **dure** autour du château.
3. Il **évite** la compagnie des autres.
4. C'est celui que vous voyez **assis** là-bas.
5. Il a oublié de **mettre** son casque.
6. On a décidé de **détacher** le prisonnier.
7. Au **dehors** il y avait huit domestiques.

C. Lisez le passage suivant en remplaçant les mots en **caractères gras** par un synonyme.

briller
éperdue
frémir

parfois
seigneur

tend l'oreille
veiller sur

Le **maître** (1) du château est parti. C'est à ses domestiques de **protéger** (2) sa propriété. Mais quand ils croient voir des baïonnettes que la lune fait **reluire** (3), ils se précipitent vers la porte dans une fuite **frénétique** (4).

Tout cela fait **trembler** (5) le pauvre Walter. Walter **écoute attentivement** (6). **De temps en temps** (7) il croit entendre quelque chose, puis c'est le silence total.

D. Lisez le passage suivant en remplissant les tirets par le mot convenable.

arbre
assiettes
bâtiment
bras

éclater
emporté
gémir
glissant

jeter
poitrine
renversé
viande

Walter voudrait ___1___ son fusil, rentrer chez lui, tenir ses enfants dans ses ___2___, les serrer contre sa ___3___. Il ne veut plus entendre ___4___ les bombes et ___5___ les pauvres blessés.

En se ___6___ comme une ombre dans la forêt, se cachant sous un ___7___ quand il entend un bruit, il s'approche du château. C'est un ___8___ immense. De la cuisine vient une odeur de ___9___ cuite.

Mais quel désordre! On a ___10___ la table, toutes les ___11___ sont par terre! Les gens sont partis bien vite, ils n'ont rien ___12___ avec eux.

L'Aventure de Walter Schnaffs

(Deuxième Partie)

Alors il ôta son casque, dont la pointe pouvait le trahir, et il sortit sa tête au bord de son trou, avec des précautions infinies.

Aucun être isolé ne se montrait à l'horizon. Là-bas à gauche, il apercevait un grand château. Il attendit jusqu'au soir. Mais dès que le soir obscurcit△ la plaine, il sortit lentement du fossé, et se mit en route, le cœur battant, vers le château lointain.

Les fenêtres d'en bas brillaient. Une d'elles était même ouverte; et une forte odeur de viande cuite s'en échappait, une odeur qui pénétra brusquement dans le nez et jusqu'au fond du ventre de Walter Schnaffs, l'attirant irrésistiblement, lui jetant au cœur une audace△ désespérée.

Et brusquement, sans réfléchir, il apparut, casqué, dans le cadre[1] de la fenêtre.

Huit domestiques dînaient autour d'une grande table. Mais soudain une bonne demeura béante,[2] laissant tomber son verre, les yeux fixes. Tous les regards suivirent le sien!

On aperçut l'ennemi!

Seigneur! Les Prussiens attaquaient le château!...

Ce fut d'abord un cri, un seul cri, fait de huit cris poussés sur huit tons différents, un cri d'épouvante horrible, puis une fuite éperdue vers la porte du fond. Les chaises tombaient, les hommes renversaient les femmes et passaient dessus. En deux secondes la pièce fut vide, abandonnée, avec la table couverte de mangeaille[3] en face de Walter Schnaffs stupéfait,△ toujours debout dans sa fenêtre.

Après quelques instants d'hésitation, il enjamba le mur d'appui[4] et s'avança vers les assiettes. Sa faim exaspérée le faisait trembler

1. Quelle précaution Walter prend-il avant de sortir sa tête?

2. Que voit-il?

3. Que fait-il dès qu'il fait noir?

4. Qu'est-ce qui l'attire?

5. Où apparaît-il?

6. Que voit-il?

7. Que pensent-ils quand ils voient Walter?

8. Que font-ils?

9. Que fait Walter?

---

[1]**cadre** *frame*
[2]**béante?** Quelle expression a-t-on quand on est totalement surpris?
[3]**mangeaille?** Qu'y a-t-il sur la table quand on mange?
[4]**il enjamba le mur d'appui** *he stepped over the parapet*

comme un fiévreux: mais une terreur le retenait, le paralysait encore. Il écouta. Toute la maison semblait frémir; des portes se fermaient, des pas rapides couraient sur le plancher[5] du dessus. Le Prussien, inquiet, tendait l'oreille à ces rumeurs confuses; puis il entendit des bruits sourds[6] comme si des corps fussent tombés dans la terre molle, au pied des murs, des corps humains sautant du premier étage.

10. Qu'est-ce qu'il entend?

Puis tout mouvement, toute agitation cessèrent, et le grand château devint silencieux comme un tombeau.△

Walter Schnaffs s'assit devant une assiette restée intacte, et il se mit à manger. Il mangeait comme s'il eût craint d'être interrompu trop tôt. Il jetait à deux mains les morceaux dans sa bouche ouverte comme dans une trappe.△ Il vida toutes les assiettes, tous les plats et toutes les bouteilles; puis, saoul[7] de liquide et de mangeaille, il déboutonna son uniforme, incapable d'ailleurs de faire un pas. Ses yeux se fermaient; il posa son front pesant dans ses bras croisés sur la table, et il perdit doucement la notion des choses et des faits.

11. Que fait Walter quand le silence se rétablit?

12. Que fait-il ensuite? (Montrez son geste.)

Le dernier croissant[8] éclairait vaguement l'horizon au-dessus des arbres du parc. C'était l'heure froide qui précède le jour.

Des ombres glissaient, nombreuses et muettes: et parfois un rayon△ de lune faisait reluire dans l'ombre une pointe d'acier.[9]

Le château tranquille dressait sa grande silhouette noire. Deux fenêtres seules brillaient encore au rez-de-chaussée.

Soudain, une voix tonnante hurla:

«En avant! nom de nom![10] à l'assaut!△ mes enfants!»

Alors, en un instant, un flot d'hommes qui s'élança, brisa, creva[11] tout, envahit la maison. En un instant, cinquante soldats armés jusqu'aux cheveux, bondirent dans la cuisine où reposait pacifiquement Walter Schnaffs, et, lui posant sur la poitrine cinquante fusils chargés, le roulèrent, le saisirent, le lièrent des pieds à la tête.

13. Que voit-on dans le noir?

14. Qu'est-ce qu'on entend soudain?

15. Qui envahit la maison?

Et tout d'un coup, un gros militaire lui planta son pied sur le ventre en vociférant:

16. Que fait le gros militaire?

[5]**plancher** *floor*
[6]**des bruits sourds** *dull, muffled noises.* **Sourd** *usually means deaf.*
[7]**saoul** *satiated;* **Saoul usually means drunk.**
[8]**croissant?** Qu'est-ce qui a parfois la forme d'un croissant et brille la nuit?
[9]**acier** *steel*
[10]**nom de nom!** *by God!*
[11]**creva** *burst open*

«Vous êtes mon prisonnier, rendez-vous!»

Le Prussien n'entendit que ce mot seul «prisonnier», et il gémit: *«ya, ya, ya».*

Il fut examiné avec une vive curiosité par ses vainqueurs△ qui soufflaient comme des baleines.[12] Plusieurs s'assirent n'en pouvant plus[13] d'émotion et de fatigue.

Il souriait, lui, il souriait maintenant, sûr d'être enfin prisonnier!

Un autre officier entra et prononça:

«Mon colonel, les ennemis se sont enfuis; plusieurs semblent avoir été blessés. Nous restons maîtres de la place.»

Le gros militaire qui s'essuyait le front vociféra: «Victoire!»

Et il écrivit sur un petit agenda de commerce[14] tiré de sa poche:

«Après une lutte acharnée,[15] les Prussiens ont dû battre en retraite, emportant leurs morts et leurs blessés, qu'on évalue△ à cinquante hommes hors de combat. Plusieurs sont restés entre nos mains.»

Le jeune officier reprit:

«Quelles dispositions dois-je prendre, mon colonel?»

Le colonel répondit:

«Nous allons nous replier pour éviter un retour offensif avec de l'artillerie et des forces supérieures.»

Et il donna l'ordre de repartir.

La colonne△ se reforma dans l'ombre, sous les murs du château, et se mit en mouvement, enveloppant△ de partout Walter Schnaffs garrotté, tenu par six guerriers le revolver au poing.[16]

Des reconnaissances furent envoyées pour éclairer[17] la route. On avançait avec prudence, faisant halte de temps en temps.

Au jour levant, on arrivait à la sous- préfecture[18] de La Roche-Oysel, dont la garde nationale avait accompli ce fait d'armes.

La population anxieuse et surexcitée△ attendait. Quand on aperçut le casque du prisonnier, des clameurs formidables éclatèrent. Les femmes levaient les bras: des vieilles pleuraient; un aïeul lança sa béquille[19] au Prussien et blessa le nez d'un de ses gardiens.△

17. Que dit-il?

18. Pourquoi Walter sourit-il?

19. Corrigez les petites exagérations de ce communiqué de guerre.

20. Pourquoi vont-ils se replier?

21. Quelle autre mesure de prudence ces braves militaires prennent-ils?

22. Qui les attend?

23. Qui est le seul blessé dans ce «fait d'armes»?

---

[12]**baleines** *whales*
[13]**n'en pouvant plus** *worn out*
[14]**agenda de commerce** *account book*
[15]**une lutte acharnée** *a fierce battle*
[16]**six guerriers le revolver au poing** *six warriors with revolvers in their fists*
[17]**éclairer** *in a military context: to reconnoiter*
[18]**la sous-préfecture** *the equivalent of a county seat*
[19]**un aïeul lança sa béquille** *a venerable grandfather threw his crutch*

Le colonel hurlait: «Veillez à la sûreté du captif!»

On parvint enfin à la maison de ville.[20] La prison fut ouverte, et Walter Schnaffs jeté dedans, libre de ses liens. Deux cents hommes en armes montèrent la garde autour du bâtiment.

24. Combien de gardiens Walter a-t-il? (Combien lui en aurait-il fallu?)

Alors, malgré des symptômes d'indigestion qui le tourmentaient depuis quelque temps, le Prussien, fou de joie, se mit à danser, éperdument, en levant les bras et les jambes, à danser en poussant des cris frénétiques,△ jusqu'au moment où il tomba, épuisé[21] au pied d'un mur.

25. Que fait Walter en prison?

Il était prisonnier! Sauvé!

C'est ainsi que le château de Champignet fut repris à l'ennemi après six heures seulement d'occupation.

Le colonel Ratier, marchand de drap,[22] qui enleva cette affaire à la tête des gardes nationaux de La Roche-Oysel, fut décoré.

26. Qu'est-ce qui consacre la gloire de cette victoire?

---

[20]**maison de ville** *town hall. Usually called* **hôtel de ville**.
[21]**epuisé** *exhausted*
[22]**marchand de drap** *draper (* **marchand**—*merchant)*

✹ Activités sur le récit

Résumé de l'action

A. Résumez l'action en corrigeant les phrases fausses.

1. Walter se mit en route vers le château lointain.
2. Le château n'était pas éclairé.
3. L'odeur de viande cuite l'attirait irrésistiblement.
4. Il ôta son casque avant d'apparaître dans le cadre de la fenêtre.
5. Il n'y avait personne dans le château.
6. Les femmes sont parties, puis les hommes.
7. Le Prussien entendait des rumeurs confuses dans le château.
8. Il vida toutes les assiettes.
9. Après son repas, il inspecta le château.
10. Les Français firent un grand vacarme en s'approchant du château.
11. Cinquante soldats armés bondirent dans la cuisine.
12. Walter souriait maintenant, sûr d'être enfin prisonnier.
13. Un officier annonça que les Prussiens restaient maîtres de la place.
14. Le colonel écrivit dans son agenda qu'ils avaient fait un seul prisonnier.
15. La colonne se reforma et ils partirent.
16. Ils rentrèrent à La Roche-Oysel aussi vite que possible.

17. Walter eut le nez blessé par un des curieux qui attendait le retour de la garde nationale.
18. On ne prit pas la peine de monter la garde autour de la prison.
19. Quand il fut dans la prison, Walter se mit à danser éperdument.
20. Le fait d'armes de la garde nationale ne fut reconnu par personne.

B. Les phrases suivantes résument l'action, mais dans le désordre. Mettez-les dans leur ordre logique. (Méthode à suivre: Sur une feuille de papier écrivez les numéros de 1 à 12 suivis d'un tiret. La première phrase c'est la phrase c. Mettez c sur le tiret à coté du numéro 1. Ensuite cherchez la phrase qui suit logiquement et mettez sa lettre sur le tiret à côté du numéro 2. Et ainsi de suite.)

a. Enfin, plein de liquide et de mangeaille, il déboutonna son uniforme pour souffler, puis perdit doucement la notion des choses et des faits.

b. La population, anxieuse et surexcitée, attendait.

c. Le cœur battant, il se mit en route vers le château lointain.

d. Soudain, une voix tonnante hurla: «En avant! nom de nom! à l'assaut!»

e. Le gros militaire vociféra: «Victoire! puis annonça: Nous allons nous replier pour éviter un retour offensif.»

f. Puis tout mouvement cessa. Alors Walter entra, s'assit devant une assiette restée intacte, et se mit à manger.

g. Quand il fut tout près du château, il sentit une forte odeur de viande cuite qui s'échappait de la cuisine.

h. Walter se réveilla soudain. Cinquante soldats armés lui posaient sur la poitrine leurs fusils, et un gros militaire lui plantait le pied sur le ventre.

i. Pendant que Walter dormait, les gardes nationaux s'approchaient en silence.

j. Walter fut jeté en prison. Enfin sauvé, il se mit à danser éperdument, en levant les bras et les jambes.

k. Attiré par l'odeur, il apparut casqué dans le cadre de la fenêtre.

l. Quand les domestiques virent le Prussien à la fenêtre, ce fut d'abord un cri, puis une fuite éperdue.

Sujets de discussion orale ou écrite

C. «L'Aventure de Walter Schnaffs» comme commentaire sur la guerre.

1. Qu'ont fait les domestiques quand ils ont vu le Prussien?
2. Est-ce qu'on a respecté le principe «femmes et enfants d'abord»?
3. Quel autre aspect de l'attitude de la population civile se manifeste quand la garde nationale rentre à La Roche-Oysel?
4. Quelles sont les exagérations dans le rapport du colonel?
5. En quoi le rapport du colonel est-il une parodie des communiqués de guerre en général?
6. Quel contraste y a-t-il entre l'idée que Walter se fait de la guerre et celle du colonel Ratier?

7. Lequel des deux semble le plus raisonnable ou le moins ridicule?
8. Quels sont les éléments comiques dans cette représentation de la guerre?
9. L'angoisse de la guerre, les morts et les blessés, sont-ils entièrement absents dans cette aventure?
10. Quel contraste y a-t-il entre l'attaque que font les francs-tireurs et l'attaque menée par le colonel Ratier?
11. Quelle ironie y a-t-il dans la dernière ligne du conte?
12. Y a-t-il quelqu'un dans toute cette histoire qui aurait peut-être mérité une décoration?

D. Walter Schnaffs et la vie de soldat. Dressons une liste des malheurs et des inconforts dont les soldats de toutes les armées se sont toujours plaints. Auxquels Walter est-il exposé, et lesquels déteste-t-il le plus? Trouvez des exemples. Auxquels demeure-t-il indifférent? Qu'est-ce que cela montre sur sa personnalité et ses attitudes?

1. les longues marches
2. la mauvaise nourriture
3. la discipline
4. l'ennui
5. l'inconfort et la fatigue
6. la privation sexuelle
7. l'inquiétude quant à la famille qu'on a dû quitter
8. l'hostilité des civils dans un pays étranger
9. le danger
10. la nécessité de manier des armes à feu
11. l'imbécillité des généraux

L'art de lire: le déplacement dans l'espace

Narrative discourse recounts many kinds of travel. Following the action includes following references to where characters are, where they move to, and why. Use the following short list to find and account for some of the movements in the preceding story.

Il **sortit** lentement **du fossé** et **se mit en route** vers le château.

Une fuite vers la porte!

Il **enjamba** le mur et **s'avança** vers les assiettes.

Il entend des corps **sautant du premier étage.**

Il est incapable de **faire un pas.**

Un flot d'hommes **envahit** la maison.

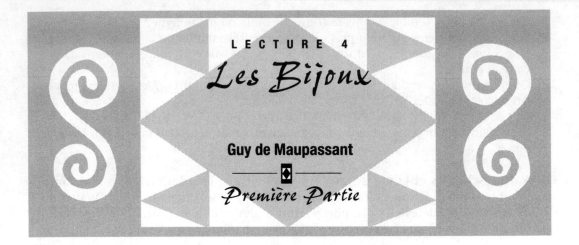

LECTURE 4
Les Bijoux

Guy de Maupassant

Première Partie

∾ Préparation à la lecture

Maupassant stories often tell how a chance encounter, a discovery, or an accident interrupts, redirects, or destroys the even flow of the lives of ordinary people. Some of these stories are poignant or even tragic, but *Les Bijoux* has a mainly sardonic flavor. The protagonist, M. Lantin, discovers through the medium of his wife's jewelry collection a new vista on his past life and on his future, bringing him new shame and new joys. Maupassant tells the story with his usual economy of means and flair for gesture, phrase, and feeling, and ends it with a characteristically ironic twist. This complete text has not been edited.

Le Lexique et la grammaire

Etudiez les mots dans les résumés suivants. Quels sont les mots apparentés et partiellement apparentés?

Une dame veut **marier** sa fille.	*marry off, find a spouse for*	
La fille **se marie avec** M. Lantin.	*gets married to, marries*	
Sa beauté est un **reflet** de son cœur.	*reflexion*	
Elle inspire **confiance.**	*confidence*	
Avant son mariage elle n'avait pas un **sou.**	*sou*	*penny*
Mais elle avait beaucoup de **séduction.**	1. *seduction*	2. *charm*
La **vue** de cette jolie fille enchante M. Lantin.	*view*	*sight*

Il devient son **mari**.	cf. *married man*	*husband*
Il lui **confie** son bonheur.	*confides*	*entrusts*
Mais elle a des goûts de **bohémienne**.	*bohemian*	*gypsy*
Elle sort un **collier** de perles d'une boîte en **maroquin**.	1. *collar* *morocco*	2. *necklace* *leather*
De quelle **boutique** viennent-elles?	*boutique*	*shop*
Elle **s'obstine à** les porter **malgré** son mari.	*to be obstinate about* *in spite of*	*to insist on*
Comment lui en garder **rancune**?	*rancor*	*grudge*
Il l'adore. Elle **apaise** toutes ses **douleurs**.	*appeases* *dolors*	*soothes* *sorrows*
Sans elle la **nourriture** perd sa **saveur**.	*nourishment* *savor*	*food* *flavor*
Elle aime les **divertissements**, elle aime aller au **spectacle**, aller dans les **soirées**.	*diversion* 1. *spectacle* *soirees*	*entertainment* 2. *show, theatre* *evening parties*
Il préfère être en **tête-à tête** avec elle, mais elle insiste pour sortir et il **cède**.	*tête-à-tête* *cedes*	*twosome* *gives way*
Ses **appointements** sont modestes.	not: *appointments*	but: *salary*
Il admire la **toilette** élégante de la dame dans la **loge** voisine.	not: *toilet* not: *lodge*	but: *clothes* but: *box (in the theatre)*
Il a de la **complaisance** pour les caprices de sa femme.	not: *complacency*	but: *indulgence*
Il tombe **invraisemblablement** amoureux d'une jeune fille dont tout le monde chante les **louanges**. Elle est très modeste.	*incredibly* *praises*	
Ce qui n'est pas **convenable** la choque.	*proper*	
Mais elle aime les **pièces** en vogue.	*plays (theatre)*	
Elle y **traînait** son mari **autrefois** mais maintenant elle y va seule.	*dragged* *in the past*	

Tout semble parfait dans le **ménage.**	*household*
C'est un homme de **moyens** modestes.	*means*
Cependant sa femme a un **tas** de **bijoux.**	*pile, heap* *jewels*
Qu'est-ce que ces **joyaux** peuvent **valoir?**	*jewels* *be worth*
Elle aime les sortir de leur **boîte,**	*box*
se les mettre aux **doigts,**	*fingers*
au **cou,**	*neck*
les voir **pendre** à ses oreilles.	*hanging*
Cela **fait naître** en elle	*gives rise to* (literally: *gives birth to*)
une **jouissance** intense.	*sensuous delight*
Elle **frissonne** de plaisir quand elle les voit.	*shivers*
Elle serait **déchirée** si elle devait **s'en défaire.**	*torn* *to get rid of them*
Elle ne saurait **s'y prendre.**	*to go about it*
Elle ne saurait comment **agir.**	*to act*
Tout serait **gâté.**	*spoiled*

L'art de lire: l'ellipse

As we have seen, adjectives may be used as nouns.

Il était obsédé par le souvenir de sa **bien-aimée.**	*He was obsessed by the memory of his* ***beloved***.
Les jeunes sont optimistes.	***The young*** *are optimistic.*

Adjectives are used as nouns in French much more frequently than in English. There is ellipsis—i.e., omission—of the noun or pronoun which the adjective modifies. This ellipsis does not always appear in English.

On a condamné un innocent.	*They condemned an innocent **person**.*
C'est lui le coupable.	*He is the guilty **one**.*
Ça c'est du vrai!	*That's the real **stuff**!*
C'est la femme parfaite. On ne pourrait trouver mieux.	*She is the perfect wife. You couldn't find a better **one**.*

In other elliptical expressions it may be a dependent clause that is omitted.

On jurerait du vrai.	*You would swear **it was** the real thing.*
La pièce terminée, elle rentrait.	***When** the play **was** over, she would come home.*
Elle a pensé tomber.	*She thought **she would** fall.*
Il regardait les bijoux restés dans la boîte.	*He looked at the jewels **that had** remained in the box.*
La nuit venue, il se couchait.	*When night **came**, he lay down.*

L'art de lire: que et l'inversion dans la phrase subordonnée

The subject often follows the verb in subordinate clauses. When such an inversion occurs the word order can lead to misunderstanding or confusion. It is important to remember that the relative pronoun **que** is the object, not the subject, of the verb.

> Le mari, **que** choquait cet amour des faux bijoux, désapprouvait.

In the dependent clause of this sentence, the word order is

object: **que**   verb: **choquait**   subject: **amour**

Thus the meaning is:

> The husband, whom this love of false jewelry shocked, disapproved.

It is the relative pronoun, not the word order, that indicates which is the subject and which is the object of the clause. The difference is crucial:

le vieil homme **qui** blessa Walter	*the old man **who** wounded Walter*
le vieil homme **que** blessa Walter	*the old man **whom** Walter wounded*

L'art de lire: le subjonctif

Although it has many different uses, the subjunctive rarely presents a reading comprehension problem. In most cases you can recognize the verb from its stem and get a clear sense of the meaning.

1. Irregular present forms have to be learned for recognition. Here are the third-person singular forms of five irregular subjunctives. Note their similarity to the imperative.

être:	**qu'il soit**
avoir:	**qu'il ait**
savoir:	**qu'il sache**
vouloir:	**qu'il veuille**
faire:	**qu'il fasse**

2. The imperfect subjunctive may present a formidable appearance on the page but the meaning is often straightforward as a past subjunctive.

Il voulait que nous **vinssions** avec lui.   *He wanted us to come with him.*

It is formed by adding the endings **-sse, -sses, -ˆt, - ssions, -ssiez, -ssent** to the first person of the **passé simple** minus the last letter. Here is **être:**

que je fus	**que nous fussions**
que tu fusses	**que vous fussiez**
qu'il fût	**qu'ils fussent.**

Here are some other third person singular forms:

avoir: **qu'il eût**

faire: **qu'il fît**

tenir: **qu'il tînt**

3. The pluperfect subjunctive adds a variety of possible meanings to a distinctive form. It is formed by combining the imperfect subjunctive of the auxiliary (**avoir** or **être**) with the past participle of the verb.

a. One meaning is again a straightforward use of the subjunctive in the past:

Il était étonné que nous **fussions partis** sans lui.   *He was surprised that we **had left** without him.*

b. The pluperfect subjunctive can also be used instead of the past conditional. Both of the following sentences mean the same thing:

Qui l'**eût cru**?
Qui l'**aurait cru**?   } *Who **would have believed** it?*

c. In literary discourse, the pluperfect subjunctive is often used instead of the pluperfect indicative in hypothetical phrases. In the following story, the wife plays with her jewelry:

... comme si elle **eût savouré**   *had relished*
quelque jouissance secrète.

We have already seen how Walter heard some dull noises
        ... comme si des corps **fussent tombés** dans la terre molle.

He ate
        ... comme s'il **eût craint** d'être interrompu.

As you read, try to identify and account for this form. Review **si** clauses on page 138 and see the discussion of **comme** later in this chapter.

Exercices

A. Remplacez les mots en **caractères gras** dans les phrases suivantes par un mot qui signifie le contraire.

agir	gâter	naître
convenable	louange	réparée
croyable		

1. Nous voyons **mourir** une société autour de nous.
2. La **critique** qu'on a faite de ce ministre me paraît excessive.
3. Le comportement de cette femme a toujours été **choquant**.
4. L'histoire que vous racontez est tout à fait **invraisemblable**.
5. Elle ne voulait pas porter une robe si visiblement **déchirée**.
6. Ce vin va s'**améliorer** si vous le gardez.
7. Il y a des moments où il est nécessaire de **ne rien faire**.

B. Lisez le passage suivant en remplissant les tirets par le mot convenable.

boîte	ménage	s'y prendre
cou	les moyens	tas
défaire	pendre	traîne
doigts	pièces	valeur
jouissance		

Elle a une ___1___ en maroquin où elle met ses bijoux. Le soir elle la sort et admire le grand ___2___ de bijoux sur la table. Elle contemple ses bijoux avec une sorte de ___3___ profonde. On voit souvent un beau collier de perles autour de son ___4___ et à ses ___5___ des diamants magnifiques. Elle aime aussi ___6___ ses diamants à ses jolies oreilles.

Elle aime aller au théâtre voir les ___7___ en vogue. Son mari n'aime pas beaucoup le théâtre. Elle l'y ___8___ malgré lui. Il voudrait surtout voir sa femme se ___9___ de l'habitude de porter tous ces bijoux. Il voudrait la persuader de ne plus le faire mais il ne sait pas ___10___.

Malgré ces petits désaccords, lui et sa femme forment un ___11___ heureux. Il n'a pas ___12___ de lui acheter beaucoup de bijoux, mais ça ne fait rien car les bijoux de sa femme ont peu de ___13___. Ils sont tous faux.

Les Bijoux

(Première Partie)

Monsieur Lantin ayant rencontré cette jeune fille, dans une soirée, chez son sous-chef de bureau,[1] l'amour l'enveloppa comme un filet.[2]

C'était la fille d'un percepteur[3] de province, mort depuis plusieurs années. Elle était venue ensuite à Paris avec sa mère, qui fréquentait quelques familles bourgeoises de son quartier dans l'espoir de marier la jeune personne. Elles étaient pauvres et honorables, tranquilles et douces. La jeune fille semblait le type absolu de l'honnête femme à laquelle le jeune homme sage rêve de confier sa vie. Sa beauté modeste avait un charme de pudeur[4] angélique, et l'imperceptible sourire qui ne quittait point ses lèvres semblait un reflet de son cœur.

Tout le monde chantait ses louanges; tous ceux qui la connaissaient répétaient sans fin: «Heureux celui qui la prendra. On ne pourrait trouver mieux.»

M. Lantin, alors commis[5] principal au ministère de l'Intérieur, aux appointements annuels de trois mille cinq cents francs, la demanda en mariage et l'épousa.

Il fut avec elle invraisemblablement heureux. Elle gouverna sa maison avec une économie si adroite qu'ils semblaient vivre dans le luxe. Il n'était point d'attentions, de délicatesses, de chatteries[6] qu'elle n'eût pour son mari; et la séduction de sa personne était si grande que, six ans après leur rencontre, il l'aimait plus encore qu'aux premiers jours.

Il ne blâmait en elle que deux goûts, celui du théâtre et celui des bijouteries fausses.

Ses amies (elle connaissait quelques femmes de modestes fonctionnaires) lui procuraient à tous moments des loges pour les pièces en vogue, même pour les premières représentations; et elle

1. Quel était l'espoir de la mère de la jeune fille?

2. Quelles étaient les qualités de la jeune fille?

3. Que disait-on d'elle?

4. Comment semblaient-ils vivre?

5. Comment le traitait-elle et que sentait-il pour elle?

6. Quelles sont les deux choses qu'elle aimait?

---

[1]**sous-chef de bureau** *deputy chief clerk*
[2]**filet** *net*
[3]**percepteur** *tax collector*
[4]**pudeur** *modesty*
[5]**commis** *clerk*
[6]**chatteries** *caresses, kittenish ways*

traînait bon gré, mal gré,[7] son mari à ces divertissements qui le fatiguaient affreusement après sa journée de travail. Alors il la supplia de consentir à aller au spectacle avec quelque dame de sa connaissance qui la ramènerait ensuite. Elle fut longtemps à céder, trouvant peu convenable cette manière d'agir. Elle s'y décida enfin par complaisance, et il lui en sut un gré infini.[8]

Or, ce goût pour le théâtre fit bientôt naître en elle le besoin de se parer.[9] Ses toilettes demeuraient toutes simples, il est vrai, de bon goût toujours, mais modestes; et sa grâce douce, sa grâce irrésistible, humble et souriante, semblait acquérir une saveur nouvelle de la simplicité de ses robes, mais elle prit l'habitude de pendre à ses oreilles deux gros cailloux du Rhin[10] qui simulaient△ des diamants, et elle portait des colliers de perles fausses, des bracelets en similor, des peignes agrémentés de verroteries variées jouant les pierres fines.[11]

Son mari, que choquait un peu cet amour du clinquant,[12] répétait souvent: «Ma chère, quand on n'a pas le moyen de se payer des bijoux véritables, on ne se montre parée que de sa beauté et de sa grâce, voilà encore les plus rares joyaux.»

Mais elle souriait doucement et répétait: «Que veux-tu? J'aime ça. C'est mon vice. Je sais bien que tu as raison; mais on ne se refait pas. J'aurais adoré les bijoux, moi!»

Et elle faisait rouler dans ses doigts les colliers de perles, miroiter les facettes des cristaux taillés,[13] en répétant: «Mais regarde donc comme c'est bien fait. On jurerait du vrai.»

Il souriait en déclarant: «Tu as des goûts de Bohémienne.»

Quelquefois, le soir, quand ils demeuraient en tête-à-tête au coin du feu, elle apportait sur la table où ils prenaient le thé la boîte de maroquin où elle enfermait la «pacotille»,[14] selon le mot de M. Lantin; et elle se mettait à examiner ces bijoux imités avec une attention passionnée, comme si elle eût savouré quelque jouissance

7. Qu'est-ce que son mari pensait du théâtre?

8. Quelle solution trouvèrent-ils?

9. Comment s'habillait-elle?

10. Que lui disait son mari à propos de ses bijoux?

11. Comment répondait-elle?

12. Qu'admirait-elle dans ses bijoux?

13. Qu'aimait-elle faire le soir?

---

[7]**bon gré, mal gré** *willy-nilly*
[8]**il lui en sut un gré infini** *he was infinitely grateful to her*
[9]**se parer** *to adorn herself*
[10]**cailloux du Rhin caillou** stone **le Rhin** *the Rhine...*
[11]**des bracelets en similor, des peignes agrémentés de verroteries variées jouant les pierres fines** *bracelets in imitation gold, combs decorated with various glass beads that imitated precious stones*
[12]**clinquant** *imitation jewelry, from* **clinquer** *to clink*
[13]**Elle faisait miroiter les facettes des cristaux taillés** *she would make the facets of the cut cristal reflect the light*
[14]**pacotille?** Le mot est défini dans le texte.

secrète et profonde; et elle s'obstinait à passer un collier au cou de son mari pour rire ensuite de tout son cœur en s'écriant: «Comme tu es drôle!» Puis elle se jetait dans ses bras et l'embrassait éperdument.

14. Que faisait-elle quelquefois d'un de ses colliers?

Comme elle avait été à l'Opéra, une nuit d'hiver, elle rentra toute frissonnante de froid. Le lendemain elle toussait.[15] Huit jours plus tard elle mourait d'une fluxion de poitrine.[16]

15. Que lui arriva-t-il?

Lantin faillit la suivre dans la tombe. Son désespoir fut si terrible que ses cheveux devinrent blancs en un mois. Il pleurait du matin au soir, l'âme déchirée d'une souffrance intolérable, hanté[Δ] par le souvenir, par le sourire, par la voix, par tout le charme de la morte.

16. Quelle fut la réaction de son mari?

Le temps n'apaisa point sa douleur. Souvent pendant les heures du bureau, alors que les collègues s'en venaient causer un peu des choses du jour, on voyait soudain ses joues se gonfler, son nez se plisser,[17] ses yeux s'emplir d'eau; il faisait une grimace affreuse et se mettait à sangloter.[18]

17. Que faisait-il au bureau?

Il avait gardé intacte la chambre de sa compagne où il s'enfermait tous les jours pour penser à elle; et tous les meubles, ses vêtements mêmes demeuraient à leur place comme ils se trouvaient au dernier jour.

18. Que faisait-il chez lui?

Mais la vie se faisait dure pour lui. Ses appointements, qui, entre les mains de sa femme, suffisaient à tous les besoins du ménage, devenaient, à présent, insuffisants pour lui tout seul. Et il se demandait avec stupeur[Δ] comment elle avait su s'y prendre pour lui faire boire toujours des vins excellents et manger des nourritures délicates qu'il ne pouvait plus se procurer avec ses modestes ressources.

19. Quel autre changement y eut-il dans sa vie?

Il fit quelques dettes et courut après l'argent à la façon des gens réduits[Δ] aux expédients. Un matin enfin, comme il se trouvait sans un sou, une semaine entière avant la fin du mois, il songea à vendre quelque chose; et tout de suite la pensée lui vint de se défaire de la «pacotille» de sa femme, car il avait gardé au fond du cœur une sorte de rancune contre ces «trompe-l'œil»[19] qui l'irritaient autrefois. Leur vue même, chaque jour, lui gâtait un peu le souvenir de sa bien-aimée.

20. Qu'est-ce qu'il décida de faire?

21. Pourquoi prit-il un certain plaisir à cette décision?

---

[15]**tousser** *to cough*
[16]**une fluxion de poitrine** une pneumonie
[17]**on voyait soudain ses joues se gonfler, son nez se plisser** *suddenly you would see his cheeks swell up, his nose wrinkle*
[18]**sangloter** Utilisez le contexte. Que fait-il?
[19]**«trompe-l'œil»** bijouteries fausses, clinquants. Le mot est formé par le verbe **tromper** (*to deceive*) + le nom **œil** (*eye*).

Il chercha longtemps dans le tas de clinquants qu'elle avait laissés, car jusqu'aux derniers jours de sa vie elle en avait acheté obstinément, rapportant presque chaque soir un objet nouveau, et il se décida pour le grand collier qu'elle semblait préférer, et qui pouvait bien valoir, pensait-il, six ou huit francs, car il était vraiment d'un travail très soigné pour du faux.

22. Pourquoi choisit-il le grand collier?

L'art de lire: comme

1. This story begins with what we would call a *simile*, in French, **une comparaison: l'amour l'enveloppa comme un filet.** The word **comme** brings the suggestion of a different world to the interior setting of the **sous-chef de bureau.** Failure to establish the particular relationship set up by **comme** could result in serious misunderstanding: what is a *net*—**un filet**—doing at the party? Understood in its symbolic capacity, **comme** does bring a net to the party, and establishes **Monsieur Lantin** as the prey caught in that net, like a fish or a bird, caught by love, the hunter. While love is established as a theme, so are freedom and constraint. How does the wife put jewels on her husband?

   Walter Schnaffs jumps into the ditch **comme on saute d'un pont dans une rivière.** The townspeople who later capture him **soufflaient comme des baleines.** There is no bridge, no river, and there are certainly no whales in the action but **comme** does bring these elements into the **récit,** establishing them at a different level of the story and allowing them to play a variety of roles. Compare this function to the **comme si** sentences discussed earlier in this chapter.

2. **Comme** has a different narrative function to establish a condition with temporal and causal overtones.

   Comme elle avait été à l'Opéra,   *Since (as) she had been*
   une nuit d'hiver, elle rentra
   frissonnante de froid.

   Comme il se trouva sans un sou,   *As (since) he found himself*
   il songea à vendre quelque chose.

   Here, **comme** coordinates story material that remains at the same narrative level and contributes to straightforward storytelling: it establishes the cause for a result.

✆ Activités sur le récit

Résumé de l'action

A. Faites un résumé de l'action en choisissant la terminaison qui convient à chacune des phrases suivantes.

1. Monsieur Lantin a rencontré cette jeune fille
   a. dans la rue
   b. au théâtre
   c. dans une soirée
2. Ce qui l'attirait en elle c'était
   a. sa beauté modeste
   b. son argent
   c. sa famille
3. Elle avait toujours aux lèvres
   a. une cigarette russe
   b. un bijou magnifique
   c. un sourire imperceptible
4. Il n'aimait pas aller au théâtre avec sa femme parce que
   a. ça coûtait trop cher et il avait des dettes
   b. ça le fatiguait affreusement après sa journée de travail
   c. tous les hommes tournaient autour d'elle et il était jaloux
5. Quand elle sortait le soir, on admirait en elle la simplicité
   a. de son mari
   b. de ses toilettes
   c. de ses pièces
6. Quand elle dit «On jurerait du vrai», elle parle
   a. de son mari
   b. des pièces en vogue
   c. de ses bijouteries
7. Elle semble savourer quelque jouissance secrète et profonde quand elle
   a. se jette dans les bras de son mari
   b. examine ses bijoux imités
   c. rentre toute frissonnante de froid
8. D'après M. Lantin, puisqu'ils n'ont pas le moyen de se payer des bijoux véritables, elle devrait
   a. ne se montrer parée que de sa beauté et de sa grâce
   b. en obtenir de ses amies qui lui procurent des loges
   c. porter des colliers de perles fausses et des cailloux du Rhin
9. Elle répond à ses reproches en lui disant «on ne se refait pas». Autrement dit elle
   a. lui demande s'il regrette de l'avoir épousée
   b. promet de ne plus recommencer
   c. prétend qu'elle ne peut pas s'en empêcher

10. Quand sa femme mourut Lantin faillit
    a. apaiser sa douleur
    b. gagner de l'argent
    c. la suivre dans la tombe
11. Un collègue voit soudain ses joues se gonfler, son nez se plisser, ses yeux s'emplir d'eau. Que se passe-t-il?
    a. Il s'agit d'une fluxion de poitrine.
    b. Lantin pleure encore la mort de sa femme.
    c. Lantin se moque de son collègue.
12. Ce qui restait absolument le même qu'au dernier jour c'était
    a. les meubles et les vêtements dans la chambre de sa femme
    b. les vins excellents et les nourritures délicates dont il avait pris l'habitude
    c. sa décision de garder intact tout ce qui avait appartenu à sa femme, y compris les bijoux
13. Ce qui a changé après la mort de sa femme c'est
    a. l'attitude de Lantin envers ce qu'il appelait la «pacotille» de sa femme
    b. la qualité et la quantité de ce qu'il mangeait et buvait
    c. les appointements qu'il recevait
14. Son attitude envers les bijouteries fausses de sa femme était devenue après sa mort une sorte
    a. de nostalgie
    b. d'affection
    c. de rancune
15. Il chercha longtemps dans le tas de clinquants parce que
    a. ça lui rappelait les jours heureux
    b. cela lui faisait oublier sa peine
    c. il avait décidé de vendre quelque chose
16. Il se décida pour le grand collier qu'elle semblait préférer parce que
    a. c'était d'un travail très soigné pour du faux
    b. c'était le collier qu'elle lui avait passé autour du cou
    c. c'était le bijou qui l'irritait le plus

B. Résumez l'action en identifiant le personnage qui prononce ou pourrait prononcer les phrases suivantes.

1. Il sera plus facile de lui trouver un mari convenable à Paris que dans la province.
2. Nous organisons une petite soirée et j'espère que nous aurons le plaisir de vous y voir, mon cher Lantin.
3. Heureux celui qui la prendra. On ne pourrait trouver mieux.
4. Cette jeune fille est adorable. Je vais demander sa main.
5. Je t'ai procuré une loge pour une pièce qui est très en vogue.
6. Que veux-tu? C'est mon vice. J'aurais adoré les bijoux, moi.
7. Monsieur, vous aurez besoin de tout votre courage. Cette fluxion de poitrine de votre femme est très, très grave.
8. Je suis passé dans son bureau l'autre jour et tout à coup il s'est mis à sangloter, le pauvre type.
9. J'y travaillais avant la mort de sa femme, mais il m'a dit qu'il ne peut plus me garder. Il paraît qu'il a fait des dettes.

Si vous ne trouvez pas la réponse, vous pouvez la chercher dans la liste suivante.

a. une amie de Mme Lantin
b. l'ancienne bonne des Lantin
c. un des collègues de M. Lantin
d. M. Lantin
e. Mme Lantin
f. le médecin que M. Lantin a fait venir

g. la mère de la future Mme Lantin
h. le sous-chef de bureau de M. Lantin
i. tous ceux qui connaissaient cette jeune fille angélique

C. Résumez l'action en identifiant les endroits précisés dans les phrases suivantes.

1. où Lantin a rencontré la femme qu'il va épouser
2. où Madame Lantin aime prendre place quand elle va voir une pièce en vogue
3. où Madame Lantin enferme ses bijoux imités
4. où elle aime mettre son collier de perles pour rire ensuite de tout son cœur
5. où elle est allée le soir d'hiver où elle est rentrée toute frissonnante de froid
6. où Lantin faillit la suivre après sa mort
7. où Lantin se trouvait quand un de ses collègues le vit soudain se mettre à sangloter
8. où tous les meubles et les vêtements demeuraient intacts depuis la mort de Madame Lantin

Si vous ne trouvez pas la réponse, vous pouvez la chercher dans la liste suivante.

a. dans une boîte en maroquin
b. dans son bureau au ministère de l'Intérieur
c. dans la chambre de Madame Lantin

d. chez son chef de bureau
e. au cou de son mari
f. dans une loge
g. à l'Opéra
h. dans la tombe

Sujets de discussion orale ou écrite

D. Le portrait d'un mariage: le mari.

1. A partir de la liste suivante, précisons les qualités qui l'enchantent dans sa femme.
   son apparence physique
   son caractère
   la manière qu'elle a avec lui quand ils sont en tête-à-tête
   sa façon de gouverner sa maison
2. Qu'est-ce qu'il blâme en elle?
3. Qu'est-ce qu'il n'aime pas faire le soir quand il rentre du travail, et pourquoi est-ce que cela présente un problème?
4. Quelle solution suggère-t-il et pourquoi sa femme hésite-t-elle à accepter sa suggestion? (Cette hésitation semble-t-elle caractéristique, étant donné ce que nous savons d'elle?)

5. Que lui dit-il à propos de ses bijouteries? Caractérisez le ton de ses remarques. Quelle attitude manifeste-t-il envers le goût, le jugement et l'intelligence de sa femme?

E. Le portrait d'un mariage: la femme.

1. Dans quel espoir la mère amène-t-elle sa fille à Paris? Quelle ambition a-t-elle pour sa fille? Est-ce que les mères ont encore la même ambition pour leurs filles aujourd'hui? Et les filles, que veulent-elles?
2. Quelle impression la jeune fille fait-elle? Quelle expression voit-on toujours sur son visage? Comment les autres interprètent-ils cette expression? Savons-nous vraiment ce qui se passe dans son cœur?
3. Qu'est-ce qu'elle aime dans la vie? Est-ce que ces deux goûts s'harmonisent parfaitement avec sa modestie et sa pudeur? (D'après les opinions reçues, quelle sorte de femme aime porter les bijouteries fausses, les clinquants?)
4. Quel contraste semble-t-il y avoir entre ses bijoux et ses toilettes?
5. Comment répond-elle quand son mari lui reproche son goût pour les bijouteries fausses? Se montre-t-elle indépendante, agressive?
6. Est-elle une femme-enfant, ou une femme qui sait organiser et gouverner un ménage, ou les deux à la fois? Discutez.
7. Qui vous intéresse le plus, le mari ou la femme? Qui semble avoir le plus de goût pour la vie? le plus de vitalité? le plus d'intelligence?

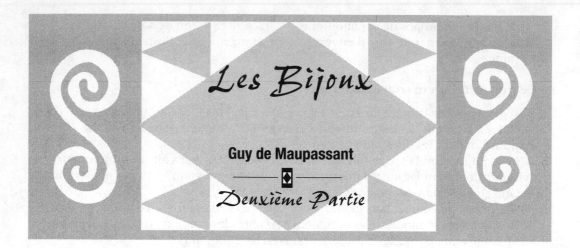

Les Bijoux

Guy de Maupassant

◆

Deuxième Partie

🌀 Préparation à la lecture

Le Lexique et la grammaire

Etudiez les mots dans les résumés suivants. Quels sont les mots apparentés et partielle-ment apparentés?

Le pauvre **veuf**	*widower*
se mouche	*blows his nose*
dans son **mouchoir.**	*handkerchief*
Il se **mord** les lèvres.	*bites*
La solitude ne lui **convient** pas.	*suit*
Il n'a jamais fréquenté **les filles.**	*prostitutes*
Il est **honteux.**	*ashamed*
Il est **fâché** contre lui-même.	*angry*
Il ne veut pas montrer sa **honte.**	*shame*
Il sent du **mépris** pour lui-même.	*scorn*
Il ne veut pas **étaler** son chagrin.	*display*
Il a peur qu'on **rie de lui.**	*laugh at him*
Il n'est pas sorti depuis l'**avant-veille.**	*the day before yesterday*
Après quelques heures de **sommeil** il se lève. Il a besoin de **se remuer.**	*sleep* *to move around*
Il se promène **de long en large.**	*back and forth*

Puis il **gagne** la rue	*reaches*	
pleine de **flâneurs.**	*strollers*	
Il est **prêt** à vendre un des bijoux.	*ready*	
Il le fait **estimer.**	*estimate*	*appraise*
Le marchand est derrière son		
comptoir.	*counter*	
Il examine la **bague.**	*ring*	
Il **la soupèse.**	*feels the weight of it*	
Il doit **réfléchir.**	*to reflect*	*to think*
Il admire un autre **morceau.**	*morsel*	*piece*
A mesure qu'il les examine il	*gradually as*	
s'étonne de plus en plus.		
Il n'a jamais connu **pareille** surprise.	*such a*	
Les deux bijoux sont **pareils.**	*alike*	
Lantin est **gêné** par cette cérémonie.	*embarrassed*	
Il sent la honte **empourprer**	*empurple*	*turn purple*
son visage.		
Le marchand pense **flairer** un vol.	*smell out*	
Il se demande si c'est vraiment		
un **cadeau.**	*gift*	
Quelle est leur **provenance?**	*provenience*	*origin*
C'est d'une **succession.**	*1. succession*	*2. inheritance*
Doit-il le prendre **au mot?**	*at his word*	
Il ne veut pas **se méprendre.**	*to make a mistake*	
Il les fait estimer **ailleurs.**	*elsewhere*	
Il va trouver un **acquéreur.**	*acquirer*	*buyer*
D'abord Lantin **balbutiait**	*stammered*	
d'étonnement.		
Maintenant il parle **haut.**	*loudly*	
Il **plie** le billet de banque et s'en va.	*folds*	
Il ne vivra plus dans la **misère.**	*1. misery*	*2. poverty*
Il va **placer** son argent.	*to place*	*to invest*
Les **passants** vont le regarder.	*passing*	*passers-by*
Il aura un **équipage.**	*equipage*	*carriage*
Il y pense avec une certaine		
coquetterie.	*1. coquetry*	*2. pride*
Le théâtre ne l'**ennuie** plus.	*1. annoy*	*2. bore*

L'Art de lire: les démonstratifs

1. Demonstrative adjectives pose few if any problems in reading. The jeweler looks at what Lantin shows him and says: **Je le connais bien, ce collier** and later he refers to it as **cet objet**. The feminine form is **cette** and the plural **ces**. They are used to indicate something that is already present in some way within the context. Notice, however, the first sentence in this story: **Monsieur Lantin ayant rencontré cette jeune fille**..., in which the woman is presented with a demonstrative. The effect here is to plunge the reader directly into the story, giving the young woman a grammatical distinction that is motivated by Lantin's sudden love for her.

2. Demonstrative pronouns without a specific antecedent are **ceci**—*this*—and **cela** or **ça**—*that* or *it*. When Madame Lantin accounts for her love of jewelry she says simply: **Que veux-tu? j'aime ça**, by which she means not any specific jewel but the whole notion of jewelry, her wearing jewels, having them, touching them etc. When Lantin says about the object he wants to sell: **Cela n'a aucune valeur**, the unspecific demonstrative is a way of denigrating it, of distancing himself from it. The jeweler uses the same term back at Lantin almost ironically, to reverse the denigration as he establishes a real value.

3. The demonstrative pronoun **ce** followed by **être** in the third person may have a number of meanings in English:

C'était la fille d'un percepteur.	**She was** *the daughter of a tax collector.*
C'était un cadeau.	**It was** *a gift.*
Que veux-tu? **C'est** mon vice.	*What can I say?* **It's** *my vice.*

4. Demonstrative pronouns with a specific antecedent are **celui, celle, ceux,** and **celles**. These may be understood in English in a variety of ways depending on the context:

Heureux **celui** qui l'épouse.	*Happy* **he** *who marries her,* or: **Whoever** *marries her is a lucky fellow.*
Elle avait deux goûts: **celui** du théâtre, et **celui** des bijoux.	*She had two likings:* **one** *for the theater and* **another** *for jewelry,* or: *a liking for the theater and a liking for jewelry.*

Exercices

A. Les mots en **caractères gras** dans les phrases suivantes sont des mots d'emprunt (*loan words*). Expliquez—en français, si possible—ce qu'ils veulent dire.

1. She doesn't seem to have a **sou,** yet you often see her in the best **boutiques.**
2. She likes to go to **soirées.** He prefers a **tête-à-tête.**
3. Maupassant made his **début** in what remained his favorite **genre:** the short story.

B. Les mots en **caractères gras** dans les phrases suivantes sont des mots apparentés. Les mots apparentés anglais sont indiqués. Expliquez—en français, si possible—ce qu'ils veulent dire.

1. C'était un **fonctionnaire** assez mal payé.
   Mot apparenté: *functionary*
2. Maintenant il se promène dans le Bois dans son propre **équipage.**
   Mot apparenté: *equipage*
3. On se demande quelle est la **provenance** de cette fortune.
   Mots apparentés: *provenience, provenance*
4. Par ce traité la France a **cédé** le Canada à la Grande Bretagne.
   Mot apparenté: *to cede*
5. Il gardait une certaine **rancune** contre les bijoux de sa femme.
   Mot apparenté: *rancor*

C. Changez le sens du passage suivant en remplaçant les mots en **caractères gras** par un mot qui signifie le contraire.

l'avant-veille	déplaisait	honte
cacher	fâché	tout bas

Deux jours plus tard (1) il avait hérité d'une fortune. Dès qu'il apprit la nouvelle il fut possédé par **l'orgueil** (2). Il voulait **étaler** (3) sa bonne fortune à tout le monde. Il en parlait **haut** (4). Il etait vraiment **content** (5) de voir tout le monde au courant. Cela lui **convenait** (6) tout à fait.

D. Lisez le passage suivant en remplaçant les mots en **caractères gras** par un synonyme.

ailleurs	gêné	pareil
flâneurs	méprendre	prendre au mot
gagné	mépris	prêt

Dans la rue, Lantin avait la vague impression que les **passants** (1) le regardaient avec un sentiment de supériorité ou même de **dégoût** (2), et il se sentait **embarrassé** (3). Mais quand il eut **atteint** (4) la boutique une surprise l'attendait, une surprise pour laquelle il n'était pas **préparé** (5). Le marchand lui dit que le collier était non seulement **similaire** (6) à un bijou authentique, mais en effet un vrai bijou. Fallait-il le **croire** (7), ce joaillier? Est-ce qu'un expert pourrait se **tromper** (8)? Il décida de le faire estimer **dans une autre boutique** (9).

E. Remplissez les tirets dans les phrases suivantes par le mot convenable.

bague	mordre	plier
cadeau	mouche	rire
flaire	mouchoir	veuf

1. Le bijou qu'on porte au doigt s'appelle une _____
2. Il fait chaud. Il s'essuie le front avec son _____

3. Le chien de chasse a bon nez. Il _____ sa proie.
4. Ce chien est dangereux. Il est capable de vous _____.
5. Cette bague ne m'a rien coûté. Un ami me l'a offerte en _____.
6. Elle a pris froid, la pauvre femme. Elle tousse et se _____ constamment.
7. Sa femme est morte. Il est resté _____.
8. Avant de mettre la feuille de papier dans l'enveloppe il faut la _____ en deux.
9. Quand une chose très drôle arrive on a envie de _____.

Les Bijoux

(Deuxième Partie)

Il le mit en sa poche et s'en alla vers son ministère en suivant les boulevards, cherchant une boutique de bijoutier qui lui inspirât confiance.

1. Que cherche-t-il?

Il en vit une enfin et entra, un peu honteux d'étaler ainsi sa misère et de chercher à vendre une chose de si peu de prix.

2. Pourquoi a-t-il honte?

«Monsieur, dit-il au marchand, je voudrais bien savoir ce que vous estimez ce morceau.»

L'homme reçut l'objet, l'examina, le retourna, le soupesa, prit une loupe,[1] appela son commis, lui fit tout bas des remarques, reposa le collier sur son comptoir et le regarda de loin pour mieux juger de l'effet.

3. Décrivez ou imitez les gestes du bijoutier.

M. Lantin, gêné par toutes ces cérémonies, ouvrait la bouche pour déclarer: «Oh! je sais bien que cela n'a aucune valeur»,— quand le bijoutier prononça.

4. Qu'est-ce que M. Lantin faillit dire?

«Monsieur, cela vaut de douze à quinze mille francs; mais je ne pourrais l'acheter que si vous m'en faisiez connaître exactement la provenance.»

Le veuf ouvrit des yeux énormes et demeura béant,[2] ne comprenant pas. Il balbutia enfin: «Vous dites?... Vous êtes sûr?» L'autre se méprit sur son étonnement, et, d'un ton sec : «Vous

5. Pourquoi le veuf a-t-il l'air étonné?

_____

[1]**loupe** verre qui grossit les objets
[2]**béant** *gaping with astonishment*

pouvez chercher ailleurs si on vous en donne davantage. Pour moi cela vaut, au plus, quinze mille. Vous reviendrez me trouver si vous ne trouvez pas mieux.»

M. Lantin, tout à fait idiot,[3] reprit son collier et s'en alla, obéissant à un confus besoin de se trouver seul et de réfléchir.

Mais, dès qu'il fut dans la rue, un besoin de rire le saisit, et il pensa: «L'imbécile! oh! l'imbécile! Si je l'avais pris au mot tout de même! En voilà un bijoutier qui ne sait pas distinguer le faux du vrai!»

Et il pénétra chez un autre marchand à l'entrée de la rue de la Paix. Dès qu'il eut aperçu le bijou, l'orfèvre[4] s'écria:

«Ah! parbleu;[5] je le connais bien, ce collier, il vient de chez moi.»

M. Lantin, fort troublé, demanda:

«Combien vaut-il?

—Monsieur, je l'ai vendu vingt-cinq mille. Je suis prêt à le reprendre pour dix-huit mille, quand vous m'aurez indiqué, pour obéir aux prescriptions légales, comment vous en êtes détenteur.[6]» Cette fois M. Lantin s'assit perclus[7] d'étonnement. Il reprit: «Mais... mais, examinez-le bien attentivement, Monsieur, j'avais cru jusqu'ici qu'il était en... faux.»

Le joaillier reprit: «Voulez-vous me dire votre nom, Monsieur?

—Parfaitement. Je m'appelle Lantin, je suis employé au ministère de l'Intérieur, je demeure 16, rue des Martyrs.»

Le marchand ouvrit ses registres,[A] rechercha, et prononça: «Ce collier a été envoyé en effet à l'adresse de Mme Lantin, 16, rue des Martyrs, le 20 juillet 1876.»

Et les deux hommes se regardèrent dans les yeux, l'employé éperdu de surprise, l'orfèvre flairant un voleur.

Celui-ci reprit: «Voulez-vous me laisser cet objet pendant vingt-quatre heures seulement, je vais vous en donner un reçu?[8]»

M. Lantin balbutia: «Mais oui, certainement.» Et il sortit en pliant le papier qu'il mit dans sa poche.

6. Comment le bijoutier se méprend-il sur cette réaction?

7. Quelle opinion Lantin a-t-il de ce bijoutier?

8. Mais que lui dit le deuxième marchand?

9. Quelle offre le marchand fait-il et sous quelles conditions?

10. Pourquoi M. Lantin hésite-t-il à croire ce qu'il entend?

11. Où a-t-on envoyé le collier?

12. Pourquoi le marchand est-il méfiant?

---

[3]**idiot** (ici) étonné
[4]**orfèvre** bijoutier
[5]**parbleu!** mais bien sûr!
[6]**comment vous en êtes détenteur** comment il est entré en votre possession
[7]**perclus** paralysé
[8]**un reçu?** Utilisez le contexte. Que vous donne un marchand quand vous lui laissez un objet de valeur?

Puis il traversa la rue, la remonta, s'aperçut qu'il se trompait de route, redescendit aux Tuileries, passa la Seine, reconnut encore son erreur, revint aux Champs-Elysées sans une idée nette dans la tête. Il s'efforçait de raisonner, de comprendre. Sa femme n'avait pu acheter un objet d'une pareille valeur.—Non, certes.ᐃ—Mais alors, c'était un cadeau! Un cadeau! Un cadeau de qui? Pourquoi?

Il s'était arrêté, et il demeurait debout au milieu de l'avenue. Le doute horrible l'effleura.⁹—Elle?—Mais alors tous les autres bijoux étaient aussi des cadeaux! Il lui sembla que la terre remuait; qu'un arbre, devant lui, s'abattait,¹⁰ il étendit les bras et s'écroula, privéᐃ de sentiment.¹¹

13. Que se demande M. Lantin et quelle réponse trouve-t-il finalement?

14. Que lui arrive-t-il?

Il reprit connaissance dans la boutique d'un pharmacienᐃ où les passants l'avaient porté. Il se fit reconduire chez lui, et s'enferma.

Jusqu'à la nuit il pleura éperdument, mordant un mouchoir pour ne pas crier. Puis il se mit au lit accablé¹² de fatigue et de chagrin, et il dormit d'un pesant sommeil.

15. Que fit-il quand on l'eut ramené chez lui?

Un rayon de soleil le réveilla, et il se leva lentement pour aller à son ministère. C'était dur de travailler après de pareilles secousses.¹³ Il réfléchit alors qu'il pouvait s'excuser auprès de son chef; et il lui écrivit. Puis il songea qu'il fallait retourner chez le bijoutier; et une honte l'empourpra. Il demeura longtemps à réfléchir. Il ne pouvait pourtant pas laisser le collier chez cet homme, il s'habilla et sortit.

16. Pourquoi écrit-il à son chef?

17. Pourquoi doit-il retourner chez le bijoutier, et pourquoi ne veut-il pas le faire?

Il faisait beau, le ciel bleu s'étendait sur la ville qui semblait sourire. Des flâneurs allaient devant eux,¹⁴ les mains dans leurs poches.

Lantin se dit, en les regardant passer : «Comme on est heureux quand on a de la fortune! Avec de l'argent on peut secouer¹⁵ jusqu'aux chagrins, on va où l'on veut, on voyage, on se distrait! Oh! si j'étais riche!»

Il s'aperçut qu'il avait faim, n'ayant pas mangé depuis l'avant-veille. Mais sa poche était vide, et il se ressouvint du collier.

18. A quoi pense-t-il dans la rue, et quelle idée lui vient soudain à l'esprit?

---

⁹**le doute horrible l'effleura** le doute horrible entra dans son esprit. (Il se rend compte que sa femme avait un amant qui lui avait donné tous ces bijoux.)
¹⁰**un arbre s'abattait** un arbre tombait
¹¹**il s'écroula, privé de sentiment** *he fell, unconscious*
¹²**accablé** *overwhelmed*
¹³**une secousse** *a shock, a shaking up*
¹⁴**allaient devant eux** *were strolling along*
¹⁵**secouer** *to shake off*

Dix huit mille francs! Dix-huit mille francs! C'était une somme,^ cela!

Il gagna la rue de la Paix et commença à se promener de long en large sur le trottoir, en face de la boutique. Dix-huit mille francs! Vingt fois il faillit entrer; mais la honte l'arrêtait toujours.

19. Que fait-il devant la boutique?

Il avait faim pourtant, grand'faim, et pas un sou. Il se décida brusquement, traversa la rue en courant, pour ne pas se laisser le temps de réfléchir et il se précipita chez l'orfèvre.

20. Comment entre-t-il chez le bijoutier?

Dès qu'il l'aperçut, le marchand s'empressa, offrit un siège avec une politesse souriante. Les commis eux- mêmes arrivèrent, qui regardaient de côté Lantin, avec des gaietés dans les yeux et sur les lèvres.

21. Quelle est l'attitude du marchand? des commis? (De quoi se sont-ils rendu compte?)

Le bijoutier déclara : «Je me suis renseigné, Monsieur, et si vous êtes toujours dans les mêmes dispositions, je suis prêt à vous payer la somme que je vous ai proposée.»

22. Quelle proposition le marchand lui fait-il?

L'employé balbutia: «Mais certainement.»

L'orfèvre tira d'un tiroir[16] dix-huit grands billets, les compta, les tendit à Lantin, qui signa un petit reçu et mit d'une main frémissante l'argent dans sa poche.

Puis, comme il allait sortir, il se tourna vers le marchand qui souriait toujours, et, baissant les yeux : «J'ai... j'ai d'autres bijoux... qui me viennent... de la même succession. Vous conviendrait-il de me les acheter aussi?»

23. D'après M. Lantin, d'où lui viennent ces bijoux?

Le marchand s'inclina: «Mais certainement, Monsieur.» Un des commis sortit pour rire à son aise; un autre se mouchait avec force.

24. Quelle proposition fait-il au marchand?

Lantin impassible, rouge et grave, annonça: «Je vais vous les apporter.»

Et il prit un fiacre[17] pour aller chercher les joyaux.

25. Pourquoi quitte-t-il la boutique?

Quand il revint chez le marchand, une heure plus tard, il n'avait pas encore déjeuné. Ils se mirent à examiner les objets pièce à pièce, évaluant chacun. Presque tous venaient de la maison.[18]

Lantin, maintenant, discutait les estimations, se fâchait, exigeait qu'on lui montrât les livres de vente, et parlait de plus en plus haut à mesure que s'élevait la somme.

26. Comment l'attitude de M. Lantin change-t-elle au cours de la discussion?

---

[16]**tiroir** *drawer*
[17]**fiacre** *horse-drawn cab*
[18]**de la maison** c'est-à-dire de la boutique du même marchand. Un des sens du mot **maison** c'est *firm, company.*

Les gros brillants d'oreilles[19] valent vingt mille francs, les bracelets trente-cinq mille, les broches, bagues, et médaillons seize mille, une parure[20] d'émeraudes et de saphirs quatorze mille; un solitaire suspendu à une chaîne d'or formant collier quarante mille; le tout atteignant le chiffre[21] de cent quatre-vingt-seize mille francs.

Le marchand déclara avec une bonhomie railleuse:[22] «Cela vient d'une personne qui mettait toutes ses économies en bijoux.»

Lantin prononça gravement: «C'est une manière comme une autre de placer son argent.» Et il s'en alla après avoir décidé avec l'acquéreur qu'une contre-expertise[23] aurait lieu le lendemain.

Quand il se trouva dans la rue, il regarda la colonne Vendôme avec l'envie d'y grimper, comme si c'eût été un mât de cocagne.[24] Il se sentait léger à jouer à saute-mouton[25] par-dessus la statue de l'Empereur perché là-haut dans le ciel.

Il alla déjeuner chez Voisin et but du vin à vingt francs la bouteille.

Puis il prit un fiacre et fit un tour au Bois.[26] Il regardait les équipages avec un certain mépris, oppressé du désir de crier aux passants: «Je suis riche aussi, moi. J'ai deux cent mille francs!»

Le souvenir de son ministère lui revint. Il s'y fit conduire, entra délibérément chez son chef et annonça: «Je viens, Monsieur, vous donner ma démission.[27] J'ai fait un héritage de trois cent mille francs.» Il alla serrer la main de ses anciens collègues et leur confia ses projets d'existence nouvelle; puis il dîna au café Anglais.

Se trouvant à côté d'un monsieur qui lui parut distingué, il ne put résister à la démangeaison[28] de lui confier, avec une certaine coquetterie, qu'il venait d'hériter de quatre cent mille francs.

27. Quelle supposition railleuse le marchand fait-il sur la personne qui a laissé les bijoux à M. Lantin?

28. De quelle humeur est M. Lantin en sortant?

29. Que veut-il crier à tout le monde?

30. Pourquoi va-t-il au ministère?

31. Que dit-il au monsieur au café Anglais?

---

[19]**brillants d'oreilles** diamants qu'on pend à l'oreille
[20]**parure** collier
[21]**chiffre** Utilisez le contexte.
[22]**avec une bonhomie railleuse** *with a mocking cheeriness*
[23]**contre-expertise** *counter-appraisal*
[24]**il regarda la colonne Vendôme avec l'envie d'y grimper, comme si c'eût été un mat de cocagne.** *he looked at the colonne Vendôme and felt like clambering up it as if it were a maypole.*
La colonne Vendôme, une colonne haute de 43 mètres et surmontée d'une statue de l'empereur Napoléon, située au milieu de la place Vendôme, serait un des premiers objets qu'il verrait en sortant d'une bijouterie se trouvant «à l'entrée de la rue de la Paix.» Les bijouteries les plus célèbres de Paris se trouvent, encore aujourd'hui, sur la place Vendôme ou tout près.
[25]**saute-mouton** *leapfrog; literally: leapsheep*
[26]**au Bois** le Bois de Boulogne, grand parc à l'ouest de Paris. Les gens à la mode s'y promenaient en équipage.
[27]**démission** Utilisez le contexte. Pourquoi Lantin entre-t-il chez son chef?
[28]**demangeaison** *itch*

Pour la première fois de sa vie il ne s'ennuya pas au théâtre, et il passa sa nuit avec des filles.

Six mois plus tard il se remariait. Sa seconde femme était très honnête, mais d'un caractère difficile. Elle le fit beaucoup souffrir.

32. Que fit-il ce soir-là?

33. Comment sa vie changea-t-elle après six mois?

L'art de lire: l'ellipse

Stories can transmit important information without saying what it is. M. Lantin, reflecting on how the jewels could be real, faints. The notion that his wife must have been unfaithful to him with one or more rich lovers is never stated. Just as words acquire meaning through context, events can be told through inference. What is M. Lantin's address? Does the name of the street carry any hidden meaning? Review **L'art de lire** on **les connaissances** on page 99, particularly parts 6 and 7. Is there a similarity to the nature of the events suggested through ellipsis in *Les Bijoux* and the ones suggested through the innkeeper's **points de suspension** in *L'Auberge aux Noyés*? He is referring to the young couple's thoughts of **l'amour** and the importance of **une chambre**.

Activités sur le récit

Résumé de l'action

A. Résumez l'action en corrigeant les phrases fausses.

1. Lantin part à la recherche d'une boutique de joaillier.
2. Il se sent un peu honteux de vouloir vendre le collier parce que sa femme avait tant aimé le porter.
3. Le premier bijoutier jette un coup d'œil sur le collier et lui donne aussitôt son estimation.
4. Lantin est sur le point de dire qu'il sait que ça ne vaut rien quand le bijoutier lui donne son estimation du morceau.
5. Le bijoutier lui fait une offre sans y attacher aucune condition.
6. Le veuf prend la précaution de cacher son étonnement.
7. Le bijoutier a l'impression que Lantin trouve son offre insuffisante.
8. Lantin prend le bijoutier pour un imbécile.
9. Le deuxième bijoutier examine le collier longuement sous la loupe avant de se prononcer.

10. Il avait lui-même envoyé ce collier, le 20 juillet 1876, à Mme Lantin, 16 rue des Martyrs.
11. Lantin se rend compte tout de suite que le collier devait être un cadeau d'un amant de sa femme.
12. Lantin se méfie du bijoutier quand celui-ci lui demande de lui laisser le collier pendant vingt-quatre heures.
13. Le bijoutier croit flairer un voleur.
14. Quand Lantin se rend compte de la vérité le choc est tel qu'il laisse tomber son reçu.
15. Il décide d'oublier son chagrin en allant au ministère se remettre au travail.
16. Quand il voit les flâneurs qui vont devant eux sous le ciel bleu, il se dit: «Oh! si j'étais riche!»
17. Il a faim, grand'faim, et décide d'aller d'abord dans un restaurant.
18. Après un bon repas, il entre sans hésitation et sans honte chez le bijoutier.
19. Le bijoutier et ses commis ont compris la situation: Mme Lantin avait un amant riche, et Lantin ne se doutait de rien.
20. A leur avis, un mari qui a été trompé par sa femme, sans qu'il ne le sache jamais, est une personne ridicule et risible.
21. Vexé par la bonhomie railleuse du marchand, Lantin décide de trouver un autre bijoutier à qui vendre le reste des bijoux.
22. Lantin prétend que tous ces bijoux lui viennent de la même succession.
23. Lantin accepte sans discussion tous les prix proposés par le bijoutier.
24. En sortant de chez le bijoutier, Lantin pense à l'origine de sa nouvelle richesse et sent une honte profonde.
25. Il va donner sa démission au ministère, sans donner aucune raison.
26. Rencontrant un monsieur distingué au café Anglais, il lui confie qu'il vient d'hériter de quatre cent mille francs.
27. Sa nouvelle fortune devient plus grande chaque fois qu'il la mentionne.
28. Il va au théâtre ce soir-là, mais c'est comme avant—il s'y ennuie.
29. Il passe la nuit seul.
30. Six mois plus tard, il épouse une femme qui lui fait connaître enfin le vrai bonheur.

B. Résumez l'action en spécifiant ce qui est désigné par les pronoms en **caractères gras** dans les phrases suivantes.

1. Lantin a l'impression que **cela** a très peu de valeur.
2. **Il** a tout de suite reconnu le collier pour la simple raison que le collier venait de chez lui.
3. Il **les** ouvrit, rechercha et prononça: «Ce collier a été envoyé à Mme Lantin, 16 rue des Martyrs.»
4. Le bijoutier **le** donna à Lantin quand celui-ci laissa le collier chez lui. Lantin le plia et le mit dans sa poche.
5. **Il** a dû être très riche pour avoir pu offrir tant de cadeaux magnifiques à sa maîtresse. (Mais peut-être en avait-elle plusieurs!)
6. Les passants l'**y** avait porté quand ils l'ont trouvé privé de sentiment au milieu de l'avenue.
7. Il **le** mordit pour ne pas crier.

8. **Ils** allaient devant eux, les mains dans leurs poches, et Lantin pensa: «Quel bonheur d'avoir de la fortune!»

9. Le marchand **les** prit dans son tiroir, en compta dix-huit, les tendit à Lantin, qui signa un petit reçu.

10. Quand Lantin dit qu'il a d'autres bijoux «de la même succession» l'un d'**eux** sortit pour rire à son aise, l'autre se moucha avec force.

11. **Elle** aurait lieu le lendemain et devait servir à résoudre tout désaccord entre Lantin et l'acquéreur quant à l'estimation des bijoux.

12. En sortant de chez l'orfèvre, Lantin eut envie d'**y** grimper comme si c'eût été un mât de cocagne.

13. Il **y** alla pour donner sa démission à son chef.

14. Lantin **y** alla ce soir-là et, pour la première fois de sa vie, ne s'y ennuya pas.

15. **Elles** passèrent cette nuit-là avec un monsieur qui se vantait d'avoir hérité une fortune.

16. **Elle** était honnête, mais d'un caractère difficile. Elle le fit beaucoup souffrir.

Si vous ne trouvez pas la réponse vous pouvez la chercher dans la liste suivante.

a. le ou les amants
   de Madame Lantin
b. le deuxième bijoutier
c. les billets de banque
d. le collier
e. la colonne Vendôme
f. les commis dans
   la boutique du bijoutier
g. la contre-expertise

h. la deuxième femme de Lantin
i. les filles
j. les flâneurs
k. le ministère de l'Intérieur
l. son mouchoir
m. la pharmacie
n. le reçu
o. les registres
p. le théâtre

Sujets de discussion orale ou écrite

C. Les ironies de l'intrigue.

1. Quelle est l'affreuse vérité dont Lantin se rend compte quand il apprend la vraie valeur du collier?

2. Est-ce que vous avez été aussi surpris que Lantin lui-même par cette découverte? Y a-t-il peut-être quelques indices dans la première partie du conte qui suggèrent que Mme Lantin n'est pas tout à fait ce qu'elle semble être?

3. D'abord, que savons-nous de la «vraie» Madame Lantin? Par exemple, comment s'appelle-t-elle?

4. Dans la première phrase du conte l'amour enveloppe Lantin «comme un filet» (*net*). Est-ce que quelqu'un a jeté ce filet?

5. La jeune fille «semblait» honnête. Y a-t-il une différence entre cette apparence et la réalité?

6. Quels sont les goûts de Madame Lantin? Sont-ce là les goûts typiques d'une jeune femme connue par sa modestie et sa pudeur?

7. La «jouissance secrète et profonde» qu'elle prend à contempler ses bijoux prend-elle un nouveau sens maintenant que nous savons la vérité?

8. «Comme tu es drôle!» lui dit-elle en lui passant au cou son collier. En quoi est-il drôle exactement? Et quels sont les deux sens du mot «collier»?

9. Quelles sont les personnes différentes que Lantin fait rire au cours du conte? Pourquoi rient-ils? Ces rires diffèrent-ils?

10. «En voilà un bijoutier qui ne sait pas distinguer le faux du vrai!», s'exclame Lantin. Qui est-ce en effet qui ne sait pas faire cette distinction? Est-ce seulement à propos des bijoux que la distinction du faux et du vrai joue un rôle dans le conte?

11. Il y a deux moments différents où Lantin pleure éperdument, pour deux raisons différentes. Quelles sont ces raisons? Quel malheur dure le moins longtemps? Pourquoi?

12. Comment Madame Lantin a-t-elle apporté le bonheur à son mari, d'abord pendant sa vie, mais aussi après sa mort?

13. Quel malheur lui a-t-elle apporté? Comparez le bonheur et le malheur qu'elle lui a apportés. Lequel compte le plus?

14. Finalement, qui «le fit beaucoup souffrir»? Quelle ironie y a-t-il dans cette conclusion?

15. Lequel préféreriez-vous? Vivre dans une illusion heureuse ou savoir la vérité même si elle vous blesse?

D. Les valeurs morales. Discutez les jugements suivants sur le comportement de Madame Lantin. Y en a-t-il un que vous partagez?

1. En prenant un amant Madame Lantin a commis une action malhonnête.

2. On ne peut pas la condamner pour avoir pris un amant, puisque l'auteur ne nous dit rien des circonstances.

3. Puisque Madame Lantin accepte des «cadeaux», la seule différence entre elle et les «filles» avec qui Monsieur Lantin passe la nuit quand il apprend qu'il est riche, c'est que Madame Lantin gagne plus d'argent, et qu'elle cache ce qu'elle fait.

4. La société où elle vivait n'offrait qu'une possibilité à une jeune fille bourgeoise: le mariage. Elle avait donc le droit d'observer les conventions en se mariant, et en même temps de vivre sa vie pleinement, de suivre ses goûts, et d'y chercher son bonheur.

5. Madame Lantin avait le droit de mener sa vie comme elle le voulait, mais elle n'avait pas le droit de cacher la vérité à son mari. Cacher la vérité, tromper les autres, mener une double vie—voilà ce qui est malhonnête et immoral.

6. Elle a eu raison de cacher son adultère à son mari. Cela lui a permis d'apporter le bonheur à son mari pendant sa vie, et une petite fortune après sa mort. Ce n'est pas elle qui l'a fait souffrir.

7. Il n'est pas question de jugement moral dans ce conte. Ce n'est qu'une reprise cynique et amusante d'un vieux thème satirique: un mari stupide trompé par une femme adroite.

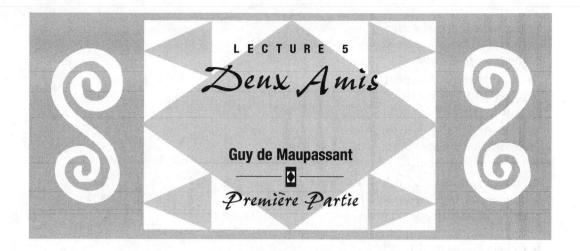

LECTURE 5

Deux Amis

Guy de Maupassant

◆

Première Partie

꩜ Préparation à la lecture

This story takes place during the Franco-Prussian war, but the story it tells is a very different one from *L'Aventure de Walter Schnaffs*. Here too, we meet people whose lives are disrupted by war. But this story opens a vista on a broader range of human experience. Look carefully at the first paragraph. It sets a gruesome scene: Paris is under siege, and hunger and death are omnipresent. We learn indirectly but clearly that all the sparrows and sewer rats are being decimated as Parisians are reduced to feeding on them. The thundering cannons on Mont Valérien, occupied by the Prussians, are daily reminders of the callousness, destruction, and violence of war. But life goes on for the Parisians, and for the two friends who are the heroes of the story. In peacetime they share the joys of getting out into the country on a Sunday and fishing along the quiet banks of the Seine downstream from Paris. The stillness, the feeling of a breath of spring air on your face, the silvery gleam of a fish at the end of your line, the blood-red glow of a sunset over the river—these are the simple pleasures of being alive, sharpened by the deprivation and danger of war. Is there anything worth giving them up for? That is the question that confronts the two friends as the story reaches its climax.

Le Lexique et la grammaire

Etudiez les mots dans les résumés suivants. Quels sont les mots apparentés et partiellement apparentés?

Les amis **s'entendent** très bien.	*get along*	
Ils aiment se lever avant l'**aurore,**	*aurora*	*dawn*
mettre leurs vieilles **culottes**	*pants*	
et prendre le **chemin de fer**	*railroad*	
pour aller **pêcher.**	*to fish*	
Côte à côte,	*side by side*	

ils **franchissent** la barrière	*cross*	
et gagnent **l'île** Marante et	*isle, island*	
les **berges** du **fleuve.**	*banks, river*	
Ils restent **collés** là pendant des	*glued*	
heures parmi les **buissons,**	*bushes*	
sans autre **toit** que le ciel.	*roof*	
Le vent **tiède** du **printemps** leur	*mild, tepid, spring*	
chatouille le visage	*tickles*	
et leur réchauffe le **dos.**	*back*	
Ils ne peuvent **quitter des yeux**	*take their eyes off*	
le coucher du soleil **ensanglanté**	1. *bloody*	2. *blood-red*
et l'eau qui **coule** à leurs pieds	*flows*	
et les beaux **nuages** dans	*clouds*	
le ciel clair. Quelle **douceur!**	*sweetness*	
Ils s'en sentent **rajeunis.**	*young again*	
Mais la guerre arrive.		
Que c'est **triste!**	*sad*	
Les Prussiens **pillent** le pays.	*pillage*	*lay waste*
On ne voit que des visages **mornes.**	*mournful*	*glum, dismal*
Adieu les **fritures!**	*fried fish*	
On est réduit à manger les **moineaux**	*sparrows*	
et les rats d'**égout.**	*sewer*	
C'est **l'hiver,**	*winter*	
mais le soleil a de la **chaleur.**	*calorie*	*heat, warmth*
M. Morissot se promène		
le long d'un boulevard.	*along*	
Il **s'émerveille** de ce beau temps	*marvels at*	
au mois de **janvier.**	*January*	
Il rencontre un **confrère.**	*confrere*	*colleague*
Ils ont **achevé** leur travail.	not: *to achieve*	
	but: *to finish*	
Ils entrent chez un marchand de **vins.**	*wine*	
Ils **se grisent.**	*get a little drunk*	
Ils se sentent un peu **étourdis.**	*giddy, silly*	
Une **fantaisie** leur vient à l'esprit:	*fantasy*	*wild idea*
prendre leurs **cannes** de bambou et	1. *canes*	2. *fishing poles*
partir à travers les terres **nues**	*nude*	*bare, naked*
et les **vignes** où poussent	*vines*	*vineyards*
des **cerisiers,**	cf. *cerise,*	*cherry trees*
courbés en deux et	*curved*	*bent*
rampant pour ne pas être vus,	cf. *ramp*	*crawling*
pour aller à la pêche.		

L'art de lire: les pronoms relatifs

1. The relative pronoun **que** is used as the direct object of a dependent clause.

    Il s'arrêta devant un confrère **qu'**il reconnut pour un ami.

    Que refers to M. Morissot's brother fisherman from the main clause, used as the direct object of the verb **reconnut** in the dependent clause, allowing the sentence to expand into two verbal phrases. Word order is sometimes inverted after **que:**

    la villa **qu'**occupait le colonel   *the villa **that** the colonel occupied*

    How does **que** function in this sentence from *Les bijoux*?

    Son mari, **que** choquait un peu cet amour du clinquant, répétait souvent...

    The relative pronoun, required in French, is often omitted in English.

    les clinquants **qu'**elle avait laissés   *the trinkets she had left*

    Review **L'art de lire** on **que** (5) on page 76 and the one on inversion on page 155.

2. **Qui** is used as the subject of the dependent clause.

    La jeune fille était à Paris avec sa mère **qui** fréquentait quelques familles.

    Qui refers to the girl's mother and is the subject of the verb **fréquentait**.
    As a relative pronoun, **qui** can refer to inanimate subjects:

    La plaine **qui** va jusqu'à Nanterre était vide.

3. **Où** relates clauses by means of spatial reference: *where, in which, to which:*

    La table **où** ils prenaient le thé.

    La boîte **où** elle enfermait ses bijoux.

    La chambre **où** ils s'enfermaient.

4. Forms of **lequel** replace objects of a preposition:

    la boîte **dans laquelle** elle met ses bijoux   *the box she puts her jewels in*

    Study also the relative pronouns **dont** on page 132 and **ce qui et ce que** on page 64.

L'art de lire: le plus-que-parfait et le passé antérieur

These compound tenses express action that took place before another action in the past. Both are translated by the *pluperfect* in English.

1. The **plus-que-parfait** is formed by the **imparfait** of the auxiliary and the past participle. It can be used to express things that happened before the story begins.

    Maigret **était venu** à Nemours.

    La jeune fille **était venue** à Paris avec sa mère.

2. The **passé antérieur** is used only in conjunction with the **passé simple** in clauses introduced by **quand** or other expressions of time. It is formed by the **passé simple** of the auxiliary with the past participle.

Dès qu'ils **eurent atteint** la berge, ils se blottirent dans les roseaux.

*As soon as they **had reached** the bank, they huddled in the reeds.*

L'art de lire: dès

This preposition is often used to express events in time: *immediately, as soon as.*

Morissot partait **dès** l'aube.

*Morissot used to leave **at** the break of dawn.*

Used with another verbal clause in the **passé simple,** it introduces the **passé antérieur.**

Dès qu'ils se furent reconnus, ils se serrèrent les mains.

As soon as *they had recognized each other, they shook hands.*

Exercices

A. Les mots en **caractères gras** dans les phrases suivantes sont des mots apparentés. Expliquez—en français, si possible—ce qu'ils veulent dire.

1. a. Regardez ce soleil couchant. Quel beau **spectacle**!
   b. M. Lantin n'aime pas accompagner sa femme au **spectacle.**
2. a. Qui va **conduire** l'orchestre?
   b. J'ai donné congé à mon chauffeur. Je vais **conduire** moi-même.
3. a. C'est une action que je **regrette.** Je vous implore de l'excuser.
   b. M. Lantin **regrette** les bons repas que sa femme lui préparait.
4. a. Le soldat **garde** le prisonnier pour qu'il ne s'échappe pas.
   b. Le patron est content de mon travail et a décidé de me **garder.**
5. a. La **séduction** d'une personne innocente est une action déshonorable.
   b. Elle n'est pas très jolie, mais elle a beaucoup de **séduction.**
6. a. Quel **type** de musique préfères-tu?
   b. Qui est ce **type** avec qui je t'ai vue hier soir?

B. Remplacez les mots en **caractères gras** dans les phrases suivantes par un mot qui signifie le contraire.

a. campagne
b. côte à côte
c. guerre
d. heureux
e. soleil couchant
f. toit
g. vêtus

1. Cet incident a eu lieu en temps de **paix**.
2. Après le bombardement on a fait réparer le **plancher**.
3. Les deux amis préfèrent vivre dans la **ville**.
4. Ils sont **tristes** de se rencontrer dans ces circonstances.
5. Ils s'avancent **séparément** vers leur destination.
6. Ils admirent l'**aurore** qui dore l'horizon.
7. Surpris, ils se jettent dans la rivière tout **nus**.

C. Lisez le passage suivant en remplaçant les mots en **caractères gras** par un synonyme. Faites les changements de genre nécessaires.

a. culotte
b. chatouille
c. étourdie
d. fleuve

e. franchir
f. griser
g. tiède

M. Sauvage trouve l'air **ni froid ni chaud** (1) du printemps très agréable. Il entre dans un café et boit un bon petit vin blanc qui **provoque le rire** (2) en descendant. Cela a l'effet de l'**enivrer un peu** (3). Bientôt il en a la tête **qui tourne** (4). Il décide d'aller à la peche. Il rentre pour prendre sa canne et mettre son vieux **pantalon** (5). Il doit **traverser** (6) plusieurs barrières pour gagner les bords de la **Seine** (7).

D. Lisez le passage suivant en remplissant les tirets par le mot convenable.

a. berge
b. buisson
c. champs
d. chemin de fer
e. ciel
f. coule

g. égout
h. s'entendre
i. friture
j. moineaux
k. nuage
l. rampant

Ce sont deux amis qui parlent peu mais qui semblent ___1___. Il fait beau. L'air est tiède, et le ___2___ est clair. Le soleil brille. Il ne se cache pas derrière un ___3___. Ils décident d'aller à la pêche. Puisque c'est trop loin pour y aller à pied, ils prennent le ___4___.

Pour atteindre la Seine ils doivent quitter la route et traverser les ___5___. Ils passent sous une barrière en ___6___, et arrivent enfin à la ___7___ de la Seine. Ils admirent la limpidité du fleuve qui ___8___ à leurs pieds. Ce n'est pas comme à Paris, où la Seine est aussi polluée et infecte qu'un ___9___.

Puisqu'il fait chaud, ils se mettent à l'ombre d'un ___10___. Il y a beaucoup d'oiseaux. Ce n'est pas comme à Paris où il n'y a que des pigeons et des ___11___. La pêche est bonne. Ce soir ils auront une belle ___12___.

Deux Amis

(Première Partie)

Paris était bloqué, affamé et râlant.[1] Les moineaux se faisaient bien rares sur les toits, et les égouts se dépeuplaient.△ On mangeait n'importe quoi.

Comme il se promenait tristement par un clair matin de janvier le long du boulevard extérieur, les mains dans les poches de sa culotte d'uniforme et le ventre vide, M. Morissot, horloger de son état et pantouflard par occasion,[2] s'arrêta net devant un confrère qu'il reconnut pour un ami. C'était M. Sauvage, une connaissance du bord de l'eau.

Chaque dimanche, avant la guerre, Morissot partait dès l'aurore, une canne en bambou d'une main, une boîte en fer-blanc[3] sur le dos. Il prenait le chemin de fer d'Argenteuil, descendait à Colombes, puis gagnait à pied l'île Marante. A peine arrivé en ce lieu de ses rêves, il se mettait à pêcher; il pêchait jusqu'à la nuit.

Chaque dimanche, il rencontrait là un petit homme replet[4] et jovial, M. Sauvage, mercier,[5] rue Notre-Dame-de-Lorette, autre pêcheur fanatique. Ils passaient souvent une demi-journée côte à côte, la ligne à la main et les pieds ballants[6] au-dessus du courant;△ et ils s'étaient pris d'amitié l'un pour l'autre.

En certains jours, ils ne parlaient pas. Quelquefois ils causaient; mais ils s'entendaient admirablement sans rien dire, ayant des goûts semblables et des sensations identiques.

Au printemps, le matin, vers dix heures, quand le soleil rajeuni faisait flotter sur le fleuve tranquille cette petite buée qui coule avec l'eau,[7] et versait dans le dos des deux enragés pêcheurs une bonne chaleur de saison nouvelle, Morissot parfois disait à son voisin: «Hein! quelle douceur!» et M. Sauvage répondait: «Je ne

1. Que mangeait-on pendant le siège de Paris?

2. Pourquoi M. Morissot s'arrête-t-il net pendant sa promenade?

3. Que faisaient les deux amis chaque dimanche?

4. Pourquoi s'entendaient-ils si bien?

---

[1]**bloqué, affamé et râlant** *blockaded, famished, and near death.* (**râler** *to emit the death rattle*)
[2]**horloger de son état et pantouflard par occasion** *a watchmaker by profession and a homebody on occasion*
[3]**fer-blanc** *tin*
[4]**replet** *pudgy*
[5]**mercier** *owner of a store selling thread, needles, and ribbons*
[6]**ballants** *dangling*
[7]**cette petite buée qui coule avec l'eau** *that little mist that flows along the water*

connais rien de meilleur.» Et cela leur suffisait pour se comprendre et s'estimer.

A l'automne, vers la fin du jour, quand le ciel, ensanglanté par le soleil couchant, jetait dans l'eau des figures de nuages écarlates, empourprait le fleuve entier, enflammait l'horizon, faisait rouges comme du feu les deux amis, et dorait les arbres roussis déjà,[8] frémissants d'un frisson d'hiver, M. Sauvage regardait en souriant Morissot et prononçait: «Quel spectacle!» Et Morissot émerveillé répondait, sans quitter des yeux son flotteur:[9] «Cela vaut mieux que le boulevard, hein?»

5. De quoi parlaient-ils en pêchant?

Dès qu'ils se furent reconnus, ils se serrèrent les mains énergiquement, tout émus de se retrouver en des circonstances si différentes. M. Sauvage, poussant un soupir, murmura: «En voilà des événements!» Morissot, très morne, gémit: «Et quel temps! C'est aujourd'hui le premier beau jour de l'année.»

6. Pourquoi aimaient-ils aller à la pêche?

Le ciel était, en effet, tout bleu et plein de lumière.

Ils se mirent à marcher côte à côte, rêveurs et tristes. Morissot reprit: «Et la pêche? hein! quel bon souvenir!»

7. Pourquoi sont-ils tristes?

M. Sauvage demanda: «Quand y retournerons-nous?»

Ils entrèrent dans un petit café et burent ensemble une absinthe,[10] puis ils se remirent à se promener sur les trottoirs.

Morissot s'arrêta soudain: «Une seconde verte, hein?» M. Sauvage y consentit: «A votre disposition.» Et ils pénétrèrent chez un autre marchand de vins.

8. Où entrent-ils et pour quoi faire?

Ils étaient fort étourdis en sortant, troublés comme des gens à jeun[11] dont le ventre est plein d'alcool. Il faisait doux. Une brise caressante leur chatouillait le visage.

9. Quel effet cela a-t-il sur eux?

M. Sauvage, que l'air tiède achevait de griser, s'arrêta: «Si on y allait?

—Où ça?

—A la pêche, donc.

—Mais où?

10. Quelle suggestion l'un d'eux fait-il?

—Mais à notre île. Les avant-postes[12] français sont auprès de Colombes. Je connais le colonel Dumoulin; on nous laissera passer facilement.»

---

[8] **et dorait les arbres roussis déjà** *and gave a golden color to the trees that were already turning red*
[9] **flotteur?** Que regarde-t-on pour savoir si les poissons mordent?
[10] **absinthe** liqueur alcoolique de couleur verte, populaire à l'époque
[11] **des gens à jeun** des gens qui n'ont pas mangé
[12] **avant-postes** les postes les plus avancés, servant à défendre la ville de Paris contre le siège des Prussiens

Morissot frémit de désir: «C'est dit. J'en suis.[13]» Et ils se séparèrent pour prendre leurs instruments.

Une heure après, ils marchaient côte à côte sur la grand'route. Puis ils gagnèrent la villa qu'occupait le colonel. Il sourit de leur demande et consentit à leur fantaisie. Ils se remirent en marche, munis d'un laissez-passer.[14]

11. Quelle est la réaction du colonel à leur demande?

Bientôt ils franchirent les avant-postes, traversèrent Colombes abandonné, et se trouvèrent au bord des petits champs de vigne qui descendent vers la Seine. Il était environ onze heures.

En face, le village d'Argenteuil semblait mort. Les hauteurs d'Orgemont et de Sannois dominaient tout le pays. La grande plaine qui va jusqu'à Nanterre était vide, toute vide, avec ses cerisiers nus et ses terres grises.

12. Quel aspect le pays a-t-il?

M. Sauvage, montrant du doigt les sommets, murmura: «Les Prussiens sont là-haut!» Et une inquiétude paralysait les deux amis devant ce pays désert.

13. Qui occupe les sommets?

«Les Prussiens!» Ils n'en avaient jamais aperçu, mais ils les sentaient là depuis des mois, autour de Paris, ruinant la France, pillant, massacrant, affamant, invisibles et tout-puissants. Et une sorte de terreur superstitieuse s'ajoutait à la haine qu'ils avaient pour ce peuple inconnu et victorieux.

14. Quelle impression ont-ils des Prussiens?

Morissot balbutia: «Hein! si nous allions en rencontrer?»

M. Sauvage répondit, avec cette gouaillerie[15] parisienne reparaissant^Δ malgré tout:

«Nous leur offririons une friture.»

15. Que feront-ils s'ils rencontrent l'ennemi?

Mais ils hésitaient à s'aventurer dans la campagne, intimidés par le silence de tout l'horizon.

A la fin, M. Sauvage se décida: «Allons, en route! mais avec précaution.» Et ils descendirent dans un champ de vigne, courbés en deux, rampant, profitant des buissons pour se couvrir, l'œil inquiet, l'oreille tendue.

16. Comment avancent-ils?

Une bande de terre nue restait à traverser pour gagner le bord du fleuve. Il se mirent à courir; et dès qu'ils eurent atteint la berge, ils se blottirent dans les roseaux secs.[16]

Morissot colla sa joue par terre pour écouter si on ne marchait pas dans les environs. Il n'entendit rien. Ils étaient bien seuls, tout seuls.

Ils se rassurèrent et se mirent à pêcher.

17. Pourquoi se sentent-ils rassurés?

---

[13]**j'en suis** j'y vais
[14]**munis d'un laissez-passer** *bearing a pass*
[15]**gouaillerie** *cheekiness, cockiness*
[16]**ils se blottirent dans les roseaux secs** *they huddled amidst the dry reeds*

Stories often present information as it is perceived. The verb **sembler** can give two kinds of information: about what is perceived and about who is perceiving. Here are three sentences from our three Maupassant stories:

> Le village d'Argenteuil **semblait** mort.

> La jeune fille **semblait** le type de l'honnête femme.

> Il écouta. Toute la maison **semblait** frémir.

The narrator's voice is in charge of the information but the verb includes the viewpoint of one or more of the characters. Compare to **L'art de lire** on **les connaissances** on pages 99 and 118 and to the discussion of **comme** on page 161.

———

⌬ Activités sur le récit

Résumé de l'action

A. Faites un résumé de l'action en complétant les phrases suivantes.

1. Paris était bloqué. Les moineaux se faisaient rares, les égouts se dépeuplaient. On y mangeait...
2. M. Morissot se promenait, les mains dans les poches, et le ventre...
3. En se promenant M. Morissot rencontra...
4. Avant la guerre, ils allaient pêcher tous les deux chaque...
5. C'était loin pour y aller à pied. Ils prenaient d'abord...
6. Les deux amis avaient des goûts...
7. Au printemps le soleil leur versait dans le dos une bonne...
8. En automne ils admiraient le ciel ensanglanté par...
9. Dès qu'ils se furent reconnus, ils se...
10. Ensemble, ils entrèrent dans...
11. En sortant d'un deuxième café ils étaient fort étourdis parce qu'ils avaient...
12. M. Sauvage proposa: «...
13. «Je connais le colonel, dit-il. On nous laissera...
14. Ils se séparèrent pour prendre...
15. Le colonel sourit de leur demande et consentit à leur
16. Le pays qu'ils traversèrent était vide, le village d'Argenteuil semblait...
17. M. Sauvage montra du doigt les sommets et murmura: «Là-haut il y a...
18. Pour les Prussiens qui occupaient leur pays ils avaient un sentiment...
19. «Si nous en rencontrons, dit M. Sauvage, nous leur...
20. Enfin M. Sauvage se décida: «Allons, en route! Mais avec...
21. Ils devaient traverser une bande de terre nue pour...
22. Ils le firent en courant. Arrivé au bord du fleuve, M. Morissot colla sa joue par terre pour...
23. Ils se rassurèrent et se mirent à...

Si vous n'avez pas trouvé la réponse vous pouvez la chercher dans la liste suivante.

a. bu deux absinthes à jeun
b. un café
c. chaleur de saison nouvelle
d. le chemin de fer
e. dimanche
f. écouter si on ne marchait pas dans les environs
g. fantaisie, idée
h. gagner le bord du fleuve, atteindre le fleuve
i. de haine, de terreur superstitieuse
j. leurs instruments, cannes
k. mort, abandonné

l. n'importe quoi
m. offrirons une friture
n. passer facilement
o. pêcher
p. précaution
q. les Prussiens
r. M. Sauvage, son confrère, une connaissance du bord de l'eau
s. semblables, identiques
t. serrèrent la main
u. si on y allait?
v. le soleil couchant
w. vide

B. Résumez l'action en spécifiant ce qui est désigné par chacune des phrases suivantes.

1. la ville que les Prussiens bloquaient
2. Les animaux qui se faisaient bien rares sur les toits—car on les mangeait
3. les animaux qui se faisaient bien rares dans les égouts—car on les mangeait
4. l'objet en bambou que prenait M. Morissot quand il allait à la pêche
5. le sentiment que MM. Sauvage et Morissot avaient l'un pour l'autre
6. le sentiment qu'ils avaient pour les Prussiens
7. la saison où le soleil rajeuni leur versait dans le dos une bonne chaleur
8. la saison où le soleil couchant empourprait le fleuve entier et dorait les arbres roussis déjà
9. la saison où se passe l'action du conte
10. la couleur du ciel par ce premier beau jour de l'année
11. l'endroit où les deux amis entrèrent pour boire une absinthe
12. le nombre d'absinthes qu'ils burent sans avoir rien mangé
13. la décision qu'ils prirent, grisés par l'absinthe
14. la couleur de l'absinthe
15. la personne qui leur donna un laissez-passer
16. le nombre de personnes qu'ils rencontrèrent en traversant la plaine et les champs
17. ceux que les deux amis n'avaient jamais aperçus mais dont ils sentaient la présence depuis des mois
18. ce que M. Sauvage proposa de leur offrir s'ils les rencontraient
19. ce dont les deux amis profitèrent pour se couvrir et se cacher en traversant le champ de vigne
20. ce que Morissot entendit quand il colla sa joue par terre pour écouter

Si vous ne trouvez pas la réponse vous pouvez la chercher dans la liste suivante.

a. l'amitié
b. l'automne
c. bleu
d. les buissons
e. un café
f. une canne
g. le colonel Dumoulin
h. deux
i. une friture
j. la haine, la terreur

k. l'hiver
l. les moineaux
m. Paris
n. partir à la pêche
o. personne, aucune
p. le printemps
q. les Prussiens
r. les rats
s. rien
t. vert

Sujets de discussion orale ou écrite

C. «L'Aventure de Walter Schnaffs» et «Deux Amis». Comment est-ce que Walter Schnaffs et les deux amis se ressemblent?

1. Quelles sont leurs attitudes envers la guerre?
2. Quels sont les plaisirs qu'ils regrettent?
3. Quelles sont leurs attitudes envers l'ennemi?
4. Quelle importance la nourriture prend-elle dans leur vie?

D. La vie des deux amis à Paris pendant la guerre de 1870.

1. De quoi manquait-on?
2. Qu'est-ce qu'on mangeait?
3. De quoi ne manquait-on pas? (Pensez aux deux amis dans le café.)
4. Quel souvenir des deux amis fait contraste avec la vie à Paris en état de siège?
5. Lesquels des termes suivants appartiennent au passé? Lesquels au présent?

la douceur	la paix
la tristesse	le bord de l'eau
le boulevard	la guerre
la friture	les rats d'égout

6. Quel contraste y a-t-il entre l'atmosphère de Paris, «bloqué, affamé et râlant» et le temps qu'il fait dans la ville le jour où les deux amis se rencontrent?
7. Comment est-ce que le temps semble encourager la fantaisie imprudente des deux amis?
8. Qui d'autre se montre imprudent?

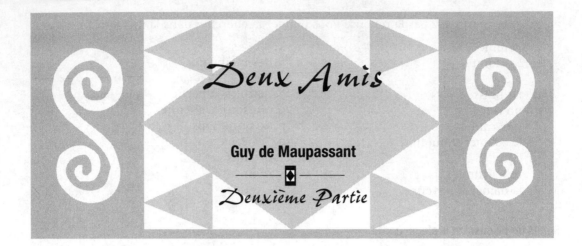

Deux Amis

Guy de Maupassant

◆

Deuxième Partie

❧ Préparation à la lecture

Le Lexique et la grammaire

Etudiez les mots dans les résumés suivants. Quels sont les mots apparentés et partiellement apparentés?

Les amis sont **privés** de leurs plaisirs. Mais maintenant ils	*deprived*	
avancent en **balançant**	cf. *balancing*	*swinging*
les bras. Ils vont **attraper**	cf. *to trap*	*to catch*
des poissons, des **goujons**.	*gudgeons*	*small fry*
Les **rives** de la Seine	*banks*	
semblent **délaissées**.	*abandoned*	
A cheval sur leurs chaises,	*straddling*	
casquettes de pêcheur sur la	*caps*	
tête, ils attrapent des **poissons**.	*fish*	
Chacun à son **tour,**	*turn*	
ils les **ramassent,**	*pick up*	
et ils les mettent dans un **filet**.	*net*	
Les poissons seront bons à **frire**.	*fry*	
De petites **vagues** se forment	*waves*	
dans l'eau **plate**.	*flat*	
Soudain l'eau **rejaillit**.	*splashes up*	
C'est un gros poisson au bout du **fil**.	*line*	
On entend un bruit **sourd**.	*dull, thudding*	
C'est le canon qui **gronde**.	*roars*	

Cela **secoue** la terre.	*shakes*	
Un soldat **barbu introduit** le **boulet** dans le canon.	cf. *barber, introduces* cf. *bullet*	*bearded, puts into* *cannonball*
Le canon **tonne.**	cf. *detonates*	*booms*
Le **sol** tremble.	*soil*	*ground*
Est-ce que le **sang** va couler?	cf. *sanguinary*	*blood*
Les monts sont **coiffés d'**un nuage **laiteux.**	*wear as a hat* *milky*	
C'est l'**haleine** du canon, le canon qui **écrase** tout.	*breath* *crushes*	
Ces deux esprits **bornés tombent d'accord** sur une chose: ce sont les **rois** qui causent la guerre. Se tuer comme ça, c'est **pis** que des bêtes.	*of limited scope* *agree* *kings* *worse*	
Les deux amis sont **en colère.**	*angry*	
Ils **débrouillent** ensemble toutes ces grandes questions.	*settle* (*untangle*)	
Qu'arriverait-il si on les prenait pour des **espions** venus **guetter** les mouvements des Prussiens en **faisant semblant** de pêcher?	*spies* *watch, spy on* *pretending*	
Déciderait-on de leur **faire grâce**?	*pardon*	
Est-ce que l'ennemi va **s'attendrir**?	*to grow tender*	*to show pity*
Ils ont des **parents.**	*family*	
Tu peux parler **tant que** tu veux, mais **tant qu'**il y aura des gouvernements il y aura des guerres.	*as much as* *as long as*	
Il y aura **bien des** victimes.	*many*	
Tant pis pour eux.	*too bad*	

L'art de lire: les mots partiellement apparentés

Many of the words in the résumés like the one that introduces this chapter have a broader or narrower meaning than their English counterpart. A cognate with **chaleur** is *calorie* but the meaning of the word is *heat*. The word **sol** is close to our word *soil* but the meaning is *ground*. The cognate may not come to mind the first time you encounter a word in context. Even if it does, you may not be able to use it to get directly at the meaning. But being aware of the relationship to the English word should help you remember the meaning the next time the word occurs. Study and review the lexical **résumés** that begin each chapter to familiarize yourself with vocabulary. Remember to read them first with the English hidden.

L'art de lire: l'article défini

Review the definite article on page 143. Account for the meanings of the following uses:

Ils demeuraient immobiles sans ouvrir **la** bouche.

Il prit Morissot sous **le** bras.

Les amis se serrèrent **la** main.

Sometimes the indirect object pronoun is used to specify the possessor:

Le bon soleil **leur** coulait sa chaleur entre **les** épaules.

Note that both the epithet **le bon** and possessive **sa** characterize and personify the sun as almost a sentient being.

L'art de lire: l'article indéfini, l'adjectif démonstratif

In stories events can acquire meaning by reference to a more general, often cultural, context that it is assumed the reader shares. Once they have started to catch some fish, the two friends are happy:

Et **une** joie délicieuse les pénétrait, **cette** joie qui vous saisit quand on

retrouve un plaisir aimé dont on est privé depuis longtemps.

The indefinite article **une** has expressive value. Reference becomes specific with the demonstrative. The object **vous** (*that joy that seizes you*) and subject **on** both work with **cette** to define and specify not just a joy but a reader, someone who is aware of that particular joy. Are you? Actual experience is all but irrelevant as long as we understand the text. The present tense helps integrate the story's own view of the reader's perspective and experience into the world it creates. Compare **L'art de lire** on demonstratives (1) on page 168 and the discussion on the pronoun **on** on page 128.

Exercices

A. Que veulent dire les phrases suivantes? Remarquez que les mots en **caractères gras** sont des mots partiellement apparentés. Cela peut vous aider à les comprendre.

1. La **nourriture** se faisait rare à Paris et la **faim** se manifestait même dans les **quartiers** riches.
2. Ayant toujours été en bonne **santé**, elle ne voulait pas **avouer** qu'elle ne se **sentait** pas bien et qu'en effet elle était **malade**.
3. Avec une **robe** très simple, un **manteau** léger, et au cou un **collier** de perles, elle lui semblait **ravissante.**
4. C'était un **morne** jour d'**hiver**. Le **vent** soufflait dans les **arbres nus**.

B. Remplacez les mots en **caractères gras** dans les phrases suivantes par un mot qui signifie le contraire.

borné   mieux   tomber d'accord
plate   peu de

1. Aujourd'hui c'est encore **pis** qu'hier.
2. Regarde l'eau, comme elle est **agitée**!
3. Il y a **bien des** plaisirs qu'ils aiment autant que la pêche.
4. Ces deux amis ont l'esprit assez **large**.
5. Dans leurs conversations ils ont tendance à **se disputer**.

C. Lisez le passage suivant en remplaçant les mots en **caractères gras** par un synonyme.

attraper   gronder   pardonner
berge   guetter   secoue
colère   laiteuse   leur tour
délaissées

Les deux amis font de la pêche sur la **rive** (1). Les deux rives du fleuve sont entièrement **abandonnées** (2). Ils s'installent et se mettent à **observer attentivement** (3). Ils espèrent **prendre** (4) beaucoup de poissons. Une buée **blanchâtre** (5) flotte sur l'eau. Ils entendent **tonner** (6) le canon.

Cela leur fait penser à la guerre. Ils expriment leur **mécontentement violent** (7) contre ceux qui l'ont déclarée. Jamais ils ne pourraient leur **faire grâce** (8). Puis une idée leur vient à l'esprit. Cette fois, c'est peut-être **à eux** (9) d'être victimes de la guerre. C'est une idée qui les **trouble profondément** (10).

D. Lisez le passage suivant en remplissant les tirets par le mot convenable.

casquette   fait semblant   rejaillit
coiffé   fil   roi
débrouiller   haleine   vagues
espion   poissons

M. Sauvage __1__ d'aller dans son bureau, mais en réalité il a l'intention secrète d'aller à la pêche. Il regarde autour de lui comme si un __2__ le suivait.

Quand il va à la pêche il est plus heureux qu'un __3__. A cause du soleil il est __4__ d'un chapeau à larges bords. Il prétend que cela le protège mieux que ne le ferait une __5__.

Il aime aller à la pêche même s'il n'attrape pas de __6__. Il pense aux problèmes de la vie et croit pouvoir les __7__ dans sa tête.

L'eau est calme et plate. Il n'y a pas de __8__. Il croit sentir un poisson qui mord. Il retient son __9__. Mais un bateau rapide passe si près que l'eau __10__ sur lui. Le poisson qu'il avait au bout du __11__ s'est échappé!

Deux Amis

(Deuxième Partie)

En face d'eux, l'île Marante, abandonnée, les cachait de l'autre berge. La petite maison du restaurant était close, semblait délaissée depuis des années.

1. Qu'y avait-il sur l'île?

M. Sauvage prit le premier goujon. Morissot attrapa le second, et d'instant en instant ils levaient leurs lignes avec une petite bête argentée frétillant[1] au bout du fil: Une vraie pêche miraculeuse.

2. Comment va la pêche?

Ils introduisaient délicatement les poissons dans une poche de filet à mailles très serrées,[2] qui trempait à leurs pieds. Et une joie délicieuse les pénétrait, cette joie qui vous saisit quand on retrouve un plaisir aimé dont on est privé depuis longtemps.

3. Où mettent-ils les poissons?

4. Pourquoi ont-ils tant de plaisir cette fois?

Le bon soleil leur coulait sa chaleur entre les épaules; ils n'écoutaient plus rien; ils ne pensaient plus à rien; ils ignoraient le reste du monde; ils pêchaient.

Mais soudain un bruit sourd qui semblait venir de sous terre fit trembler le sol. Le canon se remettait à tonner.

Morissot tourna la tête, et par-dessus la berge il aperçut, là-bas, sur la gauche, la grande silhouette du Mont Valérien, qui portait au front une aigrette blanche,[3] une buée de poudre qu'il venait de cracher.[4]

Et aussitôt un second jet de fumée partit du sommet de la forteresse; et quelques instants après une nouvelle détonation gronda.

5. Que voit-on au Mont Valérien, et qu'est-ce qu'on entend une seconde plus tard?

Puis d'autres suivirent, et de moment en moment, la montagne^Δ jetait son haleine de mort, soufflait ses vapeurs^Δ laiteuses qui s'élevaient lentement dans le ciel calme, faisaient un nuage au-dessus d'elle.

M. Sauvage haussa les épaules: «Voilà qu'ils recommencent», dit-il.

---

[1] **frétillant?** Pensez au contexte. Que fait un poisson qu'on vient d'attraper?
[2] **à mailles très serrées** *with a very fine mesh*
[3] **une aigrette blanche** *a white feather (of smoke)*
[4] **une buée de poudre qu'il venait de cracher** *a mist of gunpowder that it had just spat out*

Morissot, qui regardait anxieusement plonger△ coup sur coup la plume△ de son flotteur,△ fut pris soudain d'une colère d'homme paisible contre ces enragés qui se battaient ainsi, et il grommela: «Faut-il être stupide pour se tuer comme ça!»

M. Sauvage reprit: «C'est pis que des bêtes.»

Et Morissot, qui venait de saisir une ablette,[5] déclara: «Et dire que ce sera toujours ainsi tant qu'il y aura des gouvernements.»

M. Sauvage l'arrêta: «La République n'aurait pas déclaré la guerre... »

Morissot l'interrompit: «Avec les rois on a la guerre au dehors; avec la République on a la guerre au dedans.»

Et tranquillement ils se mirent à discuter, débrouillant les grands problèmes politiques avec une raison saine△ d'hommes doux et bornés, tombant d'accord sur ce point, qu'on ne serait jamais libres. Et le Mont Valérien tonnait sans repos, démolissant△ à coups de boulet des maisons françaises, broyant des vies,[6] écrasant des êtres, mettant fin à bien des rêves, à bien des joies attendues, à bien des bonheurs espérés, ouvrant en des cœurs de femmes, en des cœurs de filles, en des cœurs de mères, là-bas, en d'autres pays, des souffrances qui ne finiraient plus.

«C'est la vie», déclara M. Sauvage.

«Dites plutôt que c'est la mort», reprit en riant Morissot.

Mais ils tressaillirent effarés,[7] sentant bien qu'on venait de marcher derrière eux; et ayant tourné les yeux, ils aperçurent, debout contre leurs épaules, quatre hommes, quatre grands hommes armés et barbus, vêtus comme des domestiques en livrée et coiffés de casquettes plates, les tenant en joue au bout de leurs fusils.[8]

Les deux lignes s'échappèrent de leurs mains et se mirent à descendre la rivière.

En quelques secondes, ils furent saisis, attachés, emportés, jetés dans une barque△ et passés dans l'île.

Et derrière la maison qu'ils avaient crue abandonnée, ils aperçurent une vingtaine de soldats allemands.

6. Pourquoi Morissot est-il en colère?

7. D'après les deux amis, pourquoi y a-t-il des guerres?

8. Que fait le Mont Valérien pendant leur discussion? Quel effet cela a-t-il sur bien des vies?

9. De quoi se rendent-ils soudain compte?

10. Que font les soldats allemands des deux amis?

---

[5]**ablette** petit poisson
[6]**broyant des vies** *shattering lives*
[7]**ils tressaillirent effarés** *they shuddered, frightened*
[8]**les tenant en joue au bout de leur fusils** *aiming at them with their rifles*

Une sorte de géant△ velu,[9] qui fumait, à cheval sur une chaise, une grande pipe de porcelaine, leur demanda, en excellent français: «Eh bien, Messieurs, avez-vous fait bonne pêche?»

Alors un soldat déposa aux pieds de l'officier le filet plein de poissons, qu'il avait eu soin d'emporter. Le Prussien sourit: «Eh! eh! je vois que ça n'allait pas mal. Mais il s'agit d'autre chose. Ecoutez-moi et ne vous troublez pas.

«Pour moi, vous êtes deux espions envoyés pour me guetter. Je vous prends et je vous fusille. Vous faisiez semblant de pêcher, afin de mieux dissimuler vos projets. Vous êtes tombés entre mes mains, tant pis pour vous; c'est la guerre.

«Mais comme vous êtes sortis par les avant-postes, vous avez assurément△ un mot d'ordre[10] pour rentrer. Donnez-moi ce mot d'ordre et je vous fais grâce.»

Les deux amis, livides,△ côte à côte, les mains agitées d'un léger tremblement nerveux, se taisaient.

L'officier reprit: «Personne ne le saura jamais, vous rentrerez paisiblement. Le secret disparaîtra avec vous. Si vous refusez, c'est la mort, et tout de suite. Choisissez.»

Ils demeuraient immobiles sans ouvrir la bouche.

Le Prussien, toujours calme, reprit en étendant la main vers la rivière: «Songez que dans cinq minutes vous serez au fond de cette eau. Dans cinq minutes! Vous devez avoir des parents?»

Le Mont Valérien tonnait toujours.

Les deux pêcheurs restaient debout et silencieux. L'Allemand donna des ordres dans sa langue.△ Puis il changea sa chaise de place[11] pour ne pas se trouver trop près des prisonniers; et douze hommes vinrent se placer à vingt pas, le fusil au pied.[12]

L'officier reprit: «Je vous donne une minute, pas deux secondes de plus.»

Puis il se leva brusquement, s'approcha des deux Français, prit Morissot sous le bras, l'entraîna plus loin, lui dit à voix basse: «Vite, ce mot d'ordre? Votre camarade ne saura rien, j'aurai l'air de m'attendrir.»

11. Qu'est-ce que les soldats n'oublient pas d'emporter?

12. Selon l'officier, que faisaient les deux amis?

13. Quel choix les deux amis ont-ils?
14. Comment l'officier rend-il sa menace plus réaliste?
15. Pourquoi change-t-il sa chaise de place?

16. Pourquoi parle-t-il à chacun d'eux séparément?

---

[9]**velu** *hairy*
[10]**mot d'ordre**? Que faut-il dire à la sentinelle?
[11]**changea sa chaise de place**? Imaginez l'action. Comment est-ce qu'on change sa chaise de place?
[12]**le fusil au pied.** Imaginez la posture du soldat. Comment se tient-on quand on a le fusil au pied?

Morissot ne répondit rien.

Le Prussien entraîna alors M. Sauvage et lui posa la même question.

M. Sauvage ne répondit pas.

Ils se retrouvèrent côte à côte.

Et l'officier se mit à commander. Les soldats élevèrent leurs armes.

17. Que font les soldats à son ordre?

Alors le regard de Morissot tomba par hasard sur le filet plein de goujons, resté dans l'herbe, à quelques pas de lui.

Un rayon de soleil faisait briller le tas de poissons qui s'agitaient encore. Et une défaillance l'envahit.[13] Malgré ses efforts, ses yeux s'emplirent de larmes.

18. Quelle vue provoque soudain les larmes de M. Morissot?

Il balbutia: «Adieu, monsieur Sauvage.»

M. Sauvage répondit: «Adieu, monsieur Morissot.»

Ils se serrèrent la main, secoués des pieds à la tête par d'invincibles tremblements.

19. Décrivez le dernier moment des deux amis.

L'officier cria: «Feu!»

Les douze coups n'en firent qu'un.

M. Sauvage tomba d'un bloc[14] sur le nez. Morissot, plus grand, oscilla,△ pivota△ et s'abattit[15] en travers sur son camarade, le visage au ciel, tandis que des bouillons de sang s'échappaient de sa tunique crevée à la poitrine.[16]

L'Allemand donna de nouveaux ordres.

Ses hommes se dispersèrent, puis revinrent avec des cordes△ et des pierres qu'ils attachèrent aux pieds des deux morts; puis ils les portèrent sur la berge.

Le Mont Valérien ne cessait pas de gronder, coiffé maintenant d'une montagne de fumée.

Deux soldats prirent Morissot par la tête et par les jambes; deux autres saisirent M. Sauvage de la même façon. Les corps, un instant balancés avec force, furent lancés au loin, décrivirent△ une courbe,△ puis plongèrent, debout, dans le fleuve, les pierres entraînant les pieds d'abord.

20. Qu'est-ce qu'on fait de leurs corps?

L'eau rejaillit, bouillonna,[17] frissonna, puis se calma, tandis que de toutes petites vagues s'en venaient jusqu'aux rives.

21. Pourquoi les corps ne flottent-ils pas?

---

[13]**une défaillance l'envahit** *he suddenly felt faint*
[14]**tomba d'un bloc** *fell flat*
[15]**s'abattit** tomba
[16]**des bouillons de sang s'échappaient de sa tunique crevée à la poitrine** *blood came gushing out of his tunic, split open at the chest*
[17]**bouillonna** *bubbled up*

Un peu de sang flottait.

L'officier, toujours serein,△ dit à mi-voix: «C'est le tour des pois-sons maintenant.»

Puis il revint vers la maison.

Et soudain il aperçut le filet aux goujons dans l'herbe. Il le ramassa, l'examina, sourit, cria: «Wilhem!»

Un soldat accourut, en tablier[18] blanc. Et le Prussien, lui jetant la pêche des deux fusillés, commanda: «Fais-moi frire tout de suite ces petits animaux-là pendant qu'ils sont encore vivants. Ce sera délicieux.»

Puis il se remit à fumer sa pipe.

22. Quelle remarque l'officier fait-il et que veut-il dire?
23. Que fait-on des pois-sons?

---

[18]**tablier** *apron*

L'art de lire: le futur

Stories by convention tell what happened in the past. The future tells what is going to happen. Predictions can serve as a menace from a person with the power to control events. The Prussian officer tells future events to try to persuade his captives.

Vous **rentrerez** chez vous.   *will return*

Personne ne le **saura** jamais.   *will know*

Le secret **disparaîtra** avec vous.   *will disappear*

J'aurai l'air de m'attendrir.   *I will appear*

Vous **serez** au fond de cette eau.   *will be*

Future endings, similar to present forms of **avoir,** are added to the infinitive or an irregular stem that will end in **-r.** Distinguish future from conditional forms.

∾ Activités sur le récit

Résumé de l'action

A. Résumez l'action en corrigeant les phrases fausses.

1. Il y avait du soleil mais la pêche n'était pas bonne.
2. Ils n'entendaient aucun bruit.
3. Ils sont d'accord que c'est stupide de faire la guerre.
4. Ils sont d'accord qu'ils ne seront libres que quand il y aura une République.
5. Soudain ils tournent les yeux et aperçoivent quatre soldats allemands.
6. Ils sont rassurés parce que les soldats ne sont pas armés.

7. Ils suivent les soldats en emportant leurs lignes et leur filet.
8. L'officier emploie un interprète pour les interroger.
9. L'officier leur dit de donner le mot d'ordre pour rentrer.
10. Ils lui disent qu'ils ne savent pas le mot d'ordre.
11. Il leur dit qu'ils seront fusillés le lendemain s'ils ne répondent pas.
12. Il demande à chacun séparément de lui donner le mot d'ordre.
13. Un des deux amis est sur le point de donner le mot d'ordre, mais soudain il a honte, et se tait.
14. Les deux amis se disent adieu.
15. M. Sauvage dénonce la barbarie de l'officier allemand.
16. On n'entend plus gronder le canon sur le Mont Valérien.
17. Les soldats jettent les corps des deux amis dans la Seine.
18. On voit les corps des deux fusillés flotter avec le courant.
19. Au moment de la mort des deux amis les poissons dans le filet sont morts, eux aussi.
20. L'officier allemand fait jeter les poissons dans la Seine.

B. Complétez la narration suivante en remplissant chaque espace vide par une phrase qui rend le dialogue ou la succession des événements cohérent.

1. Les deux amis pêchent côte à côte.
2.
3. «Voilà qu'ils recommencent,» dit M. Sauvage.
4.
5. Les deux lignes s'échappent de leurs mains.
6.
7. Un officier allemand se met à les interroger.
8.
9. «Ah, mais qu'est-ce que je vois là? dit-il. Il paraît que vous avez fait bonne pêche. Mais il ne s'agit pas de ça. Ecoutez-moi:»
10.
11. «Mais si vous me donnez le mot d'ordre, dit-il, je vous fais grâce.»
12.
13. «Songez que dans cinq minutes vous serez au fond de cette eau.»
14.
15. Le Prussien entraîne alors M. Sauvage et lui pose la même question.
16. M. Sauvage ne répond pas.
17. Les soldats élèvent leurs armes.
18. Les yeux de Morissot s'emplissent de larmes.
19.
20. M. Sauvage répond: «Adieu, monsieur Morissot.»
21.
22. Les douze coups n'en font qu'un.
23.
24. L'eau rejaillit, bouillonne, frissonne, puis se calme.
25.
26. «Ce sera délicieux,» dit le Prussien. Puis il se remet à fumer sa pipe.

Sujets de discussion orale ou écrite

C. L'action du conte et sa signification.

1. A quel moment de l'histoire de France se passe l'action?
2. Quels souvenirs idylliques évoquent la paix?
3. Comment la continuation de la guerre se manifeste-t-elle même aux bords paisibles de la Seine?
4. Qu'est-ce qui nous rappelle les souffrances infligées par la guerre en France, et aussi «en d'autres pays»?
5. Qui souffre pendant la guerre?
6. Quelle opinion les deux amis ont-ils de ceux qui font la guerre?
7. D'après les deux amis, qui est responsable de la guerre?
8. Est-ce que les deux amis expriment des sentiments patriotiques ou de la résignation pendant leur discussion de la guerre?
9. «C'est la vie,» dit M. Sauvage. «Dites plutôt que c'est la mort,» reprend M. Morissot. Et soudain la mort se présente. Sous quelle forme?
10. Pourquoi le Prussien veut-il savoir le mot d'ordre?
11. Comment répondent-ils quand le Prussien le leur demande?
12. Etant donné leur attitude envers la guerre, comment expliquez-vous leur réponse? Qu'en pensez-vous? Est-elle vraisemblable?
13. Comment expliquez-vous l'action de l'officier prussien? Qu'est-ce qui l'a motivée? Qu'en pensez-vous? Est-elle vraisemblable? Pouvez-vous citer des actions semblables en temps de guerre? Croyez-vous que l'un de ses soldats va le dénoncer?
14. Comment se manifeste l'impassibilité et le sang-froid de l'officier prussien pendant toute cette scène?
15. Sur quoi tombe le regard de Morissot au moment où les soldats élèvent leurs armes, et quel effet cela a-t-il sur lui?
16. Pourquoi est-ce que ce qu'il voit lui fait cet effet?
17. On jette les deux corps dans la Seine, et l'officier dit: «C'est le tour des poissons maintenant.» Qu'est-ce qu'il veut dire? Quelle attitude envers la vie cela semble-t-il montrer?
18. Que deviennent les poissons à la fin du conte?
19. Comment est-ce que ce détail à la fin du conte reprend le sujet du premier paragraphe?
20. Commentez l'emploi de **faire** dans cette phrase: «Fais-moi frire ces petits animaux-là.»
21. De quoi s'agit-il au fond dans ce conte? D'une atrocité prussienne? De l'héroïsme de deux Français? De l'absurdité de la guerre?
22. La vision de Maupassant est-elle complètement pessimiste dans ce conte? Evoque-t-il un monde où les plus forts mangent les plus faibles, et où le bonheur et le courage ne sont que des illusions?

« En cas de danger tirez la poignée... »

Gilbert Cesbron

◆

〰 Préparation à la lecture

L'auteur

Gilbert Cesbron (1913–1980) was an essayist, novelist, dramatist, and short story writer who reached a wide public in France. His Catholic faith and his compassion for people who are condemned to lead pinched, narrow, and eroded lives are at the center of his work. His characters are often victims—of harsh economic reality, the abrasive mechanization of modern life, or the force of circumstances—but also suffer from their own apathy, self-absorption, or self-destructiveness.

Although Cesbron's stories are clearly oriented toward the moral point they seek to make, his craftsmanship, invention, imagination, humor, and pacing make his stories something more than schematic parables. Most of them are interesting, lively, engaging, and admirably short.

Le titre

Leur Pesant d'écume, the collection from which the stories presented here are taken, appeared in the year of Cesbron's death. **Cela vaut son pesant d'or**—*It's worth its weight in gold*—is a commonly used phrase. The title, with its suggestion that these stories are worth their weight in sea foam, is a casual way of pointing to their unusual brevity. But the title may say something too about the kind of stories he wanted to include in this collection: stories that are light, frothy, transparent, and sparkling, but with a faintly bitter aftertaste. Consider meanings and contexts of the story title as well.

Les thèmes

Like many contemporary authors, Gilbert Cesbron was troubled by the impact that mechanization and technology have on our daily lives. Thought, sentiment, and spontaneity are eroded and cramped by assembly lines, automatic vending machines, form letters, and the like. But it was the railroad with its endless, single-minded tracks that first brought the convenience, speed, and rigid confinement of mechanization into our lives, and that is what Cesbron takes aim at in this fantasy. There ought to be some way we can get off the tracks, make a U-turn and go home to kiss a child good night, or wander about the countryside at will.

Le Lexique et la grammaire

Le **mécanicien** fait marcher le train. Il a quinze ans **de ligne**.	1. *mechanic* on the line (*of service*)	2. *engineer*
Il connaît son **métier**.	*job*	
Il travaille avec le **chauffeur** qui s'occupe de la locomotive. La locomotive tire un **convoi** de plusieurs **wagons**.	not: *driver* cf. *chauffer: to heat* 1. *convoy* 1. *wagons*	but: *stoker* 2. *train* 2. *passenger cars*
Le train roule à grande **allure**.	not: *allure*	but: *speed*
Faisant toujours le même **trajet** entre Paris et Brest, ils n'ont pas besoin de **carte**.	cf. *trajectory* 1. *card*	*journey* 2. *map*
Il est **interdit** de varier le trajet.	*interdicted*	*forbidden*
Ils ne doivent pas **obliquer** dans une autre direction.	cf. *oblique*	*turn off*
Si on **contrevenait à** ce règlement il y aurait une **peine** sévère.	*contravened* 1. *pain, sorrow*	*broke* 2. *penalty*
Les voyageurs **se réveilleraient** dans une ville différente.	cf. *reveille*	*would wake up*
Il ne faut pas **dérailler**.	*derail*	
Il faut arriver sans **encombre** à la destination.	*encumberment*	*obstacle*
Mais je vais vous **faire une confidence:** il faudrait être un **crétin** pour ne pas **se lasser** de faire toujours le même trajet.	cf. *confide in* *cretin* cf. *lassitude*	*tell a secret* *fool, idiot* *get tired*
Un voyageur est **ensommeillé**.	*sleepy*	
Il est encore en **chemise de nuit**.	*nightshirt*	
Il ne mange pas **grand-chose**.	*much*	
Il se contente d'**avaler** une tasse de café. Il consulte l'**horaire**.	*swallow, gulp down* *timetable*	
Il **file** vers la gare.	*rushes*	
Sur quelle **voie** part le train?	*track*	

Il **a manqué** être en retard.	*almost*	
Le train est déjà **en marche**.	*under way, moving*	
Les grandes **roues** de **fer** tournent déjà.	*wheels* *iron*	
La place qu'il avait **louée** est occupée par une autre personne.	*rented, reserved*	
Il a **des démêlés** avec cet individu.	*a dispute, problems*	
Mais le train **fait marche arrière**!	*goes into reverse*	
Il revient dans le **sens** de la gare.	*direction*	
Je vous le dis **carrément**: c'est **singulier**.	*straight out* *singular*	*strange*
Le train s'arrête au **passage à niveau** du kilomètre 79. A gauche, c'est **la route** de Paris.	*level crossing* *route*	*road*
Le surlendemain, le voyageur **crut avoir rêvé.**	*two days later* *thought he had dreamt it*	

L'art de lire: les idiotismes

Un idiotisme—an idiom—is an expression particular to a given language. The difficulty idioms present varies greatly. Try to grasp the meaning of these idioms before looking at the English. The meaning of some will probably be immediately apparent, others may require more thought. Use common sense.

Je vous fais confiance, mais je voudrais un reçu, **pour la forme**.	*I trust you, but I'd like a receipt, **as a matter of form**.*
Ça ne te ferait rien d'arrêter le train un moment?	***Would you mind** stopping the train for a second?*
Le train s'arrête en **pleine** campagne.	*The train stops **right in the middle of** the countryside.*
Je connais tous les passages à niveau. J'ai quinze ans **de ligne**.	*I know all the level crossings. I have fifteen years **of service on this line**.*

Similes that have become consecrated by usage—*good as gold, strong as an ox,* etc.—do not usually present a serious obstacle to understanding since you can get the general sense without knowing the specific reference. Watch out for irony, though. Still, you miss the color the simile adds if you do not understand the comparison.

> Il laisse sa porte ouverte. On entre chez lui **comme dans un moulin.**

The context makes the meaning clear:

> *He leaves his door open. You can enter his house **easily**.*

> Or: *Anyone can walk in.*

But the literal meaning adds its own flavor:

> *You can enter his house **as if in a mill**.*

The expression presumably derives from the fact that the mill was, in traditional France, a public place. People brought wheat to be milled into flour for bread.

L'art de lire: le plus-que-parfait du subjonctif

Review **L'art de lire** on the subjunctive (3) on page 156. In **si** clauses the pluperfect subjunctive may be substituted for the pluperfect indicative.

Il ne savait pas que les autres **fussent partis** sans lui.	*He didn't know that the others **had left** without him.*
Si les autres **fussent partis** sans lui il aurait été furieux.	*If the others **had left** without him he would have been furious.*

The pluperfect subjunctive may also be used, however, in place of the past conditional.

Il aurait pu revenir, mais c'**eût été** dangereux.	*He could have come back, but it **would have been** dangerous.*
On l'**eût laissé** partir s'il ne **se fût obstiné** à parler des escapades.	*They **would have let** him go if he had not insisted on talking about the escapades*

L'art de lire: soi

The disjunctive pronoun **soi** corresponds to the subject pronoun **on**.

On a souvent besoin d'un plus petit que **soi**.	*One often needs someone smaller than **oneself**.*

The English equivalent of **soi**, like the English equivalent of **on**, varies according to the context.

Chacun pour **soi**.	*Every man for **himself**.*
La lecture est agréable en **soi**.	*Reading is fun in **itself**.*
Comment voir derrière **soi**?	*How can you see behind **you**?*

Exercices

A. Lisez le passage suivant en remplaçant les mots en **caractères gras** par un synonyme.

allure	fatiguer	peine
chemin de fer	interdit	le surlendemain
contrevenir à	grand-chose	trajets
difficulté	louer	

C'est un plaisir de voyager par **le train** (1). Les trains modernes roulent à grande **vitesse** (2) et arrivent à leur destination sans **encombre** (3).

Remarquez qu'il vaut toujours mieux **retenir** (4) une place—ça ne coûte pas **beaucoup** (5)—et qu'il **n'**est **pas permis** (6) de tirer le signal d'alarme sans raison. **Violer** (7) ce règlement peut amener une **punition** (8) sévère.

Le train est certainement préférable pour les **voyages** (9) courts. Mais si vous partez par le train pour n'arriver que **deux jours plus tard** (10), la longueur du voyage va sans doute vous **lasser** (11).

B. Lisez le passage suivant en remplissant les tirets par le mot convenable.

avalez	en marche	niveau
carte	ensommeillé	obliquer
chemise de nuit	horaire	roues
démêlés	marche arrière	voie

Si vous voulez savoir la distance de Paris à Brest regardez la __1__. Pour savoir quand part le train regardez l'__2__. Si vous êtes encore __3__ prenez une tasse de café. Mais si vous êtes en retard __4__ votre café et partez à toute vitesse. Cependant, même si vous êtes très pressé, habillez-vous d'abord. Ne partez pas en __5__!

A l'aéroport il y a un __6__ pour les arrivées et un autre pour les départs. Mais à la gare vous n'avez qu'à demander sur quelle __7__ part votre train. Normalement on ne peut pas monter si le train est déjà __8__. Mais si les __9__ ont à peine commencé à tourner, vous pouvez toujours essayer.

Le train roule sur les rails. Il ne peut pas __10__ pour vous déposer à domicile. Il ne peut pas non plus faire __11__ si vous avez oublié quelque chose. Si vous tirez le signal d'alarme pour cette raison-là vous aurez des __12__ avec la police.

« En cas de danger tirez la poignée¹... »

C'est peu après le kilomètre 76 que le mécanicien du rapide Paris-Brest se souvint tout à coup qu'il n'avait pas embrassé son petit garçon avant de partir.

Evidemment il aurait pu faire marche arrière² pour retourner à Paris (car il n'était pas question de n'y point retourner!) mais ç'eût été dangereux. Comment voir un convoi roulant derrière soi sur la même voie? Et puis tous ces gens qui avaient loué leurs places dans le sens de la marche,³ de crainte de vomir... ᐃ —Non! mieux valait carrément attendre le passage à niveau du kilomètre 79, demander au chauffeur de descendre, ouvrir doucement la barrièreᐃ —«Tu remonteras en marche,⁴ vieux!» et obliquer à gauche sur la route de Paris...

Dérailler... Là! tout de suite les grands mots! Mais, après tout, cela signifie seulement «quitter les rails» et, faite avec précautions par un homme qui connaît son métier, l'opération ne présente aucun risque, surtout à petite allure. Vous trouvez naturel qu'une roulotte⁵ à quatre roues de fer tienne la route: pourquoi un wagon à huit roues, une locomotive à douze roues n'y rouleraient-ils pas encore mieux? La preuve c'est que le Paris-Brest y roulait tranquillement à présent, Brest-Paris, et tout son monde dormant paisiblement.

Paris, à 4 heures du matin, on y entre comme dans un moulin. Le mécanicien, qui n'habitait pas loin de la barrière, stoppa devant chez lui, dit au compagnon:ᐃ «Attends-moi un moment!» et monta embrasser son petit qui dormait.

Ils reprirent le rail sans encombres à Versailles-Chantiers. La route de Paris à Versailles, la nuit, est un enchantement, et le château endormi sous la lune... Ils étaient ravis et se promirent bien de recommencer.

1. Pourquoi le mécanicien décide-t-il de retourner à Paris?
2. Pourquoi n'a-t-il pas fait marche arrière?
3. Quels voyageurs objecteraient si le train faisait marche arrière?

4. Comment décide-t-il de retourner à Paris?

5. Qu'est-ce que le «grand mot» *dérailler* suggère?
6. Que faut-il faire et qui faut-il être pour dérailler sans risque?

7. Arrivé à Paris, que fait le mécanicien?
8. Quelle impression la route Paris-Versailles fait-elle?

---

¹**poignée** la poignée du signal d'alarme (**poignée** *handle*)
²**faire marche arrière** *to back up, to go in reverse*
³**dans le sens de la marche** *facing the front of the train*
⁴**tu remonteras en marche** *you can get back on as the train is moving*
⁵**roulotte** *gypsy wagon*

Le lendemain, le trajet normal leur parut mortellement ennuyeux; et le surlendemain:

—Dis donc, bonhomme, dit le chauffeur à l'autre, j'ai oublié mon grand mouchoir à la maison. Ça ne te ferait rien de...

—C'est bien vrai? demanda le mécanicien pour la forme.

Mais déjà il calculait dans sa tête où recouper△ la route de Paris et comment rejoindre△ ensuite par un autre chemin. Car ne croyez pas qu'il suffît d'une carte de France routière et ferroviaire.[6] Encore fallait-il connaître tous les horaires des trains: un accident est si vite arrivé! Mais quand on a quinze ans de ligne on peut se permttre bien des choses.

9. Quel prétexte ont-ils pour retourner à Paris le surlendemain?

10. Que faut-il savoir si on veut quitter les rails et les rejoindre ensuite?

Pourtant, cette fois, ils jouèrent de malchance:[7] un voyageur profita de l'arrêt à Paris pour descendre, tout endormi, vit un café encore ouvert, y but une limonade et demanda au patron non moins ensommeillé que lui:

—A quelle heure repart le train?

—Quel train? fit l'autre.

—*Le* train! Paris-Brest, quoi!

—Je ne sais pas, moi! Renseignez-vous à la gare Montparnasse!

Chacun d'eux trouva l'autre singulier△ et ils n'ajoutèrent pas un mot. Mais, en sortant, le voyageur ne vit plus de train du tout et, parce qu'il rentrait chez lui en pyjama, il eut des démêlés avec la police. Elle l'eût volontiers laissé repartir s'il ne se fût obstiné à parler du train dont il descendait à l'instant. Avenue Daumesnil! Vous vous rendez compte?

11. Que fait un voyageur tout endormi?

12. Qu'est-ce qui semble bizarre à la police?

Une autre fois, un voyageur se réveillant en plein Bois de Boulogne (le lac△ et l'île, à gauche; à droite les tennis: on ne pouvait pas s'y tromper!) manqua tirer le signal d'alarme. Mais il lut «qu'il était interdit de s'en servir sans motif plausible» et que «le contrevenant» s'exposait à des peines pouvant aller à je ne sais combien de francs d'amende[8] et d'années de prison! Le Bois de Boulogne... Etait-ce là un motif plausible? Il en douta et ne contrevint pas. En se réveillant à Brest, le lendemain matin, il crut avoir rêvé.

13. Qu'est-ce qu'un autre voyageur est sur le point de faire, et pourquoi?
14. Pourquoi ne le fait-il pas?

15. Comment s'explique-t-il cela le lendemain?

---

[6]**une carte de France routière et ferroviaire** une carte qui montre les routes et les chemins de fer de la France

[7]**ils jouèrent de malchance** *they ran out of luck*

[8]**amende**? Que faut-il payer si on tire le signal d'alarme sans motif plausible? Le contexte rend la réponse évidente.

De ces incidents, l'équipe de tête[9] ne sut rien et elle continua ses vagabondages. On mit dans la confidence le contrôleur et le postier.[10] Cela permit de déposer *chez lui*, 23, bd Jean-Jaurès à Dreligny, un voyageur qui aurait dû faire à pied dans la nuit les kilomètres qui séparaient sa maison de la gare; et aussi de porter le courrier à domicile[11]—de rendre service, en somme.

Ils visitèrent ainsi des coins ravissants que le chemin de fer ne dessert[12] pas. Ils allèrent chanter aubade[13] sous les fenêtres du président de la Compagnie qui habite un château près de Veiloire. Il parut à son balcon, en chemise de nuit, dit avec simplicité: «Merci, mes amis!» et rentra se coucher. Le lendemain il n'osa parler de sa vision à personne: dans les chemins de fer, il ne faut pas grand-chose pour perdre sa place!...

Mais les escapades du Paris-Brest devaient se terminer tragiquement. Une nuit, en reprenant le rail après un petit souper^ en forêt d'Orléans, il heurta un autocar dont le crétin de chauffeur, lassé de la route et désireux d'aller plus vite, roulait sur le chemin de fer. Il y eut douze morts et dix-huit bl...

—Eugène, dit la femme du mécanicien, au lieu de dormir la pipe au bec,[14] avale donc ton café qui est froid à présent et file à la gare: tu vas être en retard!

—21 h 11, nom de Dieu! Je n'ai que le temps!

Il prit sa casquette et sauta dans l'escalier. Mais, à la hauteur du premier étage, il s'aperçut qu'il avait oublié d'embrasser son petit garçon et il remonta le faire tout de suite par précaution.

16. Quel service rend-on à un autre voyageur et qu'a-t-il ainsi évité?

17. Qui vont-ils voir, comment réagit-il, et pourquoi n'en parle-t-il pas le lendemain?

18. Qu'est-ce qui cause un accident?

19. Que faisait le mécanicien en réalité pendant tout ce temps?

20. Pourquoi part-il en vitesse et pourquoi remonte-t-il une minute après?

---

[9]**l'équipe de tête** *the train crew*
[10]**on mit dans la confidence le contrôleur et le postier** *they let the train conductor and the postal worker in on the secret*
[11]**porter le courrier à domicile** *to deliver mail at the doorstep*
[12]**desservir** *to serve, to reach*
[13]**aubade** *dawn serenade*
[14]**au bec** à la bouche

L'art de lire: le jeu de mots

1. Reread the paragraph that begins **Ils visitèrent ainsi.** Note comic elements including a pun at the end in **perdre sa place.**
2. Look up **dérailler** in a good dictionary of the French language: Larousse, Littré, or Robert, for example. Can you locate another meaning of the word perhaps not explicitly articulated in the story but that might enrich your understanding?

∾ Activités sur le récit

Résumé de l'action

A. Résumez l'action en choisissant la terminaison qui convient à chacune des phrases suivantes.

1. Peu après le kilomètre 76, le mécanicien se souvient qu'il
   a. a laissé sa casquette chez lui
   b. a oublié d'embrasser son petit garçon
   c. doit consulter l'horaire
2. Voilà la raison pour laquelle il décide de
   a. tirer le signal d'alarme
   b. faire marche arrière
   c. retourner à Paris
3. Il pense aux gens dans le train qui ont loué leur place dans le sens de la marche
   a. parce que c'est moins dangereux
   b. pour mieux admirer la vue
   c. de crainte de vomir
4. En plus de ça, il ne veut pas faire marche arrière parce qu'il ne pourrait pas voir
   a. le pays
   b. les passages à niveau
   c. un convoi roulant derrière lui
5. Il décide donc d'attendre le passage à niveau du kilomètre 79 et d(e)
   a. prendre l'autocar
   b. ouvrir doucement la barrière
   c. ne pas quitter les rails
6. Dérailler ne présente aucun risque, surtout si on le fait
   a. tout à coup
   b. à petite allure
   c. sans motif plausible
7. Paris, à quatre heures du matin, on y entre
   a. comme dans un moulin
   b. par la gare Montparnasse
   c. à grande allure
8. Sur la route de Paris à Versailles ils peuvent
   a. admirer le château endormi sous la lune
   b. se renseigner à la gare Montparnasse
   c. prendre une limonade
9. Le surlendemain, c'est le chauffeur qui trouve un prétexte pour rentrer à Paris. C'est qu'il a oublié
   a. d'avaler son café
   b. d'emporter son grand mouchoir
   c. d'embrasser sa femme
10. Pour recouper la route de Paris et rejoindre ensuite par un autre chemin
    a. il faut connaître tous les horaires des trains
    b. il suffit d'une carte de France routière et ferroviaire
    c. on doit se servir du signal d'alarme

11. Le patron du café est étonné quand le voyageur tout endormi
    a. commande une limonade
    b. lui demande à quelle heure repart le train
    c. lui dit de se renseigner à la gare Montparnasse
12. La police eût volontiers laissé repartir le voyageur
    a. s'il ne se fût obstiné à parler du train
    b. s'il se fût abstenu de tirer la poignée
    c. s'il eût dit avec simplicité «Merci, mes amis!»
13. Un autre voyageur manqua tirer le signal d'alarme parce que:
    a. le train faisait marche arrière
    b. il voulait qu'on le dépose chez lui
    c. il s'était réveillé en plein Bois de Boulogne
14. Le voyageur décide de ne pas tirer le signal d'alarme parce que:
    a. les autres voyageurs se moqueraient de lui
    b. il risquerait de perdre sa place
    c. il s'exposerait à je ne sais combien de francs d'amende
15. On rendit service à un voyageur qui aurait dû faire à pied les kilomètres qui
    séparaient sa maison de la gare
    a. en lui faisant visiter des coins ravissants
    b. en le déposant chez lui
    c. en livrant son courrier à domicile
16. Ils allèrent sous les fenêtres du président de la Compagnie
    a. chanter aubade
    b. faire un petit souper
    c. le déposer devant son château
17. Le lendemain le président ne parla de sa vision à personne parce que:
    a. il était charmé par la sérénade
    b. il avait peur de perdre sa place
    c. il n'osait pas tirer le signal
18. Les escapades finissent tragiquement quand le train heurte un autocar
    a. que le président avait envoyé à sa poursuite
    b. qui avançait à petite allure dans la forêt d'Orléans
    c. qui roulait sur le chemin de fer
19. Pour l'équipe de tête, ce chauffeur qui voulait rouler plus vite n'était qu'
    a. un collègue
    b. un crétin
    c. une victime
20. A la fin de l'histoire le mécanicien qui dormait la pipe au bec est réveillé par
    a. le bruit de la collision
    b. la voix de sa femme
    c. le signal d'alarme
21. Le mécanicien part en vitesse, mais remonte du premier pour
    a. avaler son café
    b. embrasser son petit garçon
    c. se replonger dans sa rêverie

B. Résumez l'action en identifiant les endroits dont il s'agit dans les phrases suivantes.

1. C'est là que le chemin de fer croise la route. La barrière descend quand le train passe.
2. A en croire le narrateur, on y entre comme dans un moulin à quatre heures du matin.
3. La nuit, on peut y voir le grand château royal endormi sous la lune.
4. Un voyageur y entre pour y boire une limonade.
5. C'est là que le Paris-Brest prend son départ.
6. Quand le train le traverse on voit le lac et l'île à gauche, et à droite les tennis. Il n'y a pas à s'y tromper.
7. On y livre le courrier, on y dépose les voyageurs qui demeurent loin de la gare, pour le simple plaisir de rendre service.
8. Le président de la Compagnie s'y présente en chemise de nuit pour les remercier.
9. Ils s'y arrêtent pour faire un petit souper.
10. Un crétin de chauffeur d'autocar décide d'y rouler.
11. Le mécanicien y dort, la pipe au bec.
12. Le mécanicien s'y arrête et décide de remonter embrasser son petit garçon.

Si vous ne trouvez pas la réponse vous pouvez la chercher dans la liste suivante.

a. sur son balcon
b. le Bois de Boulogne
c. dans un café
d. sur le chemin de fer
e. à domicile
f. dans l'escalier
g. dans son fauteuil
h. en forêt d'Orléans
i. la gare Montparnasse
j. à Paris
k. un passage à niveau
l. à Versailles

Sujets de discussion orale ou écrite

C. La révolte du mécanicien contre la machine.

1. Expliquons d'abord la fonction ordinaire d'un mécanicien. De quoi s'occupe-t-il?
2. Comment est-ce que la partie émotionnelle et familiale de la vie interrompt ses fonctions ordinaires au début de l'histoire?
3. Quel risque y a-t-il à «quitter les rails», d'après le narrateur?
4. Arrivés par la route à Versailles, quel enchantement le chauffeur et le mécanicien découvrent-ils?
5. De quoi se sentent-ils libérés en quittant les rails?
6. La liste A comprend plusieurs expressions qui font partie du conte. Lisez chacune de ces expressions et expliquez auxquels des thèmes de la liste B on peut la rattacher.

A

le chemin de fer	le signal d'alarme
la route	le contrevenant
une carte de France	le pyjama
les horaires	être en retard
les vagabondages	embrasser son petit garçon
la Compagnie	le château
le kilomètre 76	les escapades
la barrière	la casquette du mécanicien
la police	des années de prison
chanter aubade	dix mille francs d'amende

B

la liberté	la machine
la spontanéité	le travail
la beauté	la routine
le rêve	la contrainte
l'indépendance	l'exactitude
la vie privée	la loi

7. Qu'est-ce que nous découvrons à la fin du conte sur les aventures du train vagabond?
8. Le mécanicien s'est-il vraiment révolté? Quelle forme sa révolte prend-elle?

LECTURE 7
La Furie

Gilbert Cesbron

◎ Préparation à la lecture

Le contexte culturel

Few countries have felt the presence and pressure of the past more deeply than France. For generations, the great figures and events of French history, the conflicts, the victories, and the cultural achievements have constantly entered the fabric of daily life, remaining a source of pride, but also of acrimonious debate and divisiveness. In the last couple of decades, however, this omnipresence of the past has faded considerably. There is a dividing line today between those who see what is old, inherited, and traditional as inherently valuable, and those who are oriented towards the here and now or the future. The two characters, father and son, in *La Furie* stand firmly on opposing sides of that line. Many French men and women today would take their stand with one or the other of them, and that gives the story a particular resonance.

The historical period recalled in this story is the most eventful in modern French history: the French Revolution, which began in 1789 with the fall of the Bastille, and the following Napoleonic period called the years of **les guerres de l'Empire,** when France conquered all of Europe. The setting is the region around Nantes, where resistance to the French Revolution was strong.

Le titre

The author tells us that **la Furie** is the name of a small hamlet where the memory of these events was kept alive by transmission of an oral tradition. A strange place-name for a peaceful little village. But powerful memories and strong feelings live there. **Furie** means not only *fury*, but also *impetuous ardor in battle*, a quality that used to be traditionally ascribed to French soldiers. Another meaning is *rage* in the sense of passionate addiction, as, for example, in *a rage for the past.*

Le Lexique et la grammaire

La Furie est un **hameau** près de Nantes. C'est moins grand qu'une **bourgade.**	*hamlet* *burg*	*small village* *market town*
Il y a beaucoup de **vent** dans la région et on y **respire** un air pur. Des années **durant** on y a gardé la mémoire des **conjurés** de la région qui s'opposaient à la Révolution.	*cf. ventilate* *respire* *during* *cf. conjuration,*	*wind* *breathe* *throughout* *conspirators*
La Révolution c'est le grand **tournant** de l'histoire.	*turning point*	
Le père trouve le **récit** des aventures des conjurés **passionnant.**	*recital* *cf. passion*	*story* *exciting*
Son **aïeul** se tenait devant **l'estrade,** et il a **dévisagé** son adversaire, sans craindre d'**offusquer** cet homme puissant.	*ancestor* *platform* *stared at* *offending*	
Il ne voulait pas faire preuve de **lâcheté.**	*cowardice*	
Il a lancé des **traits** énergiques.	*stinging remarks*	
Les paroles qu'il a prononcées sont devenues une sorte d'**épopée.**	*epic*	
Le fils **aîné** doit apprendre cette leçon.	*elder, oldest*	
Mais le fils est **interne** à l'école.	*1. intern*	*2. boarder*
Il revient à la maison aux vacances **scolaires.**	*not: scholarly*	*but: school* (as adjective)
Quoi! le... le grand **machin** sur la Révolution et l'Empire?	*not: machine*	*but: whatsit, thinga-magig*
Le fils propose de faire un **enregistrement** du récit. C'est moins **exigeant** que de l'apprendre par cœur. Il a son **propre magnétophone.**	*registering* *exigent, exacting* *1. proper* *tape recorder*	*recording* *demanding* *2. own*
Il **fouille** dans son sac.	*searches, gropes*	
Prestement, de sa main **nerveuse,** il tourne le bouton et le **ruban** se déroule.	*cf. presto* *1. nervous* *1. ribbon*	*quickly, nimbly* *2. sinewy* *2. tape*

Puis il **éteint** l'**appareil.**	*extinguishes* *apparatus*	*turns off* *machine*
L'appareil **marche** bien.	1. *marches, walks*	2. *runs, works*
—C'est pas facile à opérer, hein?		
—Mais **si,** voyons! N'importe qui peut le faire sans la **moindre** difficulté.	*yes (after a negative)* *least*	
Je vais t'**enseigner.** D'abord tu **branches** l'appareil. Ensuite tu manœuvres cette **manette**-ci et un **voyant** s'allume. Il ne faut pas être **voyant** pour comprendre ce que signifie cette **lueur verte** qu'on voit si bien dans la **pénombre:** l'appareil est en marche. C'est comme un **œil** qui te regarde. Tourne le bouton **à l'écart** des autres.	*teach* *plug in* *handle* *light* *clairvoyant* *green glow* *half-light* *eye* *apart*	
Mais le visage du père **se fige,** et il sort sur la **pointe** des pieds.	*grows fixed* *point*	*grows rigid* *tip*
Cela **fait preuve** de sa désapprobation.	*proves*	*shows*
C'est avec un certain **soulagement** qu'il **a pris son parti.**	*relief* *made up his mind*	
Il a mis son **foulard** blanc autour de son cou. Il monte vers l'**église.**	*scarf* *church*	
Il va **décharger** sa mission.	*discharge, accomplish*	

L'art de lire: le suffixe -ée

Sometimes the suffix **-ée** conveys the idea of completeness: **la journée**—*the whole day*—fullness: **la maisonnée**—*the houseful,* or *everyone in the house.* **La bouchée** follows the same pattern.

L'art de lire: les pronoms compléments

It is usually important to know the antecedent of object pronouns.

Le père enseigne le récit au fils.

Le père **lui** enseigne le récit. — *The father teaches **him** the story.*

Quand le fils **le** sait par cœur, le père **le** traite en adulte. — *When the son knows **it** by heart the father treats **him** as an adult.*

Mais le fils **en** oublie la moitié. — *But the son forgets half **of it**.*

On **en** fait une cassette. — *We are making a tape **of it**.*

An object pronoun may be used in French where none is required in English, however:

Vous le récitez mieux que je
ne saurais jamais **le** faire.   *You recite it better than I ever could.*

Exercices

A. Lisez le passage suivant en remplissant les tirets par le mot convenable.

appareil	enregistrer	pénombre
branche	lueur	verte
à l'écart	manette	voyant
efface		

Un magnétophone est un ___1___ qui reproduit les sons. Le garçon fait marcher l'appareil. D'abord il le ___2___. Quand il l'a branché un ___3___ s'allume. Une ___4___ indique que le voyant est allumé. La lueur est de couleur ___5___. Dans la ___6___ on voit très bien la lueur verte du voyant.

Assis dans la pénombre, le garçon manœuvre la ___7___ et parle dans le micro. En manœuvrant la manette il peut ___8___ sa propre voix. Quand il enregistre sa voix, il évite de tourner le bouton qui est ___9___ des autres. Le bouton qui est à l'écart des autres ___10___ ce qu'on a enregistré. Si on le tourne il efface tout.

B. Lisez le passage suivant en remplaçant les mots en **caractères gras** par un synonyme.

aïeul	fait preuve de	lâcheté
aîné	s'est figée	offusqué
désormais	fouillé	pris le parti
dévisagé	hameau	

Après avoir **cherché** (1) partout, le père a trouvé ce qu'il cherchait. C'est le portrait d'un **ancêtre** (2) célèbre pendant la Révolution. Il le montre à son fils **le plus âgé** (3).

Cet ancêtre n'avait jamais été coupable d'aucune **action basse** (4). Au contraire, il avait toujours **montré** (5) beaucoup de courage. Il avait été **fâché** (6) par ce que disait un orateur venu de Paris. Pendant que celui-ci parlait il l'avait **regardé fixement** (7). Malgré son inexpérience, il avait **décidé** (8) de réfuter ses paroles aussitôt. **A partir de ce moment** (9) tout le monde le respectait.

Dans le **petit village** (10) on a gardé ses paroles en mémoire. C'est une tradition qui **est devenue rigide** (11) au cours des ans.

C. Lisez ce dialogue en remplissant les tirets par le mot convenable.

durant	quoique	soulagement
foulard	respirer	vent
œil	si	

—A mon avis, __1__ ce soit le mois de décembre, il ne fait pas froid dehors.

—Mais __2__ il fait froid! Tu ne devrais pas sortir sans mettre ton __3__. N'entends-tu pas le __4__ qui souffle dans les arbres? Il fait toujours froid dans notre pays __5__ l'hiver.

—Que veux-tu? Je vois ça d'un autre __6__ que toi. Je trouve qu'on étouffe ici! Cela serait un __7__ de sortir. J'ai besoin de __8__ un peu d'air pur.

La Furie

A la Furie, hameau proche de Nantes, on pouvait depuis deux cents ans rencontrer un homme qui vous racontait, dans leurs moindres détails, la Révolution de 89 et les guerres de l'Empire telles qu'on les avait vécues dans la région. Ce n'était pas qu'il fût historien ou voyant; mais son aïeul avait été mêlé de près aux événements et en avait transmis le récit encore chaud et tout vivant à son fils aîné qui, le moment venu, en avait fait autant avec le sien. C'était donc devenu une tradition dans cette famille: le père initiait△ patiemment son aîné dès sa treizième année et, les yeux dans les yeux, lui apprenait, phrase à phrase, le témoignage de l'ancêtre.△

—Je me tenais devant l'estrade, répétait avec application l'enfant, à quelques mètres...

—Non! à quelques *toises.*[1]

—A quelques toises de l'orateur et soudain, n'y tenant plus, je l'interrompis...

—*L'interpellai.*[2]

—Je l'interpellai: «Citoyen, comment la Convention pourra-t-elle tenir ses promesses dans ce pays-ci? Nous ne sommes... nous ne sommes point des Français comme les autres... [3]»

1. Qu'est-ce que cet homme pouvait raconter?
2. Qui avait raconté ces événements pour la première fois?

3. Comment son témoignage s'est-il transmis?
4. Qu'est-ce que le fils apprenait?

5. Qui le corrigeait?

---

[1]**toise** mesure de longueur utilisée avant la Révolution. L'équivalent d'à peu près deux mètres.
[2]**interpeller** *to call out, to demand an explanation in a public meeting*
[3]**... point des Français commes les autres** *When he says "we are not like the others" the speaker is expressing the regional pride and particularism that the Revolution sought to eliminate. The tension between centralization and regional independence still exists in France today.*

Des semaines durant, le garçon récitait sa leçon, le front plissé[4] par l'effort, attentif à ne pas changer une seule nuance, sous le regard exigeant du père dont les lèvres, sans un son, formaient les mots avec une imperceptible avance sur lui.

Lorsqu'il connaissait par cœur le récit, les intonations traditionnelles et ces gestes qui demeuraient ceux-là mêmes de l'ancêtre, son père le considérait d'un autre œil. Il le traiterait désormais en véritable adulte et même avec cette sorte de complicité masculine dont font preuve entre eux les conjurés ou les initiés. Dans le même temps—et quoiqu'il demeurât lui-même capable de raconter l'épopée familiale—il se sentait déchargé de cette mission. Devoir accompli! il reprenait souffle, avec le soulagement du coureur de relaisᐃ qui vient de passer le *témoin*[5] au suivant...

La Furie était une si petite bourgade qu'il fallut bien, dans les années 60, envoyer en pension[6] au loin l'aîné des garçons. Il ne revenait parmi les siens qu'aux vacances scolaires, et on l'y accueillait avec une telle impatience et une telle tendresseᐃ qu'on manifestait peut-être un peu trop d'indulgence aux idées et aux inventions qu'il rapportait de la ville.

Quand il eut pris ses quatorze ans, son père jugea le moment venu de lui transférer la charge et la tradition.

—Je vais t'enseigner le Récit, lui dit-il; et, comme l'ont fait ton père, ton grand-père et le père de ton grand-père, tu vas l'apprendre par cœur, de façon...

—Quoi! le... le grand machin sur la Révolution et l'Empire?

—Oui, fit l'autre d'un ton offusqué, ce grand «machin» dont chacun de nous, de père en fils...

—Mais vous, papa, vous le connaissez par cœur?

—Evidemment.

—Alors, attendez...

Il monta fouiller dans sa valise d'interne et revint en brandissant... ᐃ

—Qu'est-ce que c'est que ça?

—Ne me dites pas que vous n'avez jamais vu de magnétophone!

6. Que faisait le garçon pendant des semaines?

7. Montrez ce que le père faisait en écoutant.

8. Quand le fils connaissait le récit, comment le père le considérait-il?

9. Comment se sentait-il?

10. Où l'aîné devait-il aller dans les années 60 et pourquoi?

11. Comment l'accueillait-on à son retour?

12. Que lui annonce le père?

13. Qu'est-ce qui offusque le père dans la réponse de son fils?

14. Que va chercher le fils?

---

[4]**plissé?** Quel effet l'effort a-t-il sur le front?
[5]**témoin** *This is what the stick or baton in a relay race is called in French. Cesbron italicizes the word to emphasize the analogy. Just as one runner passes the témoin to the next runner, so the father passes on the témoignage (eye witness account) to his son.*
[6]**en pension** *to boarding school*

—J'en ai entendu parler; mais je ne vois pas en quoi...

—Mais si, voyons, papa. Regardez!

Il brancha l'appareil, tourna un bouton,△ un voyant rouge s'alluma.

—Allez-y.

—Comment cela?

—Dites le début du récit, là, devant le micro.

—Mais...

—Allez-y: ça tourne!

Presque malgré lui, le père commença de réciter l'épopée familiale.

—Arrêtez maintenant, papa.

Il manœuvra prestement une manette puis une autre; un voyant différent ouvrit son œil rouge.

—Écoutez!

Le récit avec toutes ses intonations, sa chaleur, sa progression... Le père, fasciné, ne quittait pas des yeux ces bobines[7] si lentes, ce ruban monotone et patient; simplement, il reconnaissait mal sa propre voix.

—Et maintenant...

Le garçon appuya sur un bouton à l'écart des autres; un signal vert s'alluma; les bobines, soudain réveillées, se mirent à tourner très vite en sens inverse.

—Et voilà: tout est effacé!

Le père, à son tour, parut se réveiller.

—Bon. Tout cela est très ingénieux, mais sans rapport avec la tradition familiale. Magnétophone ou pas, tu vas, à ton tour, apprendre mot à mot le récit et...

—Sûrement pas, fit tranquillement le garçon: d'abord, je n'ai aucune mémoire, vous le savez; et puis j'ai toujours été le dernier en récitation.

—Il ne s'agit pas du tout de «récitation» mais de...

—Ecoutez, papa, que désire-t-on? Que ce récit passionnant soit conservé intact, soit sauvé de l'oubli. On veut en conserver les archives vivantes. Si c'était une suite d'images, on en ferait un microfilm; c'est un récit: eh bien, on en fait une cassette et le voici à l'abri de tout!

15. Que demande-t-il à son père de faire?

16. Qu'est-ce que le père écoute?
17. Qu'est-ce qu'il a du mal à reconnaître?

18. Que fait le fils de l'enregistrement ensuite?

19. Quelles raisons le fils donne-t-il pour ne pas apprendre le récit?

20. D'après le fils, quel est le grand avantage de la cassette?

_____

[7]**bobines** *spools*

—Mais tu comprends bien qu'il n'y a aucun rapport entre ce dont tu me parles et une tradition orale qui se perpétue depuis deux siècles!

—Ecoutez, papa: si je me bousille[8] en moto[9] l'an prochain, la tradition orale sera perdue de toute façon! Tandis que si nous enregistrons le récit... Et puis, encore une fois, vous le connaissez et vous le dites mieux que je ne saurais jamais le faire.

21. D'après le fils, qu'arriverait-il s'il était tué dans un accident?

—Mais, mon enfant... (Il sentait qu'il ne parviendrait pas à convaincre; sa voix s'altéra[Δ] si brusquement que le garçon le dévisagea avec surprise.) Mais, mon enfant, même si tu le récites mal, même si tu te trompes, même si tu en oublies la moitié, c'est mieux que tout enregistrement. Tu comprends cela?

—Pas du tout.

22. Quelle est la différence entre un enregistrement et un récit oral? Le fils comprend-il cela?

Il considéra cette face si sincère, ce regard droit, cette main habile et nerveuse encore posée sur l'appareil noir. «Nous voici parvenus au grand tournant, pensa-t-il. *Ils sont d'une autre race...* » L'espace d'un instant, ce furent le Récit, la Tradition familiale, qui lui parurent inexplicables, inutiles.

23. De quoi le père se rend-il compte en contemplant le visage de son fils?
24. Quelle suggestion le fils fait-il?

—Ecoutez, papa. Je vais mettre en marche et vous allez, une fois pour toutes, enregistrer ce récit d'un bout à l'autre. Jamais il n'aura été aussi fidèlement[Δ] reproduit, jamais il ne sera plus sûrement conservé. Voulez-vous que je vous laisse seul pendant ce temps? ajouta-t-il par discrétion.

Ce dernier trait fut celui qui blessa le plus profondément son père. Il était devenu très pâle; il acquiesça[Δ] sans un mot. «Essayons, du moins, de sauver de cette façon le Récit... » songeait-il. Le garçon mit l'appareil en route et, sur la pointe des pieds, quitta la pièce.

25. Qu'est-ce qui blesse le père le plus dans les remarques de son fils?
26. Pourquoi le père enregistre-t-il le Récit?

Jamais il n'a mieux récité l'épopée; des larmes, par instants, lui venant aux yeux. Puis il a rappelé le garçon et, à son tour, a quitté la pièce sans une parole.

Le soir, durant le dîner familial, il n'a pas pu avaler une bouchée. Les autres ne lui ont fait aucune observation, mais lui même n'a guère observé les autres. «C'est de la lâcheté pure et simple, songe-t-il. Je n'ose pas prendre sur moi d'interrompre la

27. Quelle est l'attitude du père au dîner?

---

[8]**bousille?** Utilisez le contexte. Qu'est-ce qui détruirait le fils et donc la tradition orale qu'on lui aurait transmise?
[9]**moto** motocyclette

tradition, alors que le temps en est venu... Des archives? Mais les archives ne sont qu'un cimetière!△»

A ce mot, à cette pensée, son visage s'est figé. Personne n'ose fixer sur lui son regard. Il se lève de table, dit bonsoir à tous d'un geste plutôt que d'une parole et monte s'enfermer dans sa chambre. Son parti est pris, d'un coup.

Tard dans la nuit, tandis que dort toute la maisonnée, il gagne à pas de voleur la pièce où, sur une table, l'appareil noir ressemble, dans la pénombre, à une bête tapie sur elle-même.[10] Il en a fort bien retenu le fonctionnement: il appuie sur le bouton qui se trouve à l'écart des autres; le voyant vert s'allume, seule lueur dans cette pièce endormie, et les bobines se mettent en marche, en silence, très vite.

Il attend, en respirant un peu trop fort, que le Récit soit entièrement effacé puis il éteint l'appareil qui redevient un bloc de matière△ morte.

Il passe alors dans le vestibule, s'enveloppe dans sa grande cape, enroule autour de son cou un foulard écarlate qui appartenait à son père. Rien sur la tête! et il éprouve une joie d'enfant à sentir ce vent vivant soulever ses cheveux tandis qu'il monte, sous la haute lumière de la lune qui ne tire de son étrange silhouette qu'une ombre transparente, qu'il monte vers l'église de la Furie et le petit cimetière qui l'entoure. Ils sont là, côte à côte, son père, son grand-père et le père de son grand-père, invisibles, faussement inattentifs.

Il n'y a rien à leur expliquer. Ils savent, ils comprennent—et chacun d'eux n'en ferait-il pas autant? Il n'a donc pas à se justifier; simplement, dans ce désert lunaire,△ pour la dernière fois et pour eux seuls, d'une voix forte et sans une seule hésitation, il va faire le Récit.

28. Qu'est-ce qu'il n'ose pas faire?
29. Qu'est-ce qu'il a contre les archives?

30. Où monte-t-il tard dans la nuit, et qu'est-ce qu'il y fait?

31. Qu'est-ce qui s'allume quand on efface?

32. Quel foulard prend-il en sortant? (Quelle est l'importance de ce détail?)

33. Comment est-ce dehors?
34. Où va-t-il?
35. Qui est là?

36. Qu'est-ce qu'il y fait?

---

[10]**tapie sur elle-même** *lurking, crouching*

L'art de lire: l'imparfait

From the various uses of this tense in the first paragraph, distinguish the time frame that begins **le père initiait** and continues through the next few paragraphs. Review **imparfait** (point 2) on page 143.

L'art de lire: la langue figurative

The meaning of the following phrase should be obvious if **œil** is not taken too literally:

> Avant cela je le considérais comme un enfant, mais maintenant je le vois **d'un autre œil.**

Contrast these two statements about lights on the tape recorder:

> Un voyant rouge s'alluma.

> Un voyant **ouvrit son œil** rouge.

The second adds an image by lending an animate trait, *opening an eye*, to the machine. Review **L'art de lire** on **l'article défini** on page 192 for another personification, and see the discussion on **comme** (1) on page 161.

Compare these two statements:

> Le garçon quitta la pièce **sur la pointe des pieds.**

> Le père gagne la pièce **à pas de voleur.**

They mean very much the same thing, but the first has more physical precision and the second has more obvious connotations. He *enters the room like a robber* in one respect only, of course: he moves *stealthily*. Are other connotations relevant?

---

⑨⑨ Activités sur le récit

Résumé de l'action

A. Résumez l'action en corrigeant les phrases fausses.

1. Depuis deux cents ans on transmet le Récit dans le petit hameau de la Furie.
2. Il s'agit d'événements qui ont eu lieu en 1870, quand Paris était bloqué et affamé par les Prussiens.
3. Dans la famille on a honte de la part jouée par un aïeul dans ces événements.
4. Les yeux dans les yeux, le père initiait patiemment son aîné.
5. Le garçon apprenait phrase à phrase le témoignage de l'ancêtre dès l'âge de six ans.
6. Attentif à ne pas changer une seule nuance, le père récitait sa leçon, sous le regard exigeant du fils.
7. Il fallait apprendre non seulement le Récit, mais aussi les gestes qui l'accompagnaient.
8. Dans les années 60 il fallut envoyer en pension l'aîné des garçons.
9. On accueillait avec hostilité toutes les idées et les inventions qu'il rapportait de la ville.
10. Le père est charmé quand l'aîné appelle le Récit «le grand machin».
11. Le fils a un magnétophone et veut enregistrer le Récit.

12. Quand les bobines tournent très vite en sens inverse la voix du père est enregistrée.
13. Le père trouve que l'enregistrement est le moyen parfait de préserver le Récit, et en félicite son fils.
14. Le fils prétend qu'il n'a aucune mémoire, et qu'il a toujours été le dernier en récitation.
15. Le père tombe d'accord qu'il s'agit d'une «récitation», et que, par conséquent, le fils est incapable d'apprendre le Récit.
16. Le fils dit que s'il est tué dans un accident de moto la tradition orale sera perdue de toute façon.
17. Le père avoue qu'il vaut mieux l'enregistrer que de réciter mal et d'en oublier la moitié.
18. Le père refuse d'enregistrer le Récit lui-même.
19. Le fils reste dans la pièce pendant la récitation.
20. Le père a mangé comme quatre durant le dîner familial.
21. Pour lui, la tradition orale est chaude et vivante, et les archives ne sont qu'un cimetière.
22. Tard dans la nuit, il monte dans la pièce et enregistre le Récit.
23. Puis il sort dans la nuit sous une pluie incessante.
24. Ses aïeux sont là dans le petit cimetière qui entoure l'église.
25. Sortant le magnétophone de dessous sa cape, pour la dernière fois et pour eux seuls, il leur joue le Récit.

B. Résumez l'action en remplissant chacune des lignes laissées vides avec une phrase qui rend la narration logique et la succession des événements cohérente.

1. Depuis deux cents ans il y avait à la Furie un homme qui racontait en leurs moindres détails les événements de la Révolution de 89, tels qu'on les avait vécus dans la région.
2.
3. Et le fils, le moment venu, en avait fait autant avec le sien.
4.
5. Désormais, le père traitait son fils en véritable adulte.
6.
7. Il ne revenait parmi les siens qu'aux vacances scolaires.
8.
9. —Quoi! le... le grand machin sur la Révolution et l'Empire?
10.
11. —Ne me dites pas que vous n'avez jamais vu de magnétophone!
12.
13. Le père écoutait, fasciné, mais reconnaissait mal sa propre voix.
14.
15. —Sûrement pas! Je n'ai aucune mémoire, et j'ai toujours été le dernier en récitation.
16. —Ecoutez papa, je vais le mettre en marche, et vous allez, une fois pour toutes enregistrer ce récit.
17.
18. Ce dernier trait fut celui qui blessa le plus profondément son père.

19. Pendant le dîner il ne mange rien. Puis, d'un coup, son parti est pris.
20.
21. Il attend que le Récit soit entièrement effacé, puis il éteint l'appareil.
22.
23. Il éprouve une joie d'enfant à sentir ce vent vivant soulever ses cheveux.
24.
25. Pour la dernière fois et pour eux seuls, il va faire le Récit.

Sujets de discussion orale ou écrite

C. Le récit.

1. De quelle époque datent les événements racontés dans le Récit?
2. Quelle importance cette époque a-t-elle dans l'histoire de France?
3. De quelle perspective le Récit raconte-t-il ces événements?
4. Comment transmettait-on le souvenir de ces événements?
5. Le Récit était-il un résumé ou une répétition mot à mot?
6. Le fils apprenait les mots, et quoi d'autre aussi?
7. Le Récit est «une épopée familiale». Connaissez-vous d'autres exemples de la transmission orale d'une épopée?
8. Y aurait-il une différence entre un livre sur les environs de Nantes sous la Révolution et l'Empire et le Récit?

D. La mémorisation ou l'enregistrement?

1. En général, quels avantages ou désavantages voyez-vous à la mémorisation?
2. Est-ce que l'enseignement aujourd'hui encourage les étudiants à apprendre par cœur?
3. Et le fils aîné dans le conte, qu'est-ce qu'il en pense, lui?
4. Quelle suggestion a-t-il pour préserver le Récit?
5. Sa suggestion vous semble-t-elle raisonnable?
6. Quel est son meilleur argument contre la transmission de la tradition orale par la mémorisation?
7. Quelle différence y a-t-il entre la transmission orale et l'enregistrement?
8. Qu'est-ce qui intervient dans un enregistrement, et qu'est-ce qui manque?
9. Le fils aîné ne comprend pas pourquoi son père préférerait une récitation, même mal apprise, au meilleur enregistrement. Pourriez-vous le lui expliquer?

E. Le père et le fils.

1. S'agit-il seulement de la transmission d'une épopée ou aussi d'un rapport établi entre père et fils?
2. Comment ce rapport change-t-il quand le fils a appris le Récit?
3. Quel devoir est transmis au fils avec le Récit?
4. Le fils aîné dans le conte semble-t-il se rendre compte de cet aspect de la question?
5. Y a-t-il une certaine révolte dans l'attitude du fils? Y a-t-il un certain désir de domination dans celle du père?

6. Vous ou tu? Lequel des deux pronoms indique le respect? l'intimité? la supériorité? la distance? Lequel utilisent-ils entre eux?
7. Est-ce que le père est trop orienté vers le passé? Est-ce que le fils est trop fasciné par les idées et les inventions du présent?
8. L'auteur donne-t-il raison à l'un des deux personnages?
9. Et vous-même? Y en a-t-il un qui a raison et un autre qui a tort, à votre avis?

L'art de lire: le genre

This story is about a story, **le récit** that becomes **le Récit,** also called **la tradition familiale** and **l'épopée:** the epic. The father does not accept further generic extension that would call it **les archives vivantes,** and the story that starts out **encore chaud et tout vivant** ends up erased, told to the dead. The dead, of course, understand: **Ils savent, ils comprennent.** In the tradition, the transmission of the story, father to son, is ritual. This story accounts for the loss of a **rite de passage.** It reads like a fable or an **exemplum:** places are named but not characters. It refers, as do many texts, to the nature of genre, to how texts are presented, read, understood, used, and, on occasion, forgotten. Note the expression **cette sorte de complicité masculine** and review **L'art de lire** on demonstratives on page 192. This particular tradition, like many, has a reference in gender. Consider this as a story of the Revolution. Consider the theme of memory: is it linked to reading? Also reflect on how this story could be considered science fiction.

Le Déjeuner de Sylvie

François Truffaut

◆

Préparation à la lecture

L'auteur

François Truffaut (1932–1984) was one of the most creative of the group of French moviemakers that came into prominence in the late 1950s and formed the movement known as **la nouvelle vague.** He made his debut with *Les Quatre Cents Coups* (1959), a partly autobiographical movie about a lonely and unhappy boy driven to delinquency. It remains, with *Jules et Jim* and *La Nuit américaine,* one of his best movies. His work is characterized by its wit, its easygoing pace, and its tender moments, as well as its fascination with the craft of moviemaking.

Les personnages

In *L'argent de poche* (1976) Truffaut returns to one of his favorite subjects: childhood. The movie presents a loosely knit series of scenes in the lives of children living in Thiers, a small city located near the geographical center of France. The youngest is a newborn baby, the oldest is Bruno Rouillard, a boy of about fourteen who has developed a keen interest in the opposite sex. But the boys and girls at the center of the film are younger than Bruno. They are just beginning to be interested in one another and are equally engrossed in other discoveries: how to supplement their allowance, how to get into the movies without buying a ticket, how to get through a classroom period without being called on, how to get along with their parents or how to exasperate them.

Adults are very much present too, as they always are in the lives of children. There is a wise and easygoing teacher, another who has more difficulty handling the children's ebullience and liveliness, parents who enjoy their children, parents who are indifferent or worse, and Truffaut himself, casting a tender but unsentimental eye on the kids and their adventures. Although the movie is often funny, Truffaut has interjected some of the gnawing anxiety experienced by most parents about whether their children will make it to adulthood. Growing up is a risky business. In one scene the twenty-one-month-old Gregory falls from a ninth-story window before the horrified eyes of helpless adults watching from below. But the child bounces on a privet hedge, lands on the grass and arises unharmed, declaring: **Gregory a fait boum.** Which is a striking way of making the point that if childhood is fraught with hazards, children are miraculously resilient. That confidence in children's ability to bounce back, and their own eagerness to live and grow, give the movie its freshness and charm.

The selection included here comes from a short novel Truffaut published under the same title as the film and telling the same story.[1]

Le Lexique et la grammaire

L'**immeuble** où les enfants demeurent n'est pas loin.	*building*
La mère **se tient** près de la fenêtre. Elle peut	*stands*
les **surveiller** ou du moins	*watch over*
jeter un **coup d'œil** de temps en temps du **rebord de la fenêtre.**	*glance* *windowsill*
Les enfants terminent leurs **jeux** et leurs **bavardages** et vont à **l'école.** Ce n'est pas pour eux une joie **sans mélange.**	*games* *chattering* *school* *unmixed*
Ils n'y vont pas **au pas de course.**	*at a racing pace*
Evidemment il n'y a pas de **serrure** à la porte. Ils ne sont pas **enfermés à clef.** Mais ils n'aiment pas beaucoup l'école.	*lock* *locked in* *key*
L'**église** est en face de l'école.	*church*
L'église est **proche** de l'école.	*near*
Les **gamins** sont assis sur les **marches.**	*kids* *steps*
Sylvie est une petite fille **coquette.**	1. *coquettish* 2. *clothes-conscious*
Elle se **brosse** les cheveux avant de sortir.	*brushes*
Elle a une belle **chevelure** blonde.	*head of hair*
Elle n'aime pas se faire **couper** les cheveux.	*cut*
Le petit Franck **fait la cour** à la petite Sylvie.	*pays court*

---

[1]The film *L'argent de poche* is highly recommended.

Elle demeure de l'autre côté de la **cour.**	*courtyard*	
Franck lui dit qu'elle est née dans une **poubelle.**	*garbage can*	
Elle lui **adresse un sourire.**	*smiles at*	
Elle n'est pas très **agacée** par la remarque. Elle n'est pas **bouleversée.**	*irritated* *upset*	
«**Ça m'est égal**», dit-elle.	*I don't care*	
Sylvie joue avec ses **poissons rouges.**	not: *red fish*	but: *goldfish*
On va au restaurant? **Chic** alors!	1. *chic*	2. *swell, great*
Elle a une jolie robe **imprimée** à **fleurs.**	*printed* *flowers*	
Elle met ses **affaires** dans son sac.	1. *affairs*	2. *things*
Il y a beaucoup de **taches** sur le sac.	*spots*	
Le sac est tout couvert de **crasse.**	not: *crass*	but: *dirt*
Elle **frotte** les taches pour les enlever. Puis, elle **change d'avis.** **A bout de** patience, elle va jouer.	*rubs* *changes her mind.* *At the end of her*	
Elle **tend** la main vers le mégaphone et lit l'**étiquette.**	*extends* 1. *ticket*	2. *label*
Le mégaphone est un appareil **tentateur** pour elle.	*tempting*	
Viens ici dans le **salon**!	not: *saloon*	but: *living room*
Son père **tente** de lui offrir un autre sac. Mais ce sac ne la **tente** pas.	*attempts* *tempt*	
Il **s'étonne de** l'attitude de sa fille.	*is surprised at*	
Le bruit de sa voix **résonne** dans la cour.	*resounds*	
Les frères Deluca viennent **à la rescousse.**	*to the rescue*	
Ils remplissent un **panier** de provisions.	*basket*	

L'art de lire: ellipse du verbe avec dont

Sometimes the relative pronoun **dont** may be used without a verb following it.

Il y a aussi un groupe d'enfants plus petits, **dont** Sylvie.	*There is also a group of smaller children, **one of whom is** Sylvie.*

Note that the verb may be omitted in English as well.

Plusieurs enfants, **dont** deux filles, sont assis sur les marches de l'église.

*Several children, **including** two girls, are seated on the church steps.*

L'art de lire: le «datif éthique»

In colloquial speech the first or second person object pronoun may occasionally be used to make a statement more emphatic or vivid. Grammarians call this the ethical dative. A similar use of the pronoun in English appears in a phrase like "The motor died on me right in the middle of the race." Note that the pronoun is used simply for emphasis and has no meaning beyond that.

Regarde-**moi** ça!

Look at that!

L'art de lire: le présent

The story begins with a **passé composé:** quelques gamins **se sont arrêtés.** The English could be: *some kids* **stopped.** The text continues, however, in the present tense. The present is not used, as it ordinarily might be, simply to describe—Sylvie **a** l'esprit logique— but is also used to depict events: Sylvie **hausse** les épaules. Notice how transitions are effected. In one transition, the narrator appears to experience the same interruption as the characters: **Mais voilà la sonnerie de l'école; il faut y aller.** This technique combines description with narration. It is as though the director is describing the action of his film the way one might describe a picture, only these pictures move. The first verb expresses the English present perfect: *some kids* **have stopped.**

Exercices

A. Les mots en **caractères gras** dans les phrases suivantes sont des «faux amis». Ne les confondez pas avec les mots anglais auxquels ils semblent correspondre. Expliquez—en français si possible—ce qu'ils veulent dire.

1. Elle a des invités importants ce soir et elle n'a pas de **toilette** convenable.
2. Les autres se sont levés, mais, étant malade, elle est **restée** assise.
3. Le domestique est entré dans l'**office** avec un plateau de sandwichs.
4. Après avoir **achevé** son déjeuner, elle sortit se promener.
5. Entendant quelqu'un s'approcher, elle se **dressa** soudain.
6. Jamais je ne permettrai ça. Je vous **préviens** tout de suite.

7. C'était un homme qui se sentait **blessé** par la vie.
8. Je ne saurais vous dire qui est ce garçon. Je l'**ignore**.
9. Il y avait beaucoup de monde à ce meeting et une seule **issue**.
10. Comment peut-on tolérer l'état de ce salon! Quelle **crasse**!

B. Lisez le passage suivant en remplaçant les mots en **caractères gras** par un synonyme.

agacée	s'étonne	gamins
à bout de forces	ne lui fait rien	sans mélange
change d'avis	immeuble	surveiller
coup d'œil	au pas de course	se tient

La mère **est debout** (1) à la fenêtre. Elle voit un groupe d'**enfants** (2) qui arrivent **à toute vitesse** (3) de l'école et se mettent à jouer dans la cour. Ce sont ses propres enfants, et puis d'autres qui demeurent dans le même **bâtiment** (4) qu'elle. Elle décide de descendre pour mieux **observer** (5) les enfants à leurs jeux, puis **se ravise** (6). Elle se contente de jeter un **regard rapide** (7) par la fenêtre de temps en temps.

Quelquefois elle rentre du travail **très fatiguée** (8). C'est alors qu'elle est **sérieusement ennuyée** (9) par le bruit que font les enfants. Mais aujourd'hui ça **lui est égal** (10) s'ils font du bruit ou non. Elle aime la joie **pure** (11) qu'ils prennent à leurs jeux. Elle **est surprise** (12) de les voir s'entendre si bien.

C. Remplacez les mots en **caractères gras** dans les phrases suivantes par un mot qui signifie le contraire.

bavardage	jeux	répugnante
bouleversé	loin	sali
enfermés		

1. Le restaurant est **tout proche** de notre immeuble.
2. C'est une proposition **tentatrice** que vous nous présentez.
3. La petite fille a **nettoyé** son sac à main.
4. Les enfants se sentent **libérés** dans cette salle de classe.
5. Ils aiment beaucoup leurs **devoirs.**
6. Leur **silence** est vraiment exceptionnel.
7. La nouvelle que vous m'apportez m'a **apaisé.**

D. Lisez le passage suivant en remplissant les tirets par le mot convenable.

chevelure	fleurs	panier
clef	frotte	poubelle
couper	imprimée	serrure
l'église	marches	taches

La petite Sylvie a une belle ___1___ blonde. Ce serait vraiment dommage de lui ___2___ les cheveux.

Quand la famille va à ___3___ le dimanche elle aime porter sa jolie robe ___4___ et emporter son sac à main. Mais il est tout couvert de ___5___. Il est vraiment très sale. Elle le ___6___ un peu pour le nettoyer, mais sa mère lui dit qu'il faudrait le jeter à la ___7___. Il est vraiment trop sale.

Les voilà tous prêts à partir. Le père met la ___8___ dans la ___9___ et ferme la porte. La petite fille aime compter les ___10___ quand ils descendent l'escalier.

Quant à la mère, elle emporte un ___11___ où elle mettra ses achats. Et puisque c'est dimanche elle va aussi acheter des ___12___ qu'elle mettra dans un vase.

Le Déjeuner de Sylvie

La première fois que nous voyons Sylvie dans le film c'est sur les marches de l'église avec quelques autres gamins.

Sur les marches de l'église, proche de l'école, quelques gamins se sont arrêtés pour discuter leurs problèmes d'argent de poche: combien chacun reçoit et ce qu'il en fait... Un autre groupe réunit[Δ] des enfants plus petits, dont Sylvie, une ravissante petite blonde aux yeux immenses. Franck Deluca, le petit frère de Mathieu, est prêt à tout pour s'assurer l'exclusivité de son attention. Il choisit pour faire sa cour la manière agressive:

—Je me suis renseigné que toi, on t'a trouvée dans une poubelle.

Sylvie, qui a l'esprit logique, réplique calmement:

—Non, c'est pas vrai. Je suis née à Toulon. Franck insiste:

—Alors, on t'a trouvée dans une poubelle de Toulon.

Sylvie hausse les épaules.

Mais voilà la sonnerie de l'école; il faut y aller et tous se lèvent sans enthousiasme exagéré.

Quand nous la revoyons c'est un dimanche, vers onze heures du matin. Nous avons vu les frères Deluca préparer leur petit déjeuner, et maintenant nous passons à côté chez la petite Sylvie.

Dans le même immeuble que les Deluca, mais de l'autre côté de la cour, habite la petite Sylvie, celle qui ne veut pas qu'il soit dit qu'elle est née dans une poubelle!

1. Que discutent les gamins?

2. Qu'est-ce que Franck dit à Sylvie pour lui faire la cour?

3. Comment Sylvie prend-elle cela?

4. Qu'est-ce qui interrompt la conversation?

Lorsque son père entre dans sa chambre. Sylvie est encore en chemise de nuit, occupée à nourrir^ ses deux poissons rouges.

—Bonjour, Sylvie, tu as bien dormi?

—Oui, papa.

—Eh bien, dis donc, tu t'en occupes bien de tes poissons. Tu crois qu'ils te reconnaissent?

Sylvie n'aime pas qu'on la traite^ comme un bébé, et elle s'empresse de corriger:

—Moi, je sais les reconnaître. Celui-là s'appelle Plic et celui-là s'appelle Ploc.

D'un doigt sûr, elle a désigné alternativement les deux poissons. Son père décide d'entrer dans son jeu.

—Ah bon, alors celui qui est en train de manger, là, c'est Ploc?

—Non. C'est Plic.

—Ah bon, alors c'est celui-là qui s'appelle Ploc?

—Non, c'est celui-là. Celui-ci s'appelle Plic.

—Mais tu m'avais dit que celui-ci c'était Plic et que l'autre, là-bas, c'était Ploc.

—Oui, mais depuis ils ont tourné en rond, répond Sylvie imperturbable.

Le père, agacé, bat en retraite,^ non sans ajouter:

—Ecoute, je n'y comprends rien du tout à tes poissons. Tu devrais leur mettre une étiquette sur le dos, comme ça je les reconnaîtrai... et puis, dépêche-toi de t'habiller. Tu sais, nous déjeunons au restaurant.

Sylvie lui adresse enfin un sourire.

—On va au restaurant? Chic alors!

* * *

Dans sa chambre, Sylvie est pratiquement prête. Elle porte une jolie robe blanche imprimée de petites fleurs et s'occupe activement à nettoyer son sac à main qui a la forme d'un éléphant en peluche.[1] Elle trempe une brosse dans l'eau du bocal[2] a poissons rouges et frotte, sans grand résultat, les taches de crasse dont l'animal est couvert, tout en lui disant doucement:

—Je vais te nettoyer un peu. Tu es vraiment sale.

---

[1] **peluche** *plush, fluffy*
[2] **bocal?** Dans quoi est-ce qu'on met des poissons?

5. Comment est vêtue Sylvie et que fait-elle?

6. Que lui demande son père? et que pense-t-elle de sa question?

7. Quel est le sujet de la petite discussion entre Sylvie et son père?

8. Pourquoi Sylvie est-elle contente?

9. Décrivez le sac à main de Sylvie.
10. Comment le nettoie-t-elle?

Quelques minutes plus tard, Sylvie rejoint sa maman dans le salon. La maman approuve la robe de Sylvie, mais s'étonne de ce qu'elle tient à la main:

—Et ça, qu'est-ce que c'est?

—Mon sac.

—Un sac, ce machin tout dégoûtant?

—C'est mon sac à main, il y a toutes mes affaires dedans.

—Et qu'est-ce que tu veux en faire?

—Je veux l'emmener avec moi au restaurant.

Sylvie semble déterminée à faire ce qu'elle dit, mais sa mère le prend assez mal:

—Tu veux emmener ce vieux sac tout sale au restaurant? Mais est-ce que tu te rends compte que tu peux couper l'appétit aux gens? On ne peut pas leur imposer ça, tout de même!

Sylvie reste ferme△ sur ses positions:

—Je veux l'emmener avec moi.

Sa mère change de tactique et essaie d'en appeler à sa vanité:

—Sylvie, tu es une petite fille très coquette. Alors, tu ne devrais pas emmener ce sac.

Sylvie ne faiblit pas:

—Ça m'est égal.

A bout d'arguments, la maman de Sylvie appelle son mari à la rescousse:

—Jean-Marie! Tu ne connais pas la dernière trouvaille de ta fille?³ Elle a décidé d'emmener ce vieux machin tout dégoûtant au restaurant. Regarde-moi ça!

Le père se penche vers le vieil éléphant que Sylvie tient fermement dans sa main. Il partage, bien sûr, l'opinion de sa femme, mais essaie d'arbitrer le débat△ avec diplomatie:

—Ecoute, Sylvie, tu ne veux pas amener ce sac au restaurant, regarde, il est tout taché, il n'est vraiment pas beau, hein? Tu vas le poser et puis maman va aller te chercher un vrai sac de dame, tu veux? Tiens, Cathy, va lui chercher un petit sac.

Sylvie s'est désintéressée du problème et joue avec un mégaphone qui traîne sur un fauteuil. Son père l'aperçoit:

—Ah, Sylvie, ne touche pas à ça. Tu sais que je m'en sers pour mon travail, hein!

11. Que pense la mère de la robe de Sylvie?

12. Et de son sac?

13. Qu'est-ce que Sylvie est déterminée à faire?

14. Quel effet est-ce que cela fera au restaurant, d'après la mère?

15. Changeant de tactique, à quoi en appelle la mère ensuite?

16. Quelle solution le père trouve-t-il?

17. Que fait Sylvie pendant tout cela?

18. Que dit son père quand il l'aperçoit?

---

³tu connais sa dernière trouvaille? *you know what she's come up with now?* (**trouvaille** *find, stroke of inspiration*)

La mère, qui avait quitté la pièce, réapparaît et fait signe à son mari de la rejoindre.

—Tu crois que ça va aller, ça? lui demande-t-elle à voix basse en lui présentant un petit sac en velours rouge à monture d'argent.[4]

19. Qu'est-ce que la mère a à la main quand elle revient?

—Mais bien sûr, ça va aller. Il n'y a pas de problème, lui assure le père.

La maman tend alors le sac dans la direction de Sylvie avec un sourire tentateur.

—Regarde, Sylvie, ce que je t'ai amené. C'est un de mes sacs; tu le veux?

20. Quelle offre la mère fait-elle à Sylvie?

Sylvie ne prend même pas la peine de répondre. Plantée à l'autre bout de la pièce, elle se contente de secouer négativement la tête. Le père tente sa chance à nouveau:

—Ecoute, Sylvie, prends ce sac. Tu vois bien qu'il est beaucoup plus beau que le tien, et puis c'est un vrai sac de dame: comme ça, on te prendra pour ma femme. Tu le veux?

21. Comment Sylvie répond-elle sans dire un mot?

22. Selon le père, quels sont les avantages du sac qu'il lui offre?

Sylvie, une fois de plus, hoche[5] la tête négativement. Le ton du père change nettement:

—Bon, écoute, Sylvie. Ce n'est pas compliqué: ou tu prends ce sac-là, ou alors nous allons au restaurant, ta mère et moi, et nous te laissons ici toute seule.

23. Quelle menace fait-il ensuite?

Sylvie répond calmement:

—Ça m'est égal.

—Ça t'est égal? Tu t'obstines? Bien.

Les parents de Sylvie quittent la pièce. Une seconde... et la tête du père réapparaît:

—Tu sais, Sylvie, il est encore temps. Tu n'as pas changé d'avis?

24. Que dit le père quand il réapparaît?

Ce que voit le père de Sylvie, c'est le dos de sa fille et sa chevelure qui oscille[Δ] de droite à gauche. Elle a choisi ce moyen de lui indiquer définitivement que son choix[Δ] était fait.

25. Montrez comment elle répond.

—Bon, eh bien, tant pis.

Et, cette fois-ci, il ferme la porte. Sans une hésitation, Sylvie s'en approche, donne un tour de clef, sort la clef de la serrure et va la jeter dans le bocal à poissons.

Les parents de Sylvie traversent la cour pour quitter l'immeuble sans même jeter un coup d'œil en arrière. Sylvie les surveille de la

26. Que fait-elle dès qu'ils s'en vont?

---

[4]**en velours rouge à monture d'argent** *in red velvet with a silver clasp*
[5]**hoche?** Utilisez le contexte.

fenêtre; dès qu'ils ont disparu, elle va prendre sur la table du salon le mégaphone que son père lui a interdit de toucher.

27. Comment désobéit-elle?

Ce mégaphone, elle doit le porter à deux mains tellement il est lourd. Mais Sylvie, évidemment, sait ce qu'elle veut: elle s'approche de la fenêtre ouverte, appuie le pavillon[6] du mégaphone sur le rebord de la fenêtre, presse le bouton qui fait fonctionner l'appareil, et sa petite voix amplifiée résonne dans toute la cour:

28. Que fait le bouton du mégaphone quand on le presse?

—J'ai faim... J'ai faim... J'ai faim...

Une par une, les fenêtres des appartements voisins s'ouvrent et des têtes curieuses apparaissent. Les frères Deluca ont, eux aussi, entendu la voix de Sylvie et ouvert leur fenêtre. Les parents Deluca se sont joints aux enfants et c'est leur maman qui, la première, lui adresse la parole:

29. Que dit-elle dans le mégaphone?

30. Que font les voisins?

—Qu'est-ce que tu fais là?

Sylvie continue son appel:

—J'ai faim... J'ai faim...

Un voisin du côté gauche intervient:

—Où sont tes parents?

Sylvie explique:

—Ils sont partis au restaurant.

31. Que leur dit-elle à propos de ses parents?

M. Deluca maintenant:

—Ils ne t'ont pas emmenée avec eux?

—Non, ils m'ont laissée ici et j'ai faim.

L'appartement situé au-dessus de chez Sylvie est habité par Thi Loan, une jeune femme vietnamienne. Elle aussi est à la fenêtre avec sa fille et son mari, le papetier,[7] à qui elle explique:

—C'est la petite du troisième à gauche.

—Oui, je la connais, je lui ai déjà vendu de la pâte à modeler,[8] lui répond son mari.

Sylvie reprend de plus belle:[9]

—J'ai faim... J'ai faim...

Les deux Deluca, après avoir consulté leurs parents, font une proposition à Sylvie:

—Viens manger avec nous!

32. Quelle invitation les frères Deluca lui font-ils?

---

[6]**le pavillon du mégaphone** *the horn of the megaphone*
[7]**papetier** marchand qui vend du papier, de la pâte à modeler, etc.
[8]**pâte à modeler** *modelling clay*
[9]**de plus belle** encore plus fort

—Je ne peux pas, je suis enfermée.

Toute la cour est bouleversée: comment peut-on laisser une enfant aussi jeune toute seule... la fille d'un commissaire de police... c'est honteux... et s'il lui arrivait quelque chose?... En tout cas, il faut la nourrir... Pendant que les adultes continuent leurs bavardages, les petits Deluca ont pris une décision.

33. Avec quel petit mensonge répond Sylvie?

34. Quelles sont les réactions des voisins?

Mathieu, dans la cuisine, remplit généreusement un panier de provisions diverses, tandis que Franck prépare un solide rouleau de corde.[10]

35. Que préparent les petits Deluca?

Au passage, le père Deluca inspecte le panier d'où il enlève une bouteille de vin qui lui semble superflue. Au pas de course les petits Deluca traversent la cour, montent l'escalier, réapparaissent à une fenêtre de palier[11] de l'étage supérieur à Sylvie et, avec l'aide de Thi Loan et sous les regards admiratifs de tous les habitants△ de l'immeuble, ils établissent une sorte de pont aérien[12] afin que le panier redescende juste devant la fenêtre où se tient Sylvie.

36. Comment leur père intervient-il?

37. Où réapparaissent les petits Deluca?

La petite fille se saisit du panier, remercie ses sauveurs△ et va s'asseoir sur un fauteuil pour déjeuner en se répétant avec une joie sans mélange:

—Tout le monde m'a regardée, tout le monde m'a regardée...

38. Que font-ils avec le panier?

39. Que fait Sylvie et pourquoi est-elle si heureuse?

---

[10]**rouleau de corde** *coil of rope*
[11]**palier** *landing*
[12]**pont aérien** *airlift. Supplies are brought into a beleaguered city by airlift. In this case, however, the supplies are not lifted, but lowered from the landing above.*

෴ Activités sur le récit

Résumé de l'action

A. Résumez l'action en choisissant la terminaison qui convient à chacune des phrases suivantes.

1. Les gamins s'arrêtent sur les marches de l'église
   a. parce qu'ils ne veulent pas y entrer
   b. pour parler de l'argent de poche qu'ils reçoivent
   c. pendant que leurs parents vont au restaurant
2. Pour faire sa cour à la ravissante petite Sylvie le jeune Franck Deluca lui offre
   a. une insulte
   b. des fleurs
   c. ses poissons rouges

3. Sylvie réagit à la remarque de Franck Deluca en
   a. lui assurant l'exclusivité de son attention
   b. choisissant la manière agressive
   c. haussant les épaules
4. D'après Franck, on a trouvé Sylvie
   a. dans une poubelle
   b. dans un bocal à poissons
   c. dans un pavillon de mégaphone
5. Quand son père entre dans sa chambre Sylvie est occupée à
   a. tourner en rond
   b. jouer avec le mégaphone
   c. nourrir ses poissons
6. Sylvie considère que son père la traite comme un bébé quand il lui demande
   a. si elle veut aller au restaurant
   b. si les poissons la reconnaissent
   c. si elle veut jouer avec le mégaphone
7. Le père dit qu'il pourrait reconnaître les poissons de Sylvie
   a. s'ils ne tournaient pas en rond
   b. si elle les désignait du doigt
   c. si elle leur mettait une étiquette sur le dos
8. Quand le père lui annonce qu'ils déjeunent au restaurant Sylvie
   a. demeure imperturbable
   b. lui adresse un sourire
   c. bat en retraite
9. L'objet qui a la forme d'un éléphant en peluche c'est
   a. son bocal à poissons
   b. sa robe imprimée
   c. son sac à main
10. Pour enlever les taches de crasse de l'animal elle trempe dans l'eau du bocal
    a. sa chemise de nuit
    b. les poissons rouges
    c. une brosse
11. Quand la mère voit le sac à main de Sylvie elle
    a. l'appelle un machin tout dégoûtant
    b. le laisse traîner sur un fauteuil
    c. lui adresse un sourire tentateur
12. Elle lui dit que quand les gens verront ce sac
    a. ils vont vouloir l'emmener
    b. ça va leur couper l'appétit
    c. ils changeront de tactique
13. A bout d'arguments la maman de Sylvie décide d'appeler à la rescousse
    a. un machin tout dégoûtant
    b. son mari Jean-Marie
    c. la jolie robe blanche

14. La maman quitte la pièce pour aller chercher
    a. le mégaphone dont son mari se sert
    b. le vieil éléphant qu'elle tient à la main
    c. un petit sac en velours rouge

15. Quand sa maman tend le sac vers elle et lui demande si elle ne le veut pas, Sylvie
    a. ne prend même pas la peine de répondre
    b. s'exclame «Chic alors!»
    c. lui montre comment elle a nettoyé son sac

16. Quand ils lui disent qu'ils la laisseront toute seule elle
    a. s'écrie «J'ai faim!»
    b. essaie d'arbitrer le débat
    c. répond «Ça m'est égal».

17. Quand ils sont partis, elle ferme la porte à clef, et jette la clef
    a. par la fenêtre
    b. dans son sac à main
    c. dans le bocal à poissons

18. Elle va prendre le mégaphone sur la table. Elle doit le porter à deux mains parce qu'
    a. il est interdit d'y toucher
    b. elle oscille de droite à gauche
    c. il est très lourd à porter

19. Sylvie doit pousser le bouton du mégaphone pour
    a. l'appuyer sur le rebord de la fenêtre
    b. faire fonctionner l'appareil
    c. surveiller ses parents de la fenêtre

20. Les fenêtres des voisins s'ouvrent et des têtes apparaissent parce que:
    a. Sylvie secoue négativement la tête
    b. ils quittent l'immeuble sans même jeter un coup d'œil
    c. la voix de Sylvie résonne dans la cour

21. Quand toute la cour apprend que ses parents ont laissé Sylvie enfermée toute seule
    a. ils décident qu'elle doit l'avoir mérité
    b. ils disent que c'est honteux de leur part
    c. ils n'en sont aucunement bouleversés

22. Les petits Deluca lui préparent un déjeuner en mettant des provisions dans
    a. un panier
    b. un bocal
    c. un sac à main

23. Ensuite ils le font descendre devant la fenêtre de Sylvie au moyen
    a. d'un immeuble
    b. d'un fauteuil
    c. d'une corde

24. La joie de la petite fille est sans mélange parce que:
    a. elle avait vraiment faim
    b. tout le monde l'a regardée
    c. elle s'est vengée sur le petit Deluca

B. Résumez l'action en spécifiant ce qui est désigné par les pronoms en **caractères gras** dans les phrases suivantes.

1. les enfants s'**y** arrêtent pour discuter leurs problèmes d'argent de poche
2. on **y** a trouvé la petite Sylvie, du moins d'après Franck Deluca
3. les enfants s'**y** dirigent—sans enthousiasme exagéré—quand ils entendent la sonnerie
4. Sylvie, les Deluca, Thi Loan et son mari le papetier, et d'autres voisins **y** demeurent
5. Le père de Sylvie **y** entre pour bavarder avec sa fille
6. le père de Sylvie va **y** emmener leur petite famille ce dimanche-là
7. Sylvie **y** garde toutes ses affaires
8. la maman de Sylvie **y** réapparaît, un petit sac en velours rouge à la main
9. Sylvie **en** sort la clef après le départ de ses parents
10. Sylvie **y** jette la clef
11. ses parents **la** traversent sans jeter un coup d'œil en arrière
12. le mégaphone dont le père de Sylvie se sert dans son travail **y** traîne
13. Sylvie **y** appuie le pavillon du mégaphone
14. des têtes curieuses **y** apparaissent quand la voix de Sylvie résonne dans toute la cour
15. les petits Deluca **y** mettent des provisions diverses y compris une bouteille de vin que leur père enlève
16. les petits Deluca **y** montent, et, avec l'aide de Thi Loan, font redescendre le panier au moyen d'une corde
17. Sylvie s'**y** tient, se saisit du panier, et remercie ses sauveurs

Si vous ne trouvez pas toutes les réponses vous pouvez les chercher dans la liste suivante.

a. dans le bocal
b. dans la chambre de Sylvie
c. la cour
d. vers l'école
e. à l'étage supérieur
f. dans un fauteuil
g. aux fenêtres
h. à sa fenêtre
i. dans l'immeuble
j. sur les marches de l'église
k. dans le panier
l. dans une poubelle
m. au rebord de la fenêtre
n. au restaurant
o. dans son sac à main
p. dans le salon
q. de la serrure

Sujets de discussion orale ou écrite

Discutez le comportement des enfants dans cet épisode du film. En quoi semble-t-il typique? Diffère-t-il de ce que cela serait dans votre propre pays? Considérez aussi le comportement des adultes, du même point de vue. Questions à discuter:

1. La façon dont le petit Franck s'y prend pour s'assurer l'exclusivité de l'attention de Sylvie.
2. La réponse de Sylvie. Est-elle timide? Pleure-t-elle facilement? Sait-elle se défendre? Connaissez-vous des enfants qui lui ressemblent?
3. Quel jour est-ce, et où Sylvie et ses parents vont-ils déjeuner? Fait-on la même chose chez vous?
4. Sylvie et ses poissons. La perplexité de son père.
5. Sylvie et son sac à main. Les enfants ont-ils souvent une possession qu'ils chérissent tout particulièrement?
6. L'attitude des parents envers la propreté (*cleanliness*) et les apparences. Serait-elle la même dans les milieux que vous connaissez? Croyez-vous qu'ils s'inquiètent trop de la réaction des autres clients dans le restaurant?
7. La tactique des parents. Ont-ils raison de l'adopter? Faut-il encourager les petites filles à être coquettes—c'est-à-dire à s'habiller avec beaucoup de soin? Y a-t-il d'autres qualités—indépendance, confiance en soi—plus importantes?
8. A un certain moment il est évident que l'idée de déjeuner dans le restaurant n'intéresse plus Sylvie. Qu'est-ce qu'elle a décidé de faire? Cela vous semble-t-il vraisemblable de la part d'un enfant de son âge?
9. Quelle est l'attitude du narrateur envers ces parents qui laissent leur petite fille toute seule? Envers cette petite fille qui désobéit à ses parents et qui ment à ses voisins? Désapprouve-t-il?
10. La solution que les petits Deluca trouvent à la situation où Sylvie prétend se trouver. Est-ce là une idée qui viendrait tout naturellement à l'esprit d'un enfant?
11. On a prétendu qu'en France on applaudit les enfants sages, mais on admire les enfants malins (*smart, cunning*). Cet épisode confirme-t-il cette idée?

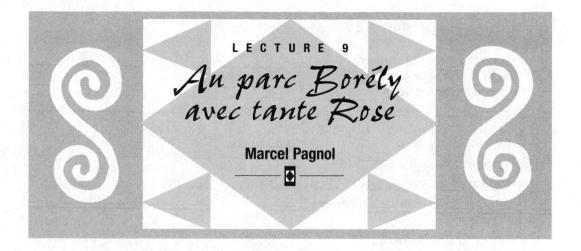

LECTURE 9
An parc Borély avec tante Rose

Marcel Pagnol

◉◉ Préparation à la lecture

L'auteur

The moviemaker, dramatist, and novelist, Marcel Pagnol (1895–1974) was one of the most popular and successful authors of his time. Especially in some of the movies he made during the thirties—*Fanny, César, La Femme du boulanger*, and others—he enchanted French and international audiences with the image he presented of the life and manners of his native Provence and its metropolis, Marseilles. His skill at story-telling and dialogue, his humor, gift of phrase, eye for detail, and the keen appetite for life that his work displays help to explain the popularity it has enjoyed.

Le personnage

In the *Souvenirs d'enfance*, from which this selection is taken, Pagnol evokes his extraordinarily picturesque, fragrant, sundrenched native land. He celebrates its provençal song and mirth, and nostalgically recalls the semi-impoverished but adventurous life his family led there at the turn of the century. The setting and the events are seen through the eyes of the boy Marcel, from his first memories to early adolescence. The six-year-old Marcel we meet in this selection, with his avid enjoyment of the park, his lively response to the adults around him, and his sudden initiation into the fine art of impenitent lying, is a child that many readers have enjoyed getting to know.

Le cadre

The episode presented here takes place in Marseilles, and begins in the **parc Borély,** an elegant park in an elegant part of the city. Although much has changed in France since 1901—trolleys belong to the past and grown-ups no longer feel the need to take bicycle lessons—children are still taken to the park on days when there is no school, there are still ducks in the pond and donkey rides, and you still get in trouble if you walk on the grass.

Le Lexique et la grammaire

J'aimais jouer sur le **plancher**	*floor*	
de la **salle à manger** entre les jambes	*dining room*	
des adultes. A l'**époque** nous allions	*epoch*	*time*
souvent au parc. J'aimais ces **sorties.**	*excursions*	
Je vivais dans l'**espoir** d'y être emmené	*hope*	
et je n'étais jamais **déçu.**	*disappointed*	
J'étais **reconnaissant** à tante Rose.	*grateful*	
Je me **hâtais** d'arriver au parc.	*hastened*	
Nous nous promenions dans les **allées**	*alleys*	*paths, walks*
ombragées.	*shaded*	
Il y avait des plantes **sauvages.**	1. *savage*	2. *wild*
Il était **défendu** d'y toucher.	1. *defended*	2. *forbidden*
Le **gardien** ne le permettait pas.	cf. *guardian*	*guard*
Il y avait un omnibus tiré par		
quatre **chèvres.**	*goats*	
Il y avait de belles **pelouses** vertes.	*lawns*	
Une **escadre**	*squadron*	
de **canards** naviguait dans	*ducks*	
l'**étang.**	*pond*	
J'apportais toujours du **pain.**	*bread*	
Je **lançais**	*threw*	
des **croûtons** aux bêtes,	*croutons*	*crumbs*
rangées en demi-cercle devant moi.	*arranged*	*lined up*
J'aimais aussi m'approcher de		
ces **oiseaux**	*birds*	
en **retenant mon souffle,**	*holding my breath*	
et la **mâchoire**	*jaw*	
serrée, comme un guerrier, une pierre	*clenched*	
à la main. Quand je la lançais, ils		
battaient de l'**aile** et faisaient	*wing*	
entendre des cris **déchirants.**	*piercing*	
Parfois un cycliste débutant faisait		
une **chute,** puis se relevait furieux,	*fall*	
tout couvert de **poussière,**	*dust*	
et le pantalon déchiré aux **genoux.**	*knees*	
Nous nous asseyions **d'ordinaire**	*ordinarily, usually*	
sur le même banc. Il était devenu,		
pour ainsi dire, notre **campement.**	*encampment*	
Ma tante portait une jolie **voilette**	*little veil*	
qui cachait ses **tempes.**	*temples*	

Elle portait une **ombrelle** qu'elle avait **empruntée** à maman.	not: *umbrella* *borrowed*	but: *parasol*
Elle était assise sur un banc avec son **tricot.**	*knitting*	
Il y avait un monsieur avec une moustache **épaisse,** et des **sourcils** noirs.	*thick* *eyebrows*	
Il avait la **figure** rose, et portait des **gants** de cuir.	1. *figure* cf. *gauntlet*	2. *face* *gloves*
Il avait beaucoup d'**éducation.**	1. *education*	2. *breeding, upbringing*
Il vivait de ses **rentes.**	not: *rent*	but: *private income*
Moi, je le considérais comme **un vieillard.**	*old man*	
J'ai **assisté à** leur première rencontre.	not: *assisted at*	but: *was present at*
Elle **rougissait** quand il lui parlait.	*blushed*	
Rose, était-elle **soutenue** par ce monsieur riche? Etait-ce une **courtisane**? Mais non!	*sustained* *courtesan*	*supported* *kept woman*
Quelle idée **plaisante**!	1. *pleasing*	2. *funny*
Tout le parc **lui appartenait.**	*belonged to him*	
C'était **sinon** un mensonge **du moins** une grosse exagération, mais **à force de** le répéter il le croyait lui-même.	*if not* *at least* *by, by dint of*	

L'art de lire: les idiotismes

There are a number of idioms in the story that should be fairly easy to understand, especially in context. See if you can guess what they mean before looking at the right-hand column.

Cet enfant **a bonne mine.**	*looks fine, healthy*
Le garde s'en alla **à pas comptés.**	*with a measured tread*
Trente-sept ans, c'est **la force de l'âge.**	*the prime of life*
Pour être beau, Il n'est pas beau.	*as far as good looks are concerned*
Il l'a frappé **en pleine tête.**	*right in the middle of his head*
Il en riait **aux larmes.**	*until tears came to his eyes*

L'art de lire: le comparatif et le superlatif

The comparative and the superlative follow a similar pattern in French and in English.

moins... que	*less... than*
plus... que	*more... than*
le plus	*the most*
le moins	*the least*

The equivalent for **plus** and **le plus** in English, however, is often the *-er* or *-est* ending.

Elle était **plus jolie que** les autres.	*She was **prettier** than the others.*
Elle était **la plus jolie.**	*She was **the prettiest**.*
Je vous verrai **plus tard.**	*I'll see you **later**. (not: more late.)*

Related expressions:

Elle devenait **de plus en plus jolie.**	*She was becoming **prettier and prettier**.*
Elle était **aussi jolie que** ma mère.	*She was **as pretty as** my mother.*
Elle était **si jolie que** tout le monde l'admirait.	*She was **so pretty that** everyone admired her.*
J'étais fier d'avoir un ami **si riche.**	*I was proud of having **such a rich** friend.*
Cela ne lui coûtait rien, mais je **n'en** étais **pas moins** reconnaissant.	*It cost him nothing, but I was **nonetheless** grateful.*
Plus il me donnait, **plus** j'étais reconnaissant.	***The more** he gave me, **the more** grateful I was.*

Note that when the **ne** is omitted from the negative expression **ne... plus,** only the context can tell you where **plus** means *more* or *no more.*

Plus de sorties au parc! Ce garçon doit travailler.	***No more** trips to the park! This boy has to work.*
Plus de sorties au parc! Ce garçon a besoin d'air pur.	***More** trips to the park! This boy needs fresh air.*

Exercices

A. Lisez le passage suivant en remplaçant les mots en **caractères gras** par un synonyme.

aux larmes	faire une chute	reconnaissance
croûtons	lancer	sortie
déchirants	ombragé	vieillard
déçu		

Encore aujourd'hui j'ai beaucoup de **gratitude** (1) pour ma tante Rose. C'est elle qui m'emmenait, deux fois par semaine, faire une **petite excursion** (2) au parc Borély. J'y allais toujours avec beaucoup d'anticipation, et je n'étais jamais **désappointé** (3).

J'aimais **jeter** (4) aux canards qui naviguaient dans l'étang des **petits morceaux de pain** (5) que j'emportais dans un sac. J'aimais aussi regarder les cyclistes débutants s'élancer dans les allées, et puis soudain **tomber** (6), en poussant des cris **qui perçaient les oreilles** (7). J'en riais **follement** (8).

Nous nous installions toujours sur le même banc **à l'abri du soleil** (9). J'avais six ans. Pour moi, le monsieur qui est venu un beau jour s'installer sur notre banc était un **homme très âgé** (10).

B. Lisez le passage suivant en remplissant les tirets par le mot convenable.

ailes	genoux	serrée
canards	mâchoire	sinon
chèvre	du moins	sœur
épais	oiseaux	souffle
espoir	plancher	sourcils
à force de		

J'étais encore tout petit, mais j'étais agile comme une __1__. Quand je jouais avec mon petit frère, je me mettais à __2__ sur le __3__ de la salle à manger, et je courais à quatre pattes à toute vitesse.

Mais j'aimais surtout aller au parc avec ma tante Rose. C'était la __4__ de ma mère, et tout aussi jolie. Elle avait de longs cheveux noirs et __5__. Ses beaux yeux brillaient sous ses __6__ noirs et fins.

Au parc, on entendait les petits __7__ qui chantaient dans les arbres. On les entendait chanter, on entendait battre leurs __8__. Il y avait aussi des __9__ qui nageaient dans l'étang.

Mon grand __10__ était de frapper un de ces animaux d'une pierre. Le regard fixe, et la __11__ serrée, je m'approchais en retenant mon __12__, pour ne pas leur faire peur. Je tenais la pierre __13__ dans la main, puis je la lançais.

Un jour, __14__ lancer des pierres, j'ai fini par en atteindre un, et cela m'a fait peur. Je craignais de l'avoir __15__ tué, __16__ blessé sérieusement.

Au parc Borély avec tante Rose

Le jeudi[1] et le dimanche, ma tante Rose, qui était la sœur aînée de ma mère, et qui était aussi jolie qu'elle, venait déjeuner à la maison, et me conduisait ensuite, au moyen d'un tramway, jusqu'en ces lieux enchantés.

On y trouvait des allées ombragées par d'antiques platanes,[2] des bosquets[3] sauvages, des pelouses qui vous invitaient à vous rouler dans l'herbe, des gardiens pour vous le défendre, et des étangs où naviguaient des flottilles de canards.

On y trouvait aussi, à cette époque, un certain nombre de gens qui apprenaient à gouverner[4] des bicyclettes: le regard fixe, les mâchoires serrées, ils échappaient soudain au professeur, traversaient l'allée, disparaissaient dans un fourré,[5] et reparaissaient, leur machine autour du cou. Ce spectacle ne manquait pas d'intérêt, et j'en riais aux larmes. Mais ma tante ne me laissait pas longtemps dans cette zone dangereuse: elle m'entraînait—la tête tournée en arrière—vers un coin tranquille, au bord de l'étang.

Nous nous installions sur un banc, toujours le même, devant un massif de lauriers,[6] entre deux platanes; elle sortait un tricot de son sac, et j'allais vaquer[7] aux travaux de mon âge.

Ma principale occupation était de lancer du pain aux canards. Ces stupides animaux me connaissaient bien. Dès que je montrais un croûton, leur flottille venait vers moi, à force de palmes,[8] et je commençais ma distribution.

Lorsque ma tante ne me regardait pas, tout en leur disant, d'une voix suave, des paroles de tendresse, je leur lançais aussi des pierres, avec la ferme intention d'en tuer un. Cet espoir, toujours déçu,

1. Quand Marcel et sa tante allaient-ils au parc?

2. Qu'est-ce qu'il était défendu d'y faire?

3. Qu'est-ce que ces gens apprenaient à faire?

4. De quel œil Marcel voyait-il leurs accidents?

5. Que faisait la tante Rose quand Marcel jouait?

6. Pourquoi les canards venaient-ils vers Marcel?

7. Que faisait-il quand on ne le regardait pas?

---

[1]**jeudi** jour de congé dans les écoles à cette époque
[2]**platanes** *plane trees*
[3]**bosquets** *groves*
[4]**gouverner?** Continuez à lire, et utilisez le contexte.
[5]**fourré** *thicket*
[6]**un massif de lauriers** *a clump of laurel*
[7]**vaquer** *to attend to*
[8]**palmes** *webbed feet*

faisait le charme de ces sorties, et dans le grinçant[9] tramway du Prado, j'avais des frémissements[10] d'impatience.

Mais un beau dimanche, je fus péniblement surpris lorsque nous trouvâmes un monsieur assis sur notre banc. Sa figure était vieux-rose; il avait une épaisse moustache châtain,[11] des sourcils roux[12] et bien fournis, de gros yeux bleus, un peu saillants.[13] Sur ses tempes, quelques fils blancs.[14] Comme de plus, il lisait un journal, je le classai aussitôt parmi les vieillards.

Ma tante voulut m'entraîner vers un autre campement; mais je protestai: c'était *notre* banc, et ce monsieur n'avait qu'à partir.

Il fut poli et discret. Sans mot dire, il glissa jusqu'au bout du siège, et tira près de lui son chapeau melon,[15] sur lequel était posée une paire de gants de cuir,[16] signe incontestable de richesse, et d'une bonne éducation.

Ma tante s'installa à l'autre bout, sortit son tricot et je courus, avec mon petit sac de croûtons, vers le bord de l'étang.

Je choisis d'abord une très belle pierre, grande comme une pièce de cinq francs, assez plate, et merveilleusement tranchante. Par malheur, un garde me regardait: je la cachai donc dans ma poche, et je commençai ma distribution, avec des paroles si plaisantes et si affectueuses que je fus bientôt en face de toute une escadre rangée en demi-cercle.

Le garde—un blasé[Δ]—me parut peu intéressé par ce spectacle: il tourna simplement le dos, et s'en alla à pas comptés. Je sortis aussitôt ma pierre, et j'eus la joie—un peu inquiète—d'atteindre en pleine tête le vieux père canard. Mais au lieu de chavirer et de couler à pic[17]—comme je l'espérais—ce dur-à-cuir vira de bord,[18] et s'enfuit à toutes palmes, en poussant de grands cris d'indignation. A dix mètres du bord, il s'arrêta et se tourna de nouveau vers moi; debout sur l'eau et battant des ailes, il me lança toutes les injures qu'il savait, soutenu par les cris déchirants de toute sa famille.

8. Quelle surprise ont-ils un jour?

9. Comment Marcel classe-t-il le monsieur, et pourquoi?

10. Comment sait-on qu'il a une bonne éducation?

11. Pourquoi Marcel cache-t-il sa pierre?

12. Comment parle-t-il aux canards?

13. Quel succès a-t-il quand il lance enfin sa pierre?

14. Que fait le vieux père canard?

---

[9]**grinçant** *creaking*
[10]**frémissements** *tremblings*
[11]**châtain** *chestnut-colored*
[12]**roux** *red*
[13]**saillants** *protuberant*
[14]**quelques fils blancs** *a few white hairs*
[15]**chapeau melon** *derby hat*
[16]**cuir?** Quelle sorte de gants un monsieur élégant porterait-il?
[17]**chavirer et couler à pic** *capsizing and sinking straight to the bottom*
[18]**ce dur-à-cuire vira de bord** *this tough customer came about (to come about [in a sailboat], to head off on another tack)*

Le garde n'était pas bien loin: je courus me réfugier auprès de ma tante.

Elle n'avait rien vu, elle n'avait rien entendu, elle ne tricotait pas: elle faisait la conversation avec le monsieur du banc.

—Oh! le charmant petit garçon! dit-il. Quel âge as-tu?

—Six ans.

—Il en paraît sept! dit le monsieur. Puis il fit compliment sur ma bonne mine, et déclara que j'avais vraiment de très beaux yeux.

Elle se hâta de dire que je n'étais pas son fils, mais celui de sa sœur, et elle ajouta qu'elle n'était pas mariée. Sur quoi l'aimable vieillard me donna deux sous, pour aller acheter des «oublies»[19] au marchand qui était au bout de l'allée.

On me laissa beaucoup plus libre que d'ordinaire. J'en profitai pour aller chez les cyclistes. Debout sur un banc—par prudence—j'assistai à quelques chutes inexplicables.

La plus franchement comique fut celle d'un vieillard d'au moins quarante ans: en faisant de plaisantes grimaces, il arracha le guidon[20] de la machine, et s'abattit[21] tout à coup sur le côté, en serrant toujours de toutes ses forces les poignées de caoutchouc.[22] On le releva, couvert de poussière, ses pantalons déchirés aux genoux, et aussi indigné que le vieux canard. J'espérais une bataille de grandes personnes, lorsque ma tante et le monsieur du banc arrivèrent et m'entraînèrent loin du groupe vociférant, car il était l'heure de rentrer.

Le monsieur prit le tramway avec nous: il paya même nos places, malgré les très vives protestations de ma tante qui en était, à mon grand étonnement, toute rougissante. J'ai compris, beaucoup plus tard, qu'elle s'était considérée comme une véritable courtisane, parce qu'un monsieur encore inconnu avait payé trois sous pour nous.

Nous le quittâmes au terminus, et il nous fit de grandes salutations, avec son chapeau melon à bout de bras.

En arrivant sur la porte de notre maison, ma tante me recommanda—à voix basse—de ne parler jamais à personne de cette rencontre. Elle m'apprit que ce monsieur était le propriétaire du parc

15. Que dit le monsieur à propos de Marcel?

16. Qu'est-ce que Rose se hâte d'expliquer?

17. Qu'est-ce que le monsieur donne à Marcel et pour quoi faire?

18. Qui Marcel va-t-il regarder?

19. En quel état est le cycliste qui est tombé?

20. Qu'est-ce que Marcel espérait voir?

21. Que fait le monsieur dans le tramway, malgré les protestations de la tante Rose?

---

[19]**«oublies»** *thin, cone-shaped cookies, traditionally sold by street vendors*
[20]**le guidon** *the handlebar*
[21]**s'abattit** tomba
[22]**les poignées de caoutchouc** *the rubber handle-guards*

Borély, que si nous disions un seul mot de lui, il le saurait certainement, et qu'il nous défendrait d'y retourner. Comme je lui demandais pourquoi, elle me répondit que c'était un «secret». Je fus charmé de connaître, sinon un secret, du moins son existence. Je promis, et je tins parole.

Nos promenades au parc devinrent de plus en plus fréquentes, et l'aimable «propriétaire» nous attendait toujours sur notre banc. Mais il était assez difficile de le reconnaître de loin, car il n'avait jamais le même costume. Tantôt c'était un veston clair avec un gilet bleu, tantôt une veste de chasse sur un gilet de tricot; je l'ai même vu en jaquette.[23]

De son côté, ma tante Rose portait maintenant un boa de plumes, et une petite toque de mousseline[24] sous un oiseau bleu aux ailes ouvertes, qui avait l'air de couver son chignon.[25]

Elle empruntait l'ombrelle de ma mère, ou ses gants, ou son sac. Elle riait, elle rougissait, et elle devenait de plus en plus jolie.

Dès que nous arrivions, le «propriétaire» me confiait d'abord au berger des ânes[26] que je chevauchais[27] pendant des heures, puis à l'omnibus traîné par quatre chèvres, puis au patron du toboggan:[28] je savais que ces largesses ne lui coûtaient rien, puisque tout le parc lui appartenait, mais je n'en étais pas moins très reconnaissant, et j'étais fier d'avoir un ami si riche, et qui me prouvait un si parfait amour.

Six mois plus tard, en jouant aux cachettes[29] avec mon frère Paul, je m'enfermai dans le bas du buffet, après avoir repoussé les assiettes. Pendant que Paul me cherchait dans ma chambre, et que je retenais mon souffle, mon père, ma mère et ma tante entrèrent dans la salle à manger. Ma mère disait:

—Tout de même, trente-sept ans, c'est bien vieux!

—Allons donc! dit mon père, j'aurai trente ans à la fin de l'année, et je me considère comme un homme encore jeune. Trente-sept ans, c'est la force de l'âge! Et puis, Rose n'a pas dix-huit ans!

22. Quel mensonge innocent Rose dit-elle à Marcel à propos du monsieur?

23. Quelle promesse Marcel fait-il?

24. Pourquoi était-il difficile de reconnaître le monsieur de loin?

25. A votre avis, pourquoi s'habillent-ils tous les deux avec tant de soin?

26. Pourquoi Marcel croit-il que les largesses du monsieur ne lui coûtent rien?
27. Où se cache-t-il en jouant aux cachettes?

28. Qui entend-il parler?

29. Quelle est l'objection de la mère, et comment le père y répond-il?

---

[23]**jaquette** *morning coat;* **veste** *jacket;* **veston** *jacket;* **gilet** *vest.* There are many **faux amis** *in the vocabulary of clothing.* (cf. **slip** *underpants, panties*)
[24]**une toque de mousseline** *a muslin cap*
[25]**qui avait l'air de couver son chignon** *which seemed to be nesting on her bun*
[26]**le berger des ânes** *the man in charge of donkey rides*
[27]**chevauchais?** Que fait-on sur un âne?
[28]**le patron du toboggan** *the man in charge of the slide*
[29]**cachettes?** Dans quel jeu les joueurs se cachent-ils?

—J'ai vingt-six ans, dit la tante Rose. Et puis il me plaît.

—Qu'est-ce qu'il fait, à la Préfecture?[30]

—Il est sous-chef de bureau. Il gagne deux cent vingt francs par mois.

—Hé! hé! dit mon père.

—Et il a de petites rentes qui lui viennent de sa famille.

—Ho Ho! dit mon père.

—Il m'a dit que nous pouvions compter sur trois cent cinquante francs par mois.

J'entendis un long sifflement, puis mon père ajouta:

—Eh bien, ma chère Rose, je vous félicite! Mais au moins, est-ce qu'il est beau?

—Oh non! dit ma mère. Ça, pour être beau, il n'est pas beau.

Alors, je poussai brusquement la porte du buffet, je sautai sur le plancher, et je criai:

—Oui! Il est beau! Il est superbe!

Et je courus vers la cuisine, dont je fermai la porte à clef.

* * *

C'est à la suite de tous ces événements que le propriétaire vint un jour à la maison, accompagné de ma tante Rose.

Il montrait un large sourire, sous les ailes d'un chapeau melon, qui était d'un noir lustré.△ La tante Rose était toute rose, vêtue de rose des pieds à la tête, et ses beaux yeux brillaient derrière une voilette bleue accrochée au bord d'un canotier.[31]

Ils revenaient tous deux d'un court voyage, et il y eut de grandes embrassades: oui, le propriétaire, sous nos yeux stupéfaits, embrassa ma mère, puis mon père!

Ensuite, il me prit sous les aisselles,[32] me souleva, me regarda un instant, et dit: «Maintenant, je m'appelle l'oncle Jules, parce que je suis le mari de tante Rose.»

* * *

30. Où le monsieur travaille-t-il?

31. Quel autre revenu a-t-il?

32. Qu'est-ce qui fait une grande impression sur le père?

33. Comment la mère juge-t-elle l'aspect physique du monsieur?

34. Quelle surprise les adultes ont-ils à ce moment- là?

35. Qui est venu un jour à la maison?

36. Comment le monsieur a-t-il étonné les enfants?

37. Quelle annonce fait-il à Marcel?

---

[30]**Préfecture** *office of the* **préfet**, *chief administrator of the region, appointed by the central government. Not to be confused with the* **préfecture de police**—*police station.*

[31]**un canotier** *a straw hat, a boater*

[32]**sous les aisselles?** Comment prend-on un enfant de six ans quand on le soulève? Montrez le geste.

Mon oncle Jules devint très vite mon grand ami. Il me félicitait souvent d'avoir tenu la parole donnée, et d'avoir gardé le secret, au temps des rendez-vous au parc Borély; il disait à qui voulait l'entendre, que «cet enfant ferait un grand diplomate» ou un «officier de premier ordre» (cette prophétie, qui avait pourtant une alternative, ne s'est pas encore réalisée). Il tenait beaucoup à voir mes bulletins scolaires,³³ et me récompensait (ou me consolait) par des jouets³⁴ ou des sachets de berlingots.³⁵

38. De quoi l'oncle Jules félicitait-il souvent Marcel?

39. Quelles carrières lui prédisait-il?

Cependant, comme je lui conseillais un jour de faire construire une petite maison dans son admirable parc Borély, avec un balcon pour voir les cyclistes, il m'avoua, sur le mode badin,³⁶ qu'il n'en avait jamais été le propriétaire.

40. Quel conseil Marcel donne-t-il un jour à son oncle?
41. Qu'est-ce que l'oncle avoue dans sa réponse?

Je fus consterné par la perte instantanée d'un si beau patrimoine,ᴬ et je regrettai d'avoir si longtemps admiré un imposteur.

De plus, je découvris, ce jour-là que les grandes personnes savaient mentir aussi bien que moi, et il me sembla que je n'étais plus en sécurité parmi elles.

42. Quelle découverte la réponse nonchalante de l'oncle Jules apporte-t-elle au petit Marcel?

Mais d'un autre côté, cette révélation, qui justifiait mes propres mensonges passés, présents et futurs, m'apporta la paix du cœur, et lorsqu'il était indispensable de mentir à mon père, et que ma petite conscience protestait faiblement, je lui répondais: «Comme l'oncle Jules!», alors, l'œil naïf et le front serein, je mentais admirablement.

43. Quel avantage trouve-t-il dans cette révélation?
44. Que fait-il désormais en bonne conscience?
45. Comment le justifie-t-il?

---

³³**mes bulletins scolaires** *my report cards*
³⁴**des jouets?** Qu'est-ce qu'un bon oncle comme Jules offrirait à son neveu?
³⁵**des sachets de berlingots** *bags of candy*
³⁶**sur le mode badin** *in a jocular manner*

L'art de lire: le personnage

We get to know the little boy through his actions and through his perspective on people and events. He pays more attention to ducks and to oldsters trying to ride bicycles but somehow manages to relate the courting and marriage of his aunt. Descriptive details outline and then flesh out characters in situations. Clothing and physical characteristics are emphasized. The central character is possessive, torments animals, learns to live with falsehoods, and charms readers. Try to visualize scenes in this story in your own way.[1]

L'art de lire: le temps

1. **L'article défini.**   Used before days of the week and some other expressions of time, the definite article indicates that the action is recurring or habitual.

   Le jeudi et **le dimanche** nous allions au parc.

   Thursdays and *Sundays* we went to the park.

   Review **l'imparfait et le passé simple** on page 143.

2. **Mais.** The beginning of the story, the telling of recurrent and habitual events, comes to an end with the beginning of a story. The plot is set in motion with an exceptional, interrupting occurrence set up by the conjunction **mais** and some introductory indefinites: **un beau dimanche.** The **imparfait** is replaced by the **passé simple.**
3. **La première personne.** The perspective in this story is determined by first-person narration. The **passé simple** keeps the **récit** at a level of past action: when Marcel was a little boy. First-person examples of this tense are worth remarking: **nous trouvâmes un monsieur.**
4. **L'avenir.** A **future** of the story is suggested from the perspective of the moment of writing: **cette prophétie ne s'est pas encore réalisée.** Note the switch to the **passé composé.** The present of the writing is the present of the text. Marcel the narrator can still hope.

☙ Activités sur le récit

Résumé de l'action

A. Résumez l'action en spécifiant ce qui est désigné par les pronoms en **caractères gras** dans les phrases suivantes.

---

[1]The movie *La Gloire de mon père* (directed by Yves Robert), based on Pagnol stories, is recommended.

1. Sa tante Rose **y** emmenait le petit Marcel, le jeudi et le dimanche.
2. Les gardiens vous défendaient de vous **y** rouler dans l'herbe.
3. A cette époque un certain nombre de gens apprenaient à **les** gouverner, non sans accidents.
4. Marcel et sa tante s'**y** installaient, toujours sur le même.
5. La tante Rose **le** sortait de son sac tandis que le garçon allait jouer.
6. Posés sur son chapeau melon par le monsieur assis à côté d'eux, **ils** étaient un signe incontestable de son éducation.
7. Des flotilles de canards **y** naviguaient.
8. Marcel **en** jetait aux canards quand on le regardait.
9. Il **en** jetait aux canards quand on ne le regardait pas.
10. Atteint en pleine tête, **il** s'enfuit à toutes palmes, en poussant de grands cris d'indignation.
11. Le monsieur **en** donna à Marcel pour aller acheter des «oublies» au marchand qui était au bout de l'allée.
12. Quand on releva le monsieur qui était tombé de sa bicyclette, **ils** étaient déchirés aux genoux.
13. La tante Rose et Marcel **le** prenaient pour aller au parc, et pour en revenir.
14. A l'heure de rentrer, le monsieur **les** paya, malgré les vives protestations de la tante Rose.
15. Le monsieur **en** portait un différent chaque fois qu'il les rencontrait au parc.
16. Il y **en** avait quatre qui traînaient l'omnibus dans lequel l'heureux petit Marcel se promenait.
17. Marcel s'**y** enferma en jouant aux cachettes avec son frère Paul, et ainsi entendit la conversation des adultes.
18. En plus de son salaire, le monsieur qui allait devenir l'oncle Jules avait **ce** qui lui venait de sa famille.
19. Le jour où Marcel conseilla à son oncle Jules d'**en** construire une dans son admirable parc Borély, il apprit enfin la vérité.
20. Désormais Marcel **en** disait sans hésiter. C'est qu'il suivait l'exemple de l'oncle Jules.

Si vous ne trouvez pas la réponse vous pouvez la chercher dans la liste suivante.

a. de l'argent (deux sous)
b. sur leur banc
c. les bicyclettes
d. dans le buffet
e. des chèvres
f. un costume
g. dans l'étang
h. ses gants (de cuir)
i. une maison (avec un balcon)
j. des mensonges
k. du pain
l. ses pantalons
m. au parc Borély
n. sur les pelouses
o. des pierres
p. leurs places (dans le tramway)
q. de petites rentes
r. le tramway
s. son tricot
t. le vieux père canard

B. Résumez l'action en spécifiant qui prononce ou pourrait prononcer les phrases suivantes.

1. Je ne suis pas un ogre, mais il est de mon devoir d'empêcher les enfants de marcher sur la pelouse.
2. Mais c'est notre banc, ce monsieur n'a qu'à partir!
3. Marcel! Si tu n'es pas plus poli je te laisserai à la maison la prochaine fois!
4. Ôh! le charmant petit garçon! Quel âge a-t-il?
5. Mon Dieu, que mes étudiants sont maladroits! En voilà un qui a arraché le guidon d'une des machines.
6. Regardez mes pantalons déchirés! Vous auriez dû me prévenir du risque! Vous n'avez pas honte?
7. Les trois places, ça vous fait un total de trois sous, monsieur.
8. Le monsieur c'est le propriétaire du parc Borély. Mais tu dois promettre de n'en jamais dire un mot à personne.
9. Mais bien sûr que tu peux l'emprunter mon ombrelle, ma petite Rose, et que cela te porte bonheur.
10. Cette petite toque de mousseline vous va comme un charme, mademoiselle. Remarquez aussi que le prix est très intéressant.
11. Ce veston bleu est absolument impeccable. Et il irait très bien avec le gilet que vous portez, monsieur.
12. Du moment qu'il peut payer, il peut chevaucher mes ânes tant qu'il veut, ce garçon. Tant mieux, puisque j'en gagne.
13. Dis donc, tu veux jouer aux cachettes, Marcel, tu veux?
14. Tout de même, trente-sept ans c'est bien vieux!
15. Allons donc! J'en aurai trente à la fin de l'année et je me considère comme un homme encore jeune.
16. Ça, pour être beau, il n'est pas beau.
17. Oui! Il est beau! Il est superbe!
18. Mais écoute, mon petit Marcel, ça c'était une plaisanterie. Propriétaire du parc Borély, je ne le suis pas.
19. Eh bien, puisque c'est comme ça, puisque les grandes personnes le font, je n'ai qu'à faire comme eux—comme l'oncle Jules, quoi!

Si vous ne trouvez pas la réponse vous pouvez la chercher dans la liste suivante.

a. le berger des ânes
b. le cycliste débutant
c. le professeur (de bicyclette)
d. le gardien
e. Marcel
f. la mère de Marcel
g. l'oncle Jules
h. Paul (le frère de Marcel)
i. le père de Marcel
j. le receveur de tramway
k. la tante Rose
l. le vendeur (dans un magasin d'habillement masculin)
m. la vendeuse (dans un magasin d'habillement féminin)

Sujets de discussion orale ou écrite

1. Cette sélection des *Souvenirs d'enfance* de Marcel Pagnol, comme les sélections de *L'Argent de poche* de François Truffaut, présente la vie des enfants, avec cette différence, cependant: dans la sélection de Pagnol, il s'agit des souvenirs d'une enfance passée vers le début de notre siècle, l'époque des moustaches en guidon de vélo (*handlebar*) et des boas de plumes. Quels sont les éléments dans le texte qui se rattachent à ce passé assez lointain? A part cela, la vie de Marcel ressemble-t-elle à celle des enfants dans *L'Argent de poche?*

2. Dans le comportement du petit Marcel, qu'est-ce qui, à votre avis, est typique des enfants en général, et qu'est-ce qui est distinctif? Considérez divers épisodes.
   a. Marcel et les canards. Pourquoi leur lance-t-il des pierres? Faisiez-vous des choses comme ça quand vous étiez petit? Que lui diriez-vous si vous étiez là?
   b. Marcel et les cyclistes. Qu'est-ce qui le fait rire? Est-ce plus amusant parce que ce sont des adultes? Qu'est-ce qu'il espère quand la dispute commence? Cela vous semble-t-il typique d'un petit garçon?
   c. Marcel et ses parents. Comment entend-il leur conversation. Que pensez-vous de son intervention? A-t-il du courage? Est-il timide?
   d. Marcel et le mensonge. Qu'est-ce qu'il apprend? Que pensez-vous de sa réaction à cette révélation? L'épisode est-il entièrement humoristique? Quelle attitude Marcel a-t-il envers les adultes en général?

L'art de lire: la lecture

As you finish these readings, you should be considering what to read next. You could find more stories of these or other writers, a woman or a francophone author, for instance, or someone who wrote before the last quarter of the nineteenth century. Stories, through the enjoyment they give, can motivate reading closely and seriously enough for the reader to understand and want to finish. If you have been keeping track of progress, maintaining a portfolio of challenges and mastery over this material, use it to help reflect on your abilities and interests. You may move to reading more analytic prose, professional matters, or to essays, to biography, news, or perhaps poetry. How much assistance with new texts do you expect to require? What kind of help might you need? Remember that reading means understanding concepts as well as words. Cultural and generic frameworks, symbolic and realistic modes, and references that help structure knowledge and stories generally, are some of the strategic tools that, with the grammar, help us through written French. Just as important in developing control over reading is the critical perception of what you read. Try to respond to texts and learn to use them.

Vocabulaire

Most identical and nearly identical cognates are omitted. Definitions apply only to the contexts in which words appear in the text. The abbreviations used are: *m* masculine noun; *f* feminine noun; *mf* noun that can be either masculine or feminine; *pl* plural; *adj* adjective. Feminine forms of adjectives are given only if they are irregular.

A

abattre to knock down; **s'abattre** to fall down

abbé *m* priest

abêti made numb; made dumb

ablette *f* bleak (*small river fish*)

abois, être aux abois to be at bay; to be in a desperate plight

aboutir to end up; to reach

abri *m* shelter

abriter to shelter

absinthe *f* absinth

absolument absolutely

abusé fooled

accabler to overwhelm

accommoder to accommodate; to prepare

accompagner to accompany

accorder to accord, grant

accourir to run up; to come running; to rush

accrocher to hook onto

accroupi squatting

accueillir to greet, welcome

accumuler to accumulate

acharné fierce, unrelenting

acharnement determination, relentlessness, fury

acheter to buy

achever to finish

acier *m* steel

acquéreur *m* purchaser

acquérir to acquire

acquiescer to acquiesce; to agree

acte de décès *m* death certificate

adieu *m* farewell

admettre to admit, allow

adossé leaning with one's back against

adresser la parole à to speak to; **adresser un sourire à** to smile at

aérien aerial

s'affaiblir to weaken, grow feeble, diminish

affaires *f* things, possessions; business

affamé famished

affectueux, affectueuse affectionate

affirmer to affirm, state

affreux, affreuse frightful

affronter to confront

afin de so as to, in order to

agacé irritated

agenda de commerce *m* account book

agir to act; **s'agir de** to be about

agiter to agitate, excite; **s'agiter** to grow agitated; to struggle

agrémenté decorated

aide *f* help

aider to help

aïeul *m* ancestor

aigrette *f* feather

aigrir to turn sour; to embitter

aigu, aiguë acute, sharp

aile *f* wing

ailleurs elsewhere

aimable amiable, likable

aimer to love, like

aimer mieux to prefer

aîné elder, eldest

ainsi thus, so; **et ainsi de suite** and so on

air *m* air; manner, look; **vivre de l'air du temps** to live on air
aise *f* ease; **à l'aise** at ease
aisselle *f* armpit
ajouter to add
alarme *f* alarm; **signal d'alarme** alarm
alcool *m* alcohol
allée *f* walk, path; **allées et venues** comings and goings
allemand German
aller to go; **aller bien** to be in good health; **ça va**? how is it going? how are you? **aller à la rencontre de** to go to meet
allonger to lengthen
allumer to light
allure *f* rate, speed; manner
alors then, so, well; **alors que** while, whereas
alourdir to weigh down, to make heavier
altérer to alter, change
amant *m* lover
amarrer to tie up, moor
âme *f* soul
amende *f* fine
amener to bring; **amener à** to bring to; to make one decide to
ami *m* friend
amitié *f* friendship
amour *m* love
amoureux, amoureuse *adj* in love; *m, f* lover
amuser to amuse; **s'amuser** to have a good time, have fun
an *m* year
ancêtre *m* ancestor
ancien ancient; former
âne *m* donkey
angoisse *f* anguish; anxiety
angoissé anxious
année *f* year
annoncer to announce; to tell about
anonyme anonymous
anormal abnormal
antichambre *f* antechamber, waiting room

apaiser to calm down, appease
apercevoir, s'apercevoir to notice, see, remark
aplomb steady, straight
appareil *m* machine
apparence *f* appearance
appartenir to belong; to appertain
appel *m* call
appeler to call
appointements *m pl* salary
apporter to bring
apprécier to appreciate, value
apprendre to learn, find out; to teach, inform
approcher, s'approcher to approach; to draw near
approximativement approximately
appui *m* support
appuyer to lean; to support
après after; **et après**? so what? **d'après** according to
après-midi *mf* afternoon
arbre *m* tree
archevêque *m* archbishop
argent *m* money; silver
argenté silvery
arme *f* arm (*weapon*); **arme à feu** firearm; **fait d'armes** *m* feat of arms
armée *f* army
arracher to tear; to grab away
s'arranger to work out
arrêt *m* stop
arrêter to stop
arrière behind
arrivée *f* arrival
arriver to arrive; to happen; to succeed
arriviste *m* social climber
artillerie *f* artillery
as *m* ace; expert
assaillir to assail
assassiner to kill; to assassinate
assaut *m* assault
s'asseoir to sit down
assez enough
assiette *f* plate
assis seated
assister à to witness; to be present at

assurément assuredly
attachant likable, engaging
attaquer to attack
attarder to delay
atteindre to reach, attain; to strike
atteint stricken
atteler to hitch up
attendre to wait
s'attendre à ce que to expect
attendrir to touch, move
attendu expected
atterrer to overwhelm, knock down, floor
attirer to attract
attraper to catch
attrayant attractive
aubade *f* dawn serenade
aube *f* dawn
auberge *f* inn
aubergiste *m* innkeeper
aucun, aucune none, not any
audace *f* audacity
audacieux, audacieuse audacious
au-dedans inside
au-dessus above
auparavant beforehand, first
auprès de near, close to; by; at
aurore *f* dawn
aussi also; therefore
aussitôt immediately; **aussitôt que** as soon as
autant as much, as long; **tout autant** just as much; **en faire autant** to do as much; to do the same thing
autocar *m* intercity bus
automne *m* autumn
autopsie *f* autopsy
autoriser to authorize
autour de around
autre other
autrefois in the past
autrement otherwise; differently; **autrement dit** in other words
avaler to swallow
avance: en avance in advance
avancer to advance
avant before; **avant-hier** the day

before yesterday; **l'avant-veille** two days before
avant-garde *f* vanguard
avant-poste *m* outpost
avec with
avenir *m* future
s'aventurer to venture forth
averse *f* shower, downpour
avertir to warn
aveugle blind
aveuglé blinded
avis *m* opinion
s'aviser to notice; to be aware
avocat *m* lawyer
avoir to have; **y avoir** to be; **avoir lieu** to take place; **avoir raison** to be right; **avoir tort** to be wrong; **on les aura** we'll get them
avouer to admit

B

badin jocular
bague *f* ring
bâiller to yawn
baïonnette *f* bayonet
baiser *m* kiss
baiser to kiss
baisser to lower
se balader to traipse around
balancer to swing
balbutier to stammer
balcon *m* balcony
baleine *f* whale
ballant *adj* dangling
bambou *m* bamboo
banal banal, ordinary
banc *m* bench
bande *f* band, strip
banlieue *f* suburb
baraque *f* shed, hovel
barbu bearded
barque *f* boat
barre *f* bar; **à la barre** in court, at the bar of justice
barrière *f* barrier, gate
bas low; **en bas** down below; **tout bas** in a low voice

bataille *f* battle
bâtiment *m* building
bâton *m* stick, cane
battant *m* flap of a double door
battre to beat
bavard talkative
bavardage *m* talking
béant gaping, open-mouthed
beau, belle beautiful; fine
bébé *m* baby
bec *m* beak, mouth
bégayer to stammer, stutter
béquille *f* crutch
berge *f* bank of a river
berger *m* shepherd; **berger des ânes** donkey-man
berlingot *m* a kind of candy
besogne *f* job, work
besoin *m* need
bête *f* animal
bête *adj* stupid
bêtement stupidly
bêtise *f* stupidity
bibliothèque *f* library
bicyclette *f* bicycle
bien well; indeed; very; **bien des** many; **si bien que** so that; **bien portant** healthy; **bien entendu** of course
bien-aimée *f* beloved
bientôt soon; **à bientôt** see you soon
bienveillant benevolent, kindly
bienvenue *f* welcome
bière *f* beer
bijou *m* jewel
bijoutier *m* jeweler
bille *f* billiard ball
billet *m* bill
bique *f* nanny goat; old woman
bistro(t) *m* bistro, bar
blanc, blanche white
blanchâtre whitish
blanchir to whiten, turn white
blasé blasé, world-weary
blesser to wound
bleu blue
bloc *m* block; **tomber d'un bloc** to fall flat

bloqué blockaded
se blottir to hide, crouch down
boa de plumes *m* feather boa
bobine *f* spool
bocal *m* basin; fishbowl
bock *m* glass of beer
bohémienne *f* gypsy woman
boire to drink; **boire le coup** to have a drink
bois *m* wood
boiserie *f* woodwork
boîte *f* box
bon, bonne good; **à quoi bon** what's the use of
bond *m* leap; **d'un bond** in a rush
bondir to leap, bound
bondissant leaping, bounding
bonheur *m* happiness
bonhomie *f* cheeriness
bonhomme *m* fellow
bonjour *m* good day, hello
bonne *f* maid
bonsoir *m* good evening
bord *m* edge; bank; side
border to line; to run alongside
borné limited, narrow, shortsighted
bosquet *m* grove
botte *f* boot
bouche *f* mouth
bouchée *f* mouthful
bouder to pout; to keep away from
boue *f* mud
bouffée *f* puff
bouger to move, budge
bouillon *m* bubble
bouillonner to bubble up
boule *f* ball; **boules** type of bowls (game)
boulet *m* cannonball
bouleverser to upset
bouliste *m* player of *boules*
bourgade *f* small town
bourgeoisie *f* upper middle class
bourreau *m* executioner, headsman; **bourreau d'enfants** childbeater
bourrique *f* donkey
bousiller to wreck; to smash; **se**

bousiller to be done in

bout *m* end; bit; **à bout de** at the end of; out of

bouteille *f* bottle

boutique *f* shop

bouton *m* button; knob

branchage *m* branches

brancher to plug in

brandir to brandish; to hold

braquer to aim

bras *m* arm (*anatomy*); **avoir le bras long** to have influence, power

brasserie *f* beer hall, café-restaurant

brave brave; good, decent

brebis *f* sheep, ewe

bref brief; in brief

brigadier *f* police sergeant

briller to shine

brise *f* breeze, wind

briser to break

broche *f* brooch

brosse *f* brush

brosser to brush; **se brosser les cheveux** to brush one's hair

broussaille *f* brushwood, undergrowth

broyer to crush

bruit *m* noise

brûlure *f* burn

brun brown

brusque brusque; sudden

brusquement suddenly; brusquely

buée *f* mist

buisson *m* bush

bulletin scolaire *m* report card

bureau *m* bureau; office

C

cabine téléphonique *f* telephone booth

cabinet *m* cabinet; office

cacher to hide

cacheter to seal

cachettes *f*; **jouer aux cachettes** to play hide and seek

cadeau *m* gift, present

cadre *m* frame

café *m* coffee; café, bar

caillou du Rhin *m* rhinestone

calculer to calculate; to figure out

calomnie *f* slander, calumny

camarade *mf* friend, buddy; comrade

camion *m* truck

camoufler to hide

campagne *f* countryside

campement *m* camp; encampment

canard *m* duck

candidature *f* candidacy

canne *f* cane; fishing pole

canon *m* cannon; **canon de fusil** rifle barrel

canotier *m* straw hat

caoutchouc *m* rubber

capitaine *m* captain

car because, for

car *m* van; bus

carreau *m* windowpane

carrelage *m* tiling

carrément squarely; frankly

carriole *f* carry-all, cart

carte *f* card; map; **carte de visite** visiting (calling) card

carton *m* carton, box; cardboard

cartouche *f* cartridge

cas *m* case

caserne *f* barracks

casque *m* helmet; **casque à pointe** pointed helmet

casquette *f* cap

casser to break

casserole *f* pot

cause *f* cause; **à cause de** because of

causer to cause; to chat, talk

ce, cet, cette, ces this, that, these, those

ceci, cela this, that

céder to give way, cede

ceinture *f* belt

célèbre celebrated, famous

cependant however

ce que, ce qui what

cercle *m* circle; club

cerf *m* stag

cerisier *m* cherry tree

certes certainly

cesse cease; **sans cesse** constantly, without ceasing

cesser to cease, stop

chacun each, each one

chagrin *m* chagrin, sorrow

chaise *f* chair

chaleur *f* heat

chambre *f* bedroom; **chambre d'amis** guest room

champ *m* field

chance *f* luck; **une fière chance** real luck

changement *m* change

changer to change; **changer d'avis** to change one's mind

chanter to sing

chanteur, chanteuse *m, f* singer

chantier *m* railroad yard

chapeau *m* hat; **chapeau melon** derby

chaque each

charge *f* load, responsibility

charger to load; to take on board; **se charger de** to take care of

chasse *f* hunting, hunt; **chasse à courre** hunt with pack of dogs

chasseur *m* hunter

chat *m* cat

châtain chestnut-colored

château *m* castle

chatouiller to tickle; to titillate

chatterie *f* caress, kittenish manner

chaud hot

chauffeur *m* chauffeur, driver; stoker

chaumière *f* cottage, thatched-roof cottage

chaussée *f* pavement

chaussure *f* shoe

chavirer to capsize

chef *m* employer, boss

chemin *m* path, way; **en chemin** along the way; **chemin de fer** railroad

chemise de nuit *f* nightshirt

chercher to look for

cheval *m* horse; **à cheval sur** sitting astride

chevaucher to ride on a horse or donkey

chevelure *f* head of hair, hair

chevet *m* bedside

cheveux *m pl* hair

chèvre *f* goat

chez at the house of

chic fashionable; swell, great

chien *m* dog

chienlit *mf* troublemaker; havoc

chiffre *m* number, figure

chignon *m* chignon, bun

choc *m* shock; impact

choir to fall

choisir to choose

choix *m* choice

choquer to shock

chose *f* thing

chrétien Christian

chromé chrome-plated

chute *f* fall

ciel *m* heaven; sky

cimetière *m* cemetery

cinq five

cinquante fifty

circonspection *f* circumspection, caution; respect

circuler to circulate, move about

cirer to wax; to shine

clair clear; bright; light

clameur *f* clamor, noise

claquer to slam; to clack

classer to classify, categorize

clef *f* key

clergé *m* clergy

clinquant *m* false jewelry

cloîtré cloistered, shut in

clos closed

cocher, cocher de fiacre *m* coach-man

cocu *m* cuckold

cœur *m* heart

coffre *m* trunk of a car

cogner to knock; to hit

coiffe *f* hat, headgear

coiffé wearing on one's head

coin *m* corner; **coin du feu** fireside

coincer to get stuck, jammed
colère *f* anger
collègue *m* colleague, co-worker
coller to stick; to glue
collier *m* collar; necklace
colonne *f* column
colporter to peddle; **colporter des ragots** spread gossip
combattant *m* combatant; soldier
comédie *f* play (*theatrical*), reenactment; act, pretense, show
comme like; as, since
commencement *m* beginning
comment how; what
commère *f* gossipy woman
commettre to commit
commis *m* shop assistant; **commis de bureau** office clerk
commissaire de police *m* police superintendent
commission *f* errand
commun common; **le commun des mortels** the common run of people
communale *f*: **école communale** grade school
compagne *f* female companion
compagnie *f* company
compagnon *m* male companion
complaisance *f* indulgence; accommodating spirit
complice *mf* accomplice
compliqué complicated; **ce n'est pas compliqué** that's all there is to it
comprendre to understand, comprehend; to include; **y compris** including
compte *m* account
compter to count; to count on, plan
comptoir *m* counter
con *m* dope, fool (*vulgar*)
concierge *mf* janitor
condamner to condemn
condoléances *f pl* sympathy, condolences
conduire to conduct, lead; to drive; **se conduire** to behave
conduite *f* conduct, behavior
confiance *f* confidence

confidence *f* secret
confier to confide; to entrust
confondre to confuse, mix up, confound
confrère *m* friend, associate
confus confused, embarrassed
congé *m* day off; **en congé** on leave; **prendre congé** to take one's leave
conjuré *m* conspirator
connaissance *f* acquaintance; consciousness; **apporter à la connaissance de quelqu'un** to bring to someone's attention
connaître to know, be acquainted with
conquérir to conquer, overcome
conscrit *m* draftee
conseil *m* advice; **conseil d'Etat** state council
conseiller to advise, counsel
conseiller d'État *m* state councilor
consommation *f* drink (*in a bar or café*)
constater to notice, observe, take note of
consterner to consternate; to alarm
constituer to constitute; **se constituer prisonnier** to give oneself up
construire to construct
consultation *f* doctor's appointment
consumer to consume; **se consumer** to wear out, go out
conte *m* story
contenance *f* countenance
contenir to contain
contraindre to constrain
contrainte *f* constraint
contraire *m* the contrary
contrarier to thwart, go against the wishes of
contre against
contrecœur *m*: **à contrecœur** unwillingly
contre-expertise *f* counterappraisal, second expert assessment
contretemps *m* contretemps, hitch
contrevenant *m* offender

contrevenir   to contravene; to violate
contrôleur   *m* train conductor
convaincu   convinced; convicted
convenable   suitable, proper
convenir   to agree; to be suitable
convocation   *f* summons
convoi   *m* train
copain   *m* pal
coquet, coquette   well-dressed; flirta-
   tious
coquetterie   *f* conquettishness; pride
corde   *f* cord, rope
corps   *m* body; **corps d'armée** army
   corps
corriger   to correct
côte   *f* hill; **côte à côte** side by side
côté   *m* side; **à côté** beside, nearby; **du
   côté de** toward, over by
cou   *m* neck
couchant   *m:* **couchant du soleil**
   sunset
couche   *f* layer
coucher   to lay down; **se coucher** to
   go to bed
coude   *m* elbow
couler   to flow, pour; **couler à pic** to
   sink to the bottom
coup   *m* blow, strike; **coup de
   couteau** stab; **coup d'œil** glance;
   coup de main helping hand; **coup de
   pied** kick; **coup de téléphone** telephone call; **coup de tête**   butt with
   the head; **boire le coup** to have a
   drink; **d'un coup** all at once; **coup
   sur coup** over and over
coupable   guilty
couper   to cut
cour   *f* court, courtyard; **faire la cour**
   to pay court
couramment   ordinarily, usually
courant   *m* current
courbatu   aching, stiff and aching
courbe   *f* curve, parabola
courbé   bent
coureur   *m* runner
courir   to run

couronne   *f* crown; wreath
courrier   *m* mail
course   *f* errand; **au pas de course** at
   full speed
courtisane   *f* courtesan, "kept woman"
couteau   *m* knife
coûter   to cost
coutume   *f* custom
couver   to hatch
couvert   *m* cover; table setting
couvrir   to cover
cracher   to spit; to emit; **cracher de
   la politique** to talk politics
craindre   to fear
crainte   *f* fear
craintif   timid, fearful
crâne   *m* cranium, head
crapule   *f* villain
crapuleux, crapuleuse   villainous
crasse   *f* dirt
créer   to create
crépuscule   *m* dusk, twilight
crétin   *m* fool, dope
crever   to burst
cri   *m* cry, yell
crier   to yell, call, cry out
crise cardiaque   *f* heart attack
croire   to believe
croiser   to cross; **croiser les bras** to
   fold one's arms
croissant   *m* crescent of the moon
crotté   muddy
croûton   *m* bread crumb
croyable   credible, believable
cuir   *m* leather
cuire   to cook
cuisine   *f* kitchen; cooking
cuisinière   *f* cook
cuite   cooked
cuivre   *m* copper
culotte   *f* pants
curé   *m* priest
curieux, curieuse   curious, strange
cycliste   *m* bicyclist
cylindrique   cylindrical
cynique   cynical

D

d'abord   at first
d'ailleurs   besides
daim   *m* deer
dame   *f* lady
damné   damned
d'après   according to
davantage   more
débarrasser   to clear away; **se débarrasser de** to get rid of
débat   *m* debate, discussion
débattre   to debate; to discuss
debout   standing
déboutonner   to unbutton
débrouiller   to untangle; to figure out
début   *m* beginning
débutant   *m* beginner
débuter   to begin
décemment   decently
décès   *m* death
décevoir   to disappoint
déchargé   relieved of one's responsibility
déchirant   piercing
déchirer   to tear
déchu: déchue de ses droits mater-
nels   deprived of her rights as a
mother
décidé à   determined to
décider   to decide; to persuade someone (to)
déclamatoire   declamatory
décomposer   to decompose; **se
décomposer** to fall apart; to become
distorted
déconfiture   *f* failure; discomfiture
décorer   to decorate; to give a medal
to
découvert   uncovered; open; convert-
ible
découverte   *f* discovery
découvrir   to discover
décrire   to describe
déçu   disappointed
dedans, au-dedans   inside
défaillance   *f* weakness; faintness

défaire   to undo; **se défaire de** to get
rid of
défaite   *f* defeat
défendre   to defend; to forbid
défendu   forbidden
défenseur   *m* defender
définitivement   definitively; for good
dégagé   disengaged, free and easy
dégager: se dégager   to pull away
dégoût   *m* disgust
dégoûtant   disgusting
dehors   outside
déjà   already
déjeuner   *m* lunch
déjeuner   to lunch
delà: au delà   beyond
délaissé   abandoned
délibérément   deliberately
demain   *m* tomorrow
demander   to ask; to require
démangeaison   *f* itch; need
démanteler   to dismantle; **se
démanteler** to fall apart
démarrer   to start up; to drive off
démêlé   *m* dispute; difficulty
demeurer   to remain; to live
demi   half
demi-cercle   *m* half-circle
démission   *f* resignation
demoiselle de compagnie   *f* lady's
companion
démolir   to demolish
dénoncer   to denounce; to reveal the
presence of
dénouer   to untie
dent   *f* tooth
dénué   bare, denuded
départ   *m* departure
dépasser   to pass, go beyond
dépêcher: se dépêcher   to hurry,
hasten
dépeupler: se dépeupler   to be
depopulated
déplacer: se déplacer   to move about
déposer   to put down; to drop off
dépouille   *f* garment

déprimant depressing
depuis since
député *m* deputy; member of the **Chambre des députés**
dérailler to derail
déranger to bother
dernier, dernière last
dérouler to unfold
derrière behind, rear
dès as soon as; beginning with; **dès lors** from then on
désaccord *m* disagreement
désagréable disagreeable
descendre to descend, go down; to get off; **descendre à l'hôtel** to stay at the hotel
désert *m* desert; *adj* deserted
désespéré desperate
désespoir *m* despair
déshabillage *m* undressing
déshabillé undressed
déshériter to disinherit
désintéresser: se désintéresser to lose interest
désolé sorry
désordre *m* disorder
désormais henceforth
desservir to serve
dessin *m* drawing
dessin animé *m* animated cartoon
dessus above, over; **tirer dessus** to shoot at
détachement *m* detachment; troops sent on special service
détendre to relax
détenteur *m* possessor
détruire to destroy
dette *f* debt
devant in front of, before
devenir to become
déverser to pour; **se déverser** to spill
deviner to guess
dévisager to stare at
devoir to owe; to have to
devoir *m* duty
dévouement *m* devotion
d'habitude usually

diable *m* devil; **pauvre diable** wretch, poor fellow
dictée *f* dictation
dieu *m* god; **mon dieu** heavens
digne worthy; dignified
dimanche *m* Sunday
dîner to dine
dire to say; **cela ne vous dit rien de...?** would you be interested in...? **Pour ainsi dire** so to speak
directeur *m* director; school principal
diriger to direct; **se diriger vers** to head toward
discours *m* speech
discuter to discuss
disparaître to disappear
dissimuler to dissimulate, hide
distraire to distract; **se distraire** to relax, enjoy oneself
distrayant fun
divertissement *m* entertainment, amusement; show
dix ten
doctoresse *f* woman doctor
doigt *m* finger
domaine *m* domain; estate
domestique *mf* servant
domicile *m* domicile, home; **à domicile** at the doorstep
donc therefore
donner to give; **étant donné que** given that, since
dont of which; whose
d'ordinaire usually, ordinarily
dorer to gild
dormir to sleep
dos *m* back
dot *f* dowry
doucement gently; quietly; slowly
douceur *f* delight; sweetness
douleur *f* sorrow; pain
douloureux, douloureuse painful
doute *m* doubt
douter to doubt; **se douter de** to suspect
doux, douce sweet; soft; gentle
douzaine *f* dozen

draguer to drag

drame *m* drama; adventure

drap *m* sheet; clothing material

dresser to draw, rise up

droit *m* right; **faire son droit** to study law

droit *adj* straight; straightforward

droite *f* right (versus *left*)

drôle funny

dupe duped, fooled

dur hard; **dur-à-cuir** *m* tough customer

durant during, throughout

durcir to harden

durer to last

E

eau *f* water

ébrouer: s'ébrouer to shake off

écarlate scarlet

écart *m:* **à l'écart** off to the side

écarter to put aside; to separate

ecchymose *f* bruise

ecclésiastique *m* churchman

échange *m* exchange

échapper to escape

échauffer: s'échauffer to heat up; to get excited

éclairé lighted up; with the lights on

éclairer to reconnoiter

éclater to burst

école *f* school

écouter to listen

écraser to crush

s'écrier to cry out

écrire to write

écrouler: s'écrouler to fall down

éducation *f* upbringing

effacer to wipe out, efface; **s'effacer** to disappear

effarer to frighten, startle

effectuer to bring about; to carry out

effet *m* effect; **en effet** in fact; in effect; sure enough

effleurer to brush up against; **le doute l'effleura** doubt crept into his mind

effondrer: s'effondrer to collapse

effraction *f* illegal entry

égal equal; **ça m'est égal** I don't care

également also; equally

égard *m* regard, respect; **à cet égard** with respect to that (in that regard)

église *f* church

égout *m* sewer

élancer: s'élancer to rush forward

élève *mf* pupil

élever to bring up

s'éloigner to go off

émail *m* enamel

embarquer to get on board

embonpoint *m* plumpness, obesity

embrassade *f* embrace

embrasser to embrace; to kiss

émeraude *f* emerald

émerveiller: s'émerveiller to marvel

emmener to lead off; to take away; to take

empailler to stuff

empêcher to prevent

emplir to fill

employé *m* employee

employer to use; to employ

empoigner to grab; to clutch

emporter to carry off; to take away

empourprer to turn purple

empresser: s'empresser to hasten

emprunter to borrow; to take

ému moved; upset

encadré flanked

encombre *m:* **sans encombre** without mishap

encore again; yet

encre *f* ink

endormi asleep; half-asleep

endormir: s'endormir to fall asleep

endroit *m* place

endurcir to toughen

enfance *f* childhood

enfant *mf* child

enfantin childish

enfermer to close in; to lock up

enflammer to inflame

s'enfuir to run away

engouffrer: s'engouffrer to sink into

énigme *f* enigma

enjamber to step over

enlever to take away; to take off; to carry off, abduct

ennui *m* problem, difficulty

ennuyer to bother, annoy; to bore

ennuyeux, ennuyeuse boring

enquête *f* investigation

enquêter to investigate

enragé fanatic; furious

enregistrement *m* recording

enregistrer to register; to record

enrouler to wrap

ensanglanté bloody, blood-red

enseignement *m* lesson; teaching

enseigner to teach

ensemble together

ensommeillé sleepy

ensuite next

entasser: s'entasser to pile up

entendre to hear; to understand; to mean, intend; **entendre parler de** to hear about; **bien entendu** of course; **s'entendre** to get along

enterrement *m* burial; funeral

enterrer to bury

entier, entière entire, whole

entourer to surround

entraîné carried away

entraîner to drag, take off

entre between

entrée *f* entrance; entry

entrer to enter, go in

entretien *m* conversation

entrouvrir to open halfway

envahir to invade

envelopper to envelop, wrap up, surround

envers toward

envers *m* inside; wrong side

envie *f* desire; **avoir envie de** to want to

envier to envy

environ around

envoyer to send

épais, épaisse thick

épars scattered

épaule *f* shoulder; **hausser les épaules** to shrug one's shoulders

éperdu overcome; frantic

éperdument frantically

épopée *f* epic

époque *f* period, time, epoch

épouse *f* wife

épouser to marry

épouvantable frightful

épouvante *f* fright, fear

éprendre: s'éprendre de to be infatuated with, taken with, in love with

épreuve *f* trial, difficulty

éprouver to experience; to undergo

épuiser to wear out, exhaust

équipage *m* carriage

équipe *f* crew, team; **équipe de tête** train crew

errer to wander

erreur *f* error

escadre *f* squadron

escalier *m* staircase, stairs

espèce *f* kind; species

espérer to hope

espion *m* spy

espoir *m* hope

esprit *m* mind, spirit, wit

essayer to try

essence *f* gas

essouffler: s'essouffler to run out of breath

essuyer to wipe

estimer to estimate; to evaluate; to esteem

estrade *f* platform

établir to establish, settle

étage *m* floor, story (*of a building*)

étaler to display

étang *m* pond

état *m* state; condition

éteindre to extinguish, put out

étendre to extend, reach out; **s'étendre** to stretch out, lie down

étiquette *f* label

étonnement *m* astonishment, surprise

étonner to astonish; **s'étonner de** to be astonished by

étouffer to stifle; to smother

étourdi dazed

étrange strange

étranger *m* stranger

étrangler to strangle, choke

être to be

être *m* being

étroit narrow

étudiant *m* student

éveil *m* awakening; **en éveil** alert

événement *m* event, development

évêque *m* bishop

évidemment obviously

éviter to avoid

excédé furious, exasperated

exemple *m* example; **par exemple!** my word!

exigeant demanding, particular

exiger to require, insist on

exorbité bulging

expérience *f* experience; experiment

expliquer to explain

exprimer to express

F

face *f* face; **en face de** facing, in front of, opposite

fâcher to anger; **se fâcher** to get angry

fâcheux, fâcheuse bothersome, troublesome

facile easy

faciliter to facilitate, simplify

façon *f* way, fashion

faible weak, small

faiblesse *f* weakness

faiblir to weaken

faillir to come close to, to nearly... ; **il faillit tomber** he nearly fell

faim *f* hunger

faire to make; to do; **en faire autant** to do as much; to do the same thing; **faire beau** to be good weather;

faire son droit to study law; **faire grâce** to pardon, forgive; **faire l'impossible** to do one's utmost; **faire mal** to hurt; **faire marcher** to pull someone's leg, to deceive; **faire mine de** to pretend; **faire semblant de** to pretend; **faire signe** to wave; **faire vivre** to support

fait *m* fact; **au fait** by the way; in fact; **fait d'armes** feat of arms

falloir to be necessary

fameux, fameuse famous; very good

familial *adj* family, familial

famille *f* family

fantaisie *f* fantasy; whim

fantôme *m* phantom, ghost

faraud boastful

farci stuffed

faute *f* mistake; fault

fauteuil *m* armchair

faux, fausse false; **faux ami** false friend; misleading cognate

feindre to pretend, feign

féliciter to congratulate

femme *f* woman; wife

fenêtre *f* window

fer *m* iron

fer-blanc *m* tin

ferme *adj* firm

ferme *f* farm

fermer to close

fesse *f* buttock

feu late; **feu sa mère** his late mother

feu *m* fire; **arme à feu** *f* firearm

feuille *f* leaf; newspaper

fiacre *m* horse-drawn cab

ficelle *f* string

fiche *f* registration form

fidèle faithful

fidèlement faithfully

fier, fière proud

fiévreux, fiévreuse feverish

figer(se) to grow fixed

figure *f* face

fil *m* thread

file *f* line

filer to speed along, rush

filet *m* net
fille *f* girl; daughter; prostitute
fillette *f* little girl
fils *m* son
fin *f* end
finir to finish; **finir par** to end up by (*doing something*), to finally (*do something*)
fixer to fix, determine, set
flacon *m* bottle
flairer to sense; to smell out
flanc *m* side, flank; **à flanc de coteau** on the side of the hill
flâner to stroll
flâneur stroller
flanquer to fling; to knock down
fleur *f* flower
fleuriste *m* florist
fleuve *m* river
flot *m* flood
flotter to float, hover
flotteur *m* float, bobber
flottille *f* flotilla
fluxion de poitrine *f* pneumonia
foi *f* faith; **ma foi** upon my word, well; **tromper la bonne foi de** to deceive; to take advantage of someone's good faith
fois *f* time; **à la fois** at the same time, both
fonctionnaire *mf* civil servant
fonctionnement *m* mode of operation, functioning
fonctionner to function, work
fond *m* bottom; **au fond** deep down, fundamentally
fontaine *f* fountain
force *f* strength; **à force de** by dint of, by
forêt *f* forest
forgeron *m* blacksmith
forme *f* form, shape; **pour la forme** as a matter of form, for appearance's sake
formule *f* formula
fort strong; very
fortuit fortuitous, chance

fortune *f* fortune; money
fossé *m* ditch
fou, folle crazy, mad
fouiller to search
foulard *m* scarf
fournir to furnish; **bien fourni** abundant
fourré *m* bush
fourrer to stuff
foutre le camp to get the hell out (vulgar)
fracas *m* loud noise; fracas
franc, franche frank, open
français French
franchement frankly
franchir to cross
franchise *f* frankness
franc-tireur *m* partisan, irregular
frapper to hit, strike
frauduleusement fraudulently
frein *m* brake
freiner to brake
frémir to tremble
frémissement *m* trembling
frénétique frenzied, frenetic
frère *m* brother
frétillant wriggling
frire to fry
frisson *m* shiver, shudder
frissonner to shiver, shudder
friture *f* fried fish
froid *adj* cold
froncer: froncer les sourcils to knit one's brow
front *m* forehead
frotter to rub; to scrub
fuir to flee, run away
fuite *f* flight
fumée *f* smoke
fumer to smoke
fumoir *m* smoking room
fusil *m* rifle; **fusil au pied** at parade rest
fusillade *f* fusillade, hail of bullets
fusiller to shoot by firing squad
fut was; **il s'en fut** he went off
futaie *f* cluster of trees

G

gagner to win; to gain; to earn; to reach; to go to

gai gay, funny

gaieté *f* gaiety, merriment

gamin *m* boy, kid

gant *m* glove

garagiste *m* garageman

garçon *m* boy; waiter

garçonnet *m* little boy

garder to keep; to watch over

gardien *m* guard

gare *f* railway station

garrotter to tie up

gâter to spoil

gauche *f* left

gaucherie *f* clumsiness

géant *m* giant

gémir to moan

gendarme *m* policeman

gendarmerie *f* police station

gêne *f* embarrassment

gêné embarrassed; troubled

gêner: se gêner to bother about, go out of one's way for

généreusement generously

généreux, généreuse generous

genou *m* knee

genre *m* type; gender

gens *m pl* people

gentil, gentille nice

gentilhommière *f* manor house, country estate

gercer to crack

geste *m* gesture

gibier *m* game

gilet *m* vest

glisser to slide, slip

gonfler to swell up

gorge *f* throat

gouaillerie *f* cheekiness, impudence

goujon *m* gudgeon, small fry

goût *m* taste

gouverner to steer; to govern

grâce: grâce à thanks to; **faire grâce à** to pardon, forgive

grand big; great

grand'chose: pas grand'chose not much

gré: bon gré, mal gré willy-nilly, whether one wants to or not; **savoir gré** to be grateful

grimper to climb

grinçant grinding, squeaking

grippe *f* flu, cold

gris gray

griser: se griser to get tipsy

grognement *m* grunt

grogner to growl; to grumble

grommeler to grumble

gronder to rumble; to growl

gros, grosse big; fat

grossir to grow big; to put on weight

grue *f* derrick; crane

guère scarcely

guerre *f* war

guerrier *m* warrior

guetter to watch for; to spy on

guidon *m* handlebar

H

habile clever; able

habiller to dress; **s'habiller** to get dressed

habitant *m* inhabitant

habiter to live

habitude *f* habit; **d'habitude** usually

habituel, habituelle habitual

habituer: s'habituer à to get used to

haine *f* hatred

haleine *f* breath

haleter to pant

hameau *m* village, hamlet

hanté haunted; obsessed

hardi bold; hardy

hasard *m* chance; **à tout hasard** on the off chance, just in case

hasarder to suggest tentatively; to risk

hâte *f* haste

hâter to hasten

hâtif, hâtive hasty

hausser to heighten; **hausser les épaules** to shrug one's shoulders; **hausser le ton** to raise one's voice

haut   high; aloud
hautain   haughty
hauteur   *f* height; level
hein?   eh? what?
hélas   alas
herbe   *f* grass
héritage   *m* inheritance; heritage
héritier   *m* heir
heure   *f* hour; time; o'clock
heureux, heureuse   happy
heurter   to bump into, run into
hier   *m* yesterday
hirondelle   *f* swallow (*bird*)
histoire   *f* story; **des histoires** shenanigans
hiver   *m* winter
hobereau   *m* squire, country gentle-man
hocher: hocher la tête   to nod; to shake one's head
hommage   *m:* **mes hommages**   my respects
homme   *m* man
honnête   honest; virtuous
honte   *f* shame
honteux, honteuse   ashamed
horaire   *m* timetable
horloge   *f* clock
horloger   *m* clockmaker
horreur   *f* horror; **j'ai horreur de** I can't stand
hors de combat   out of action
hôtel   *m* hotel; **hôtel particulier** town (private) mansion
huissier   *m* bailiff
huit   eight
humeur   *f* humor; mood
hurler   to yell

I

ici   here
idée   *f* idea
idiot   *adj* idiotic; dumbstruck
ignorer   not to know, to be ignorant of
il y a   there is, there are; ago
île   *f* island

immeuble   *m* building
immodéré   immoderate
immonde   foul; unspeakable
impatienter: s'impatienter   to grow impatient
impérieux, impérieuse   imperious; pressing
importer   to matter; **n'importe** it does not matter
imposteur   *m* impostor
impressionnant   impressive
impressionner   to impress
imprimé   printed
incliner: s'incliner   to bow
incoercible   uncontrollable
inconnu   unknown
inculper   to charge with
indécis   undecided
index   *m* index finger
indice   *m* clue
indigne   unworthy
indigné   indignant
indiquer   to indicate; to show; to point at
inégal   uneven, unequal
inendurable   unbearable
inépuisable   inexhaustible
infanterie   *f* infantry
infini   infinite
infirmière   *f* nurse
ingénieux, ingénieuse   ingenious
initié   *m* initiate
initier   to initiate
injure   *f* insult
injuste   unjust
inonder   to inundate
inqualifiable   unspeakable
inquiet, inquiète   worried, uneasy
inquiétant   worrisome; bothersome
inquiéter   to worry
inquiétude   *f* worry, anxiety
insécurité   *f* insecurity
insistance   *f* insistence; pressure
installer: s'installer   to move in, set-tle in; to sit down
instantané   instantaneous
insuffisant   insufficient

insupportable unbearable
intégral total, complete
intention: à l'intention de intended for; addressed to
interdire to forbid
interdit forbidden
intérieur *m* inside
interne *m* boarder in boarding school
interpeller to speak to, address; to call out
interrogatoire *m* interrogation
interroger to interrogate
interrompre to interrupt
intervenir to intervene
intrigue *f* plot
introduire to show in; to put into
inutile useless
invraisemblablement unbelievably
irrégulier, irrégulière irregular
isolé isolated
issue *f* exit; way out

J

jaloux, jalouse jealous
jamais never; ever
jambe *f* leg
janvier *m* January
jaquette *f* morning coat
jardin *m* garden
jardinage *m* gardening
jaune yellow
jeter to throw; to say, interject, cry out; **jeter bas** to bring down
jeu *m* game; **en jeu** at stake
jeudi *m* Thursday
jeun: à jeun on an empty stomach
jeune young
jeunesse *f* youth
joaillier *m* jeweler
joie *f* joy
joindre to join; **se joindre à** to join with; **les pieds joints** with feet together
joli pretty
jonc *m* cane, rattan
joue *f* cheek
jouer to play; to deceive; to imitate

jouet *m* toy
jouissance *f* pleasure
jour *m* day; daylight; **au jour levant** at daybreak; **du jour au lendemain** from one day to the next
journal *m* newspaper
journée *f* day; **à longueur de journée** all day long
joyau *m* jewel
joyeusement joyously
juge de paix *m* justice of the peace
juger to judge; to consider; **se juger** to consider oneself to be
jurer to swear
juron *m* oath; swear word
jusque, jusqu'a until; as far as; even
juste just; **au juste** exactly
justement just so; exactly
justifier to justify

L

là there
là-bas over there
lac *m* lake
lacet *m* shoe-lace
lâcher to let go; **se lâcher** to drift apart
lâcheté *f* cowardice
là-haut up there
laisser to leave; **laisser entendre** to imply; **se laisser faire** to take it lying down
laissez-passer *m* pass
laiteux, laiteuse milky
lancer to throw; to cry out
langue *f* tongue; language
largesse *f* largess, generosity
larme *f* tear
lasser to tire; to fatigue
laurier *m* laurel
laver to wash
léger, légère light
lendemain *m* next day
lent slow
lentement slowly
lequel, lesquels, laquelle, lesquelles which

lettre *f* letter
lever to lift; **se lever** to get up, rise
lèvre *f* lip
liane *f* creeper
liasse *f* bundle
libérer to liberate
liberté *f* liberty
libre free
lien *m* bond
lier to tie
lieu *m* place
ligne *f* line; railroad line
limonade *f* lemon-flavored carbonated drink
linge *m* laundry; linen
lire to read
lit *m* bed
livide livid, white
livre *m* book; **livre de vente** register of sales
livrée *f* livery, uniform
loge *f* box in the theatre
loger to lodge, house
logique *adj* logical
logique *f* logic
logis *m* house, dwelling place
loi *f* law
loin far
lointain far away, distant
long: de long en large back and forth; **le long de** along
longtemps a long time
longuement at length
longueur *f* length; **à longueur de journée** all day long
lorsque when
louange *f* praise
louer to rent; to reserve; to praise
loupe *f* magnifying glass
lourd heavy
lourdeur *f* heaviness; clumsiness
lueur *f* glow
luire to shine
lumière *f* light
lundi *m* Monday
lune *f* moon; **lune de miel** honeymoon

lustré lustrous
lutte *f* struggle
luxe *m* luxury

M

machin *m* thingamajig, whatsit
machinalement automatically, unconsciously
mâchoire *f* jaw
magasin *m* store
magnétophone *m* tape recorder
maille *f* mesh
maillot *m* jersey; **maillot de corps** undershirt
main *f* hand
maintenant now
maintenir to maintain; to keep
maison *f* house; firm, company; **à la maison** at home
maisonnée *f* houseful
maître *m* master; schoolteacher
maîtresse *f* mistress; **maîtresse de la maison** lady of the house; hostess
mal badly; **mal à l'aise** uneasy
mal *m* trouble
malade sick
maladroit clumsy
malchance *f: jouer de malchance* to run into bad luck
malfaiteur *m* malefactor, evildoer
malgré in spite of
malheur *m* misfortune, unhappiness, accident
malheureux, malheureuse unhappy
malin sly; clever
malsain unhealthy; morbid
maltraiter to mistreat
maman *f* mom, mommy
manche *f* sleeve
mandat *m: * **mandat de perquisition** search warrant
manette *f* handle
mangeaille *f* mounds of food
manger to eat
manière *f* manner
manigances *f pl* tricks, schemes
manquer to miss; to fail; to almost

(*do something*)

manteau *m* coat

marchand *m* merchant

marche *f* walking; movement; step;
  en marche running, moving; **marche
  arrière** reverse

marcher to walk; to work, run

mardi *m* Tuesday

mari *m* husband

marier to marry off; **se marier** to get
  married

marinier *m* sailor

maroquin *m* Morocco leather

marteler to hammer

massif *m* clump of bushes

mât de cocagne *m* maypole

mathématique mathematical

matière *f* matter

matin *m* morning

matinée *f* morning

maudit accursed, damned

mauvais bad

mécanicien *m* railroad engineer

méchant mean; bad, evil; paltry

mèche *f* wick

médecin *m* doctor; **médecin légiste**
  forensic surgeon

médicament *m* medicine, drug

méfait *m* misdeed

méfiance *f* suspicion

méfier: se méfier to mistrust, be sus-
  picious of

mélange *m* mixture; **sans mélange**
  pure, unalloyed

mêler to mix up; **être mêlé à** to be
  involved in

même same; even; self

ménage *m* couple; household

ménagement *m* consideration, care

mener to lead

menotte *f* handcuff

mensonge *m* lie

mentir to lie

menton *m* chin

menuisier *m* carpenter; joiner

méprendre: se méprendre to be
  mistaken

mépris *m* scorn

mercier *m* shopkeeper selling thread,
  ribbon, needles

mercredi *m* Wednesday

merde *f* shit

mère *f* mother

méritant deserving, meritorious

mérite *m* merit

méritoire meritorious, admirable

merveilleux, merveilleuse mar-
  velous

mésaventure *f* misadventure

mesure *f* measure; **à mesure que**
  gradually, as

métier *m* job; profession

mètre *m* meter

mettre to put; **mettre à la porte** to
  fire, dismiss; **mettre en route** to start
  up; **se mettre à** to start to; **mettre six
  minutes à** to take six minutes to

meuble *m* piece of furniture

meublé furnished

mi: à mi-voix in an undertone

micro *m* microphone, mike

midi *m* noon

milieu *m* middle; environment

mille *m* thousand

mince thin

mine *f* face, look; **faire mine de** to
  pretend to

ministère *m* ministry

minuit *m* midnight

miroir *m* mirror

miroiter to gleam

mise *f* bet

misère *f* misery; poverty

mobile *m* motive

mode *f* fashion; *m* manner, way

modeler to model; **se modeler sur**
  to take the shape of

moindre least

moineau *m* sparrow

moins less; **pour le moins** at the
  least; **du moins, au moins** at least

mois *m* month

moitié *f* half

môme *mf* kid

moment *m* moment; time; **du moment que** since

monde *m* world; people; **tout le monde** everybody

monotone monotonous

monsieur *m* mister; gentleman

montagne *f* mountain

monter to go up

montre *f* watch

montrer to show

monture *f* clasp

moquer: se moquer de to make fun of; not to care about

morceau *m* piece

mordre to bite

morne dreary; sad

mort *f* death; *adj* dead

mort *m* dead person; dummy at bridge

mortel, mortelle mortal

mot *m* word; note; **mot-clé** key word; **mot d'ordre** password; **prendre au mot** to take literally

motif *m* motive, reason

moto, motocyclette *f* motorcycle

mou, molle soft

moucher: se moucher to blow one's nose

mouchoir *m* handkerchief

moulin *m* windmill

mourir to die

mousseline *f* muslin

moyen *m* means, way; **les moyens** the means, the wherewithal, the money

moyennant for a sum of; by means of

muet, muette quiet; mute

mufle *m* boor

muni equipped

mur *m* wall; **mur d'appui** parapet

musulman *m* Moslem

mystère *m* mystery

N

nager to swim

nageuse *f* female swimmer

naïf, naïve naive

naître to be born; **faire naître** to give rise to

nappe *f* tablecloth; layer

naturel, naturelle natural

néanmoins nevertheless

nécessaire necessary; **faire le nécessaire** to do what has to be done

négliger to neglect

nerveux, nerveuse nervous; energetic; sinewy

net clean; sharp

nettement clearly

nettoyer to clean

neuf nine

neveu *m* nephew

nez *m* nose

ni... ni... neither... nor...

nid *m* nest

nier to deny

niveau *m* level; **passage à niveau** level crossing

noir black

noircir to blacken

nom *m* name; noun; **nom de Dieu!** my God! **nom de nom!** heavens!

nombre *m* number

nombreux, nombreuse numerous

non no; **non plus** neither

normand Norman

notaire *m* legal and financial advisor

note *f* bill

noueux, noueuse knotty, gnarled

nourrice *f* wet-nurse, nurse who breastfeeds babies

nourrir to nourish, feed

nourriture *f* food

nouveau, nouvelle new; **à nouveau, de nouveau** again; **nouveau venu** newcomer

noyé *m* drowned person

nu naked, bare

nuage *m* cloud

nuit *f* night

nullement not at all

O

obéir to obey

objet *m* object

obliquer to veer off

obscurcir to darken, grow dark
obscurité *f* darkness
obstiner: s'obstiner à to insist on
obtenir to obtain
occasion *f* opportunity; occasion
occuper to occupy; **s'occuper de** to take care of, be interested in
odieux, odieuse odious
œil *m* eye; **voir d'un autre œil** to see differently
office *m* office; *f* pantry
officier *m* officer
offrir to offer
offusquer to offend
offusqué offended
oiseau *m* bird
ombragé shaded
ombre *f* shade; shadow; darkness
ombrelle *f* parasol
or *m* gold
or now; it so happens that
ordinaire ordinary; **d'ordinaire** usually
ordure *f* scum; garbage
orée *f* edge (of a wood)
oreille *f* ear
orfèvre *m* jeweler
orgueil *m* pride
ornière *f* rut
orpheline *f* female orphan
osciller to oscillate, swing back and forth
oser to dare
ôter to take away
ou or; **ou... ou...** either... or...
où where
ouah ouah bow-wow
oubli *m* oversight; forgetfulness
oublier to forget
outre besides; **en outre** in addition
ouvertement openly
ouvrir to open

P

pacifique peaceful
pacotille *f* cheap stuff, rubbish
pain *m* bread

paisible peaceful
paix *f* peace
palais *m* palate; palace
Palais de Justice *m* courthouse
palier *m* landing
palme *f* webbed foot
pan *m* segment
panier *m* basket
panne *f* breakdown
pantalon *m* pants
pantelant panting, breathless
pantouflard *m* stay-at-home
papetier *m* stationer
papier *m* paper; newspaper article
par by; **par contre** on the other hand; **par où** where
parages *m pl* environs, vicinity
paraître to appear
parapluie *m* umbrella
parbleu well, of course
parc *m* park
parcourir to travel; to run through; **parcourir des yeux** glance through
par dessus above
pardi by god
pare-brise *m* windshield
pareil, pareille similar; such a
parent *m* parent; relative
parer: se parer to dress up, put on one's finery
parfait perfect
parfois sometimes
parier to bet
parisien *m* Parisian
parler to speak
parmi among
parole *f* word
part *f* share, part; **à part** aside; **quelque part** somewhere
partager to share
partenaire *mf* partner
parti *m* (political) party; **prendre à parti** to give a hard time to; **prendre son parti** to make up one's mind
particulier, particulière private
partie *f* part
partir to leave

partout   everywhere
parure   f necklace
parvenir   to succeed; to arrive; to come through
pas   step; **à pas comptés** with measured steps; **à pas de course** at racing speed; **à pas de voleur** stealthily
passage à niveau   m level crossing
passant   m passerby
passé   m past
passer   to pass; to go; to drop by; to put on; **passer au travers** to come through unscathed; **se passer** to happen; **se passer de**   to do without; **de passage** passing
passionnant   exciting
pâte à modeler   f modeling clay
patiemment   patiently
patrimoine   m patrimony, inheritance
patron   m boss
patte   f paw
paume   f palm (of the hand)
pauvre   poor; pitiable
pavillon   m horn
payer   to pay
pays   m country
paysan   m peasant, farmer
peau   f skin
pêche   f fishing
pêcher   to fish
pêcheur   m fisherman
peigne   m comb
peine   f sorrow; pain; trouble; penalty; **à peine** scarcely
pèlerinage   m pilgrimage
pelle   f shovel
pelouse   f lawn
peluche   f plush
pencher   to lean
pendant   during, while
pendre   to hang
pénétrer   to penetrate; to enter
pénible   painful
péniche   f barge
pénombre   f half-light
pensée   f thought

penser   to think
pension   f boarding school
percepteur   m tax collector
perclus   paralyzed
perdre   to lose
père   m father
perfide   perfidious, treacherous
péricliter   to collapse
périlleux, périlleuse   perilous
perle   f pearl
permettre   to permit
perron   m doorstep
personnage   m character; person
personne   f person; **ne... personne** nobody
personnellement   personally
perte   f loss
pesant   heavy
peser   to weigh, weigh heavily
peste   f plague
pétanque   f type of bowling game
petit   little, small
peu   little; not very; **à peu près** about
peuplier   m poplar
peur   f fear
peut-être   perhaps
pharmacien   m pharmacist, druggist
pic   m peak
pièce   f room; play (*theatrical*); coin
pied   m foot; **à pied** on foot
piège   m trap
pierre   f stone
piètre   wretched
piller   to pillage, lay waste
piloter   to pilot; to drive
pin   m pine
pincer   to pinch; to draw in
pis   worse
piscine   f pool
pitoyable   pitiful
pivoter   to pivot; to turn
place   f job, position; place; seat
placer   to invest
plaide   to plead; to argue in court
plaindre: se plaindre   to complain
plainte   f complaint; moan
plaire   to please; to be attractive to

plaisant   pleasing; funny
plaisanter   to joke, exchange pleas-
  antries
plaisanterie   *f* joke
plaisir   *m* pleasure
plancher   *m* floor
plaque   *f* plaque, nameplate
plat   *adj* flat
plat   *m* dish of food, course
platane   *m* plane tree
plateau   *m* platter
platiné   *adj* platinum
plein   full
pleurer   to cry, weep
pleureuse   *f* weeper, mourner
pleuvoir   to rain
plier   to fold
plisser   to wrinkle
plonger   to dive; to sink
pluie   *f* rain
plume   *f* feather
plupart: la plupart   *f* most
plus   more; **ne... plus** no longer; **au
  plus** at the most; **le plus** the most;
  non plus neither; **de plus en plus**
  more and more
plusieurs   several
plutôt   rather; **plutôt que** rather than
poche   *f* pocket
poignée   *f* handle
poignet   *m* wrist
poing   *m* fist
point   *m:* **à ce point** to that extent;
  ne... point not at all
pointe   *f* point; **sur la pointe des
  pieds** on tiptoes
poisson   *m* fish; **poisson rouge** gold-
  fish
poitrine   *f* chest
poli   polite; polished
policier   *m* policeman
politesse   *f* politeness
politique   *f* politics
pompe   *f* pump
pont   *m* bridge; **pont aérien** airlift
porche   *m* porch
portail   *m* gate, portal

portant: bien portant   in good health
porte   *f* door
porte cochère   *f* formal carriage
  entrance
portée   *f:* **à portée de** within reach of
portefeuille   *m* wallet
porter   to carry, bear; to wear; **porter
  plainte** to bring an action; **se porter**
  to be well/unwell
poser   to put down; **poser une question** to ask a question; **poser sa candidature** to declare one's candidacy
postier   *m* postman
potager: jardin potager   vegetable
  garden
poubelle   *f* garbage can
poudre   *f* powder
pour   for; **pour que** so that
pourquoi   why
poursuivre   to pursue
pourtant   yet, however
pourvu de   provided with, endowed
  with
pourvu que   provided that; so long as
pousser   to push; **pousser un cri** to
  let out a cry
poussière   *f* dust
poussiéreux, poussiéreuse   dusty
pouvoir   to be able to; **n'en pouvoir
  plus** to be exhausted; **ne pouvoir y
  tenir** not to be able to stand it any
  longer
pratique   practical
précéder   to precede
précipiter: se précipiter   to rush forward
précisément   precisely
préciser   to specify
précision   *f* detail
préfecture   *f* police station; depart-
  mental administrative headquarters
premier, première   first
prendre   to take; **prendre garde** to
  watch out; **prendre à parti** to give
  someone a hard time; **prendre son
  parti** to make up one's mind; **prendre place** to take a seat; **s'en prendre**

à   to attack; to be angry at; to blame; **s'y prendre**   to go about it; **se prendre d'affection (d'amitié) pour** to take a liking to

près   near

presque   almost

pressé   hurried, pressed for time

presser: se presser   to hurry; to crowd

prestement   quickly; deftly

prêt   ready

prétendre   to claim, allege

prêter   to lend

prêtre   *m* priest

preuve   *f* proof

prévenir   to warn

prier   to beg; to pray

primus   *m* primus stove

printemps   *m* spring

prisonnier   *m* prisoner

privé   deprived; private; **privé de sentiment** unconscious

priver   to deprive

prix   *m* price; fee; value

prochain   next

proche   nearby, near

procureur   *m* district attorney

professeur   *m* professor, teacher

profiter de   to take advantage of

profond   deep, profound

profondément   deeply

profondeur   *f* depth

projet   *m* plan

projeter   to plan; to project; to push forward

promenade   *f* walk; drive, ride

promener: se promener   to go for a walk, a drive

promesse   *f* promise

promettre   to promise

prononcer   to say; to pronounce

prophétie   *f* prophecy

propos   *m* remark; **à propos** by the way; **à propos de**   about

propre   own

propriétaire   *mf* owner

propriété   *f* property

protecteur   *m* protector

protectrice   *f* protectress

protéger   to protect

prothèse   *f* prosthesis, artificial limb or teeth

prouver   to prove

provenance   *f* provenance, source

pudeur   *f* modesty, sense of decency

puer   to stink

puis   then

puisque   since

puissant   powerful

punir   to punish

punition   *f* punishment

Q

qualité   *f* quality

quand   when

quant à   as for

quarante   forty

quart   *m* quarter (*fraction*); **une heure et quart** one fifteen (o'clock)

quartier   *m* quarter, part of town; **quartier général**   headquarters; **quartier latin** student quarter in Paris

quatre   four

quatrième   *m* fourth (at bridge)

que   that; whom; which; what; how; let; whether; **ne... que** only

quel, quels, quelle, quelles   what, which

quel que   whatever

quelque   some; **quelque chose** something; **quelque part** somewhere

quelquefois   sometimes

quelqu'un   someone

question   *f*: **être question de** to be about; **remettre en question**   to challenge the authority of

quêter   to raise funds; to collect

queue   *f* tail; **en queue** at the end

qui   who, whom; that, which

quinze   fifteen

quitter   to leave; **quitter des yeux** to take one's eyes off

quoi   what, which

quolibet   *m* hoot, jeer

R

raclée *f* thrashing
raconter to tell
radiateur *m* radiator
radioscopie *f* X-ray examination; X-ray examination room
raffiné refined
ragot *m* a piece of malicious gossip
raide steep
raillerie *f* mockery
railleur, railleuse mocking
raison *f* reason; **avoir raison** to be right; **donner raison à** to admit that someone is right
raisonné reasoned, well thought-out
raisonner to reason; to argue
rajeunir to make younger
râler to emit the death rattle; to complain insistently
ramasser to pick up
ramener to bring back
ramper to crawl
rancune *f* rancor, animosity
rang *m* rank; order
rangé lined up
rapide *m* express train
rappeler to call back; to recall; **se rappeler** to remember, recall
rapport *m* relationship; rapport
rapporter to bring in; to bring back
rapprocher: se rapprocher to approach
ras: à ras de terre at ground level
raser to shave
rasoir *m* razor
rasseoir: se rasseoir to sit down again
rassurer to reassure
rater to miss; to fail
ravin *m* ravine
ravir to delight
raviser: se raviser to change one's mind
ravissant delightful
rayé striped
rayon *m* ray
réapparaître to reappear
rebord *m* rim

réception *f* reception, party
recevoir to receive; to welcome as a guest; to entertain
recherche *f* search
rechercher to look for
récit *m* story
réclamer to demand
recommander to recommend
recommencer to begin again; to go back to; to do again
recompter to count again
reconduire to show (someone) to the door; to take home; to drive home
reconnaissance *f* gratitude, recognition; reconnaissance
reconnaissant grateful
reconnaître to recognize; to admit
reconstitution reconstruction
recouper to intersect
recourbé bent, crooked
reçu *m* receipt
reculer to draw back, recoil
redescendre to go back down
redevenir to become again
réduire to reduce
réel, réelle real
refermer to close; to close again
réfléchir to reflect, think
reflet *m* reflection
réfugier: se réfugier to take refuge
regard *m* look
regarder to look
régler to settle; to rule on
regretter to miss
régulier, régulière regular
rein *m* kidney; **avoir les reins solides** to be on a financially sound basis; to have a strong back
rejaillir to splash up
rejeter to throw back
rejoindre to rejoin; to join
relais *m* relay
reliure *f* binding
reluire to shine
remémorer: se remémorer to remember
remercier to thank

remettre to put back; **remettre en question** to challenge the authority of; **se remettre à** to start in again

remonter à to go back to

remords *m* remorse

rempart *m* rampart

remplacer to replace

remplir to fill

remue-ménage *m* fuss, noise

remuer to move

rencontre *f* encounter, meeting

rencontrer to meet

rendez-vous *m* meeting

rendre to give back; to render; to make; **se rendre** to surrender; **se rendre à** to go to; **se rendre compte** to realize; **rendre service** to do a favor

renfourner to put back in

renifler to sniff

renseignement *m* (piece of) information

renseigner to inform; **se renseigner** to gather information

rente *f* income

rentrée *f* start of classes, start of school; return

rentrer to go home; to bring in

renverser to knock over

reparaître to reappear

repartir to go off again

repas *m* meal

repenser to think again

répéter to repeat

replet, replète chubby

replier: se replier to withdraw

répliquer to reply

répondre to answer

réponse *f* answer

reporter: reporter sur to transfer to

repos *m* repose, rest

reposer to put back; **se reposer** to rest

repousser to push back

reprendre to take back; to continue; to regain; to go back to; **reprendre connaissance** to regain consciousness

reproche *m* reproach

reprocher to reproach

rescousse: à la rescousse to the rescue

réserve *f* storeroom

résolu resolved

résonner to resound

respirer to breathe

ressouvenir: se ressouvenir to remember again

rester to remain

résultat *m* result

retard *m:* **en retard** late

retarder to delay

retenir to hold back; to remember; to retain

retirer to withdraw; to take out; **se retirer** to withdraw; to go away

retour *m* return

retourner to return; to turn over

retracer to retrace; to retell

retraite *f* retreat

rétrécir to grow narrow; to shrink

retrouver to find; to go back to; **se retrouver** to meet; to meet again

réunir to gather; to come together

réussir to succeed

revanche *f* revenge

rêve *m* dream

réveiller: se réveiller to wake up

révélateur, révélatrice revealing

révéler to reveal

revendre to resell

revenir to come back

rêver to dream

rêveur *m* dreamer

rez-de-chaussée *m* ground floor

richesse *f* wealth, richness

ridicule ridiculous

rien *m* nothing; **rien que** only; nothing but; just

rigoureux, rigoureuse rigorous

rigueur *f* rigor; **à la rigueur** strictly speaking; if need be

rire to laugh

risque *m* risk

rive *f* shore; bank

rivière *f* river

robe *f* dress

rocailleux, rocailleuse rocky

rôder   to roam, wander
roi   *m* king
ronce   *f* bramble
rond   round; fat
ronger   to gnaw at; to eat away
rose   pink
roseau   *m* reed
roseraie   *f* rose garden
roue   *f* wheel
rouge   red
rougir   to redden, blush
rouleau   *m* coil
rouler   to roll; to roll up; to move along
roulette   *f* roller; **aller comme sur des roulettes** to go off like clockwork
roulotte   *f* gypsy wagon
roussi   reddened
route   *f* road; route; **en route** under way; in operation
routier, routière   *adj* road
roux, rousse   red
ruban   *m* ribbon
rue   *f* street
ruisseau   *m* gutter
rumeur   *f* rumor, murmur
rustre   *m* lout, boor

S

sac   *m* bag; **sac à main** handbag
sachet   *m* small bag
sage   good; wise
saillant   protuberant
sain   healthy
saisir: se saisir de   to seize, to catch
saison   *f* season
salaud   *m* son of a bitch, bastard
sale   dirty
salle   *f* room; **salle à manger** dining room; **salle de classe**   classroom
salon   *m* drawing room
salon de jeu   *m* cardroom
salut   *m* greeting
samedi   *m* Saturday
sang   *m* blood
sang-froid   *m* composure, nerve, cool
sanglier   *m* wild boar
sanglot   *m* sob

sangloter   to sob
sanguinaire   blood thirsty, sanguinary
sans   without; **sans doute** probably
santé   *f* health
saoul   drunk; satiated
saute-mouton   *m* leapfrog
sauter   to jump
sauvage   wild
sauvagesse   *f* wild woman
sauver   to save
sauveur   *m* savior
saveur   *f* savor, flavor
savoir   to know; to know how to; to be able to; **savoir gré** to be grateful
savourer   to savor
scandaleusement   scandalously
scolaire   *adj* school
sec, sèche   dry
sèchement   drily
secouer   to shake; to shake off, get rid of
secourir   to help
secours   *m* help
secousse   *f* shake; start
section   *f*: **section du Parti** party headquarters
sécurité   *f* safety
séduction   *f* charm
seigneur   *m* lord
selon   according to
semaine   *f* week
sembler   to seem
semer   to sow
sens   *m* sense; direction; meaning; **bon sens** good sense
sentiment   *m* feeling; consciousness
sentir, se sentir   to feel
sept   seven
serein   serene
sérieux, sérieuse   serious
serré   clenched, squeezed close together
serrer   to squeeze; **serrer la main** to shake hands
serrure   *f* lock
servir   to serve; to be good for; to be used; **se servir de** to use
seuil   *m* threshold, doorstep
seul   alone; only

seulement only

si if; **si on allait** suppose we go

si yes (after a negative)

siège *m* seat

siens (les) one's family

sifflement *m* whistle

siffler to whistle; to whistle for

signal *m:* **signal d'alarme** alarm

signaler to call attention to

signe *m* sign; **faire signe** to make a gesture; to wave; to beckon

silencieux, silencieuse silent

similor *m* imitation gold

simulacre *m* enactment; pretense

simuler to simulate; to imitate

singulier, singulière singular; strange

sinon except; if not

sitôt que as soon as

situation *f* situation; job

slip *m* underpants

sœur *f* sister

soigné well-groomed

soigner to take care of

soigneux, soigneuse careful

soin *m* care; concern

soir *m* evening

soirée *f* evening; evening party

soit so be it; O.K.; **soit... soit...** whether... or...

sol *m* ground

soldat *m* soldier

soleil *m* sun

solennel solemn

solitaire *m* solitaire, single jewel

somme *f* sum; **en somme** in short; to sum up

sommeil *m* sleep

sommet *m* summit

son *m* sound

songer to think; to dream

sonner to ring; to ring the doorbell

sonnerie *f* ring

sort *m* fate

sortie *f* outing, trip

sortir to go out; to take out

sou *m* sou, penny; money

soucieux, soucieuse careful; concerned

soudain suddenly

souffle *m* breath; **avoir le souffle coupé** to have one's breath taken away

souffler to breathe hard; to blow

souffrance *f* suffering

souffrir to suffer

souhaiter to wish; to hope for

soulagement *m* relief

soulager to relieve

soulever to lift; to raise

soupçon *m* suspicion

soupe *f* soup; meal

souper *m* supper

soupeser to heft; to feel the weight of

soupir *m* sigh

soupirant *m* suitor

soupirer to sigh

sourcil *m* eyebrow

sourd dull; deaf

sourire *m* smile

sourire to smile

souris *f* mouse

sous under

sous-chef *m* second-in-command

sous-officier *m* noncommissioned officer

sous-préfecture *f* county seat

soutane *f* cassock

soutenir to bear; to support

souvenir *m* memory; souvenir

souvenir: se souvenir to remember

souvent often

spectacle *m* spectacle; show, performance

sportif, sportive athletic; **club sportif** sports club

stopper to stop

stupéfait astounded

succession *f* inheritance

suffire to suffice; **ça suffit** that's enough

suffisant enough, sufficient

suite *f* succession; **à la suite de** as a result of; after

suivre to follow

sujet *m* subject; **au sujet de** about
superflu superfluous
supérieur upper
suppléer to make up for; to supply
supplier to beg
supporter to bear, stand for
supprimer to suppress, do away with
sur on
sûr sure, certain; **bien sûr** of course
sûrement surely
sûreté *f* safety
surexcité overexcited
surgir to rush in; to appear suddenly
surlendemain *m* day after the next day, day after tomorrow
surprendre to surprise
surtout especially; above all
surveiller to watch; to survey; **se surveiller** to control oneself
suspendre to hang
syllabe *f* syllable

T

tablier *m* apron; smock
tache *f* spot
tactique *f* tactics
taille *f* figure, waist
tailler to cut
taire: se taire to be quiet; to fall silent
tandis que: while
tant so much; **tant que** so long as; **tant pis** so much the worse
tante *f* aunt
tape *f* tap
tapir: se tapir to crouch
tapissé bestrewn, covered
tard late
tarder to delay
tas *m* pile; bunch
tasse *f* cup
teindre to dye, color
teinte *f* color
tel, telle such
téléphoniquement by telephone
tellement so much
témoignage *m* testimony

témoigner to bear witness, testify
témoin *m* witness; baton in a relay race
temps *m* time; weather
tenace tenacious
tendre to extend, stretch, reach out; **tendre l'oreille** listen carefully
tendresses *f* tokens of affection
tenir to hold; **tenir à** to insist on; to value; **ne pouvoir pas y tenir** not to be able to stand it; **tenir en joue** to aim at (with a rifle); **tenir parole** to keep one's word; **tenez!** look! **se tenir** to stand
tennis *m* tennis court
tentateur, tentatrice tempting
tentation *f* temptation
tenter to attempt; to tempt
terminer to finish
terminus *m* end of the line
terre *f* earth; ground; **à terre** on the ground
terrer: se terrer to go to ground; to bury oneself
terreur *f* terror
tête *f* head; face; **tête-à- tête** twosome; **faire non de la tête** to shake one's head
thé *m* tea
tiède tepid; mild
tinter to ring; to chime
tirer to draw; to take out; to pull; to shoot
tiret *m* blank
tiroir *m* drawer
titre *m* title; headline
toboggan *m* slide
toile *f* cloth
toilette *f* dress; clothing
toise *f* prerevolutionary term of measurement (*about 6½ feet*)
toiser: toiser du regard to look at scornfully
toit *m* roof
tombe *f* tomb
tombeau *m* tomb
tomber to fall; **tomber d'accord** to agree; **tomber d'un bloc** to fall flat

ton *m* tone
tonnant thundering
tonne *f* ton
tonner to thunder; to roar; to boom
toque *f* hat
torchon *m* dishrag; potholder
torpeur *f* torpor
torse twisted
tort *m* wrong; **avoir tort** to be wrong
tôt early
toujours always; still
tour *m* turn; trick; **tour à tour** in turn
tournant *m* turning point
tournée *f* round; **faire une tournée** to do the rounds
tourner to turn; **tourner autour de** to hover around
tousser to cough
tout, toute, tous, toutes all
tout everything; all; very; **tout à coup, tout d'un coup** suddenly; **tout bonnement** quite simply; **tout à fait** completely; **tout à l'heure** later on; **tout de même** after all; **tout de suite** at once
tout-puissant all-powerful
traditionnel, traditionnelle traditional
trahir to betray
trahison *f* betrayal
train: en train de in the act of
traîner to drag; to lie around
trait *m* stinging remark
traiter to treat
trajet *m* journey, trip
tranchant cutting, sharp
trancher to cut
transmettre to transmit
trappe *f* trapdoor
travail *m* work
travailler to work
travers: à travers, en travers across; through
traverser to cross
tremblement *m* trembling
tremper to soak
trente thirty

très very
tressaillir to give a start; to shudder
tricot *m* knitting
tricoter to knit
trinquer to drink; to drink to the health of
tripes *f pl* tripe
triste sad
trois three
trompe l'œil *m* trompe l'œil, imitation of the real thing
tromper to deceive; **se tromper** to make a mistake, be wrong
trottoir *m* sidewalk
trou *m* hole
troupe *f* troop
troupeau *m* flock
troupier *m* trooper
trouvaille *f* find; stroke of inspiration
trouver to find; to think; **se trouver** to be located; **il se trouve que** it happens that
tuer to kill
tunique *f* tunic
type *m* type; fellow

U

un one
urne *f* jar; urn
usage *m:* **d'usage** customary
user to use
utile useful

V

vacances *f pl* vacation
vacarme *m* racket, noise
vague *f* wave
vain vain; **en vain** in vain
vaincu vanquished, defeated
vainqueur *m* victor
vainqueur *adj* victorious
vaissellé *f* dishes
valeur *f* value
valise *f* valise, bag
vallée *f* valley
valoir to be worth; **valoir mieux** to be better

vaniteux, vaniteuse vain
vanter to boast about; to vaunt
vaquer à to be busy at; to attend to
vaurien *m* good-for-nothing
vécu lived
veille *f* day before, night before
veiller to watch over
vélo *m* bicycle
velours *m* velvet
velu hairy
vendeur *m* salesman, seller
vendre to sell
vendredi *m* Friday
vengeur avenging
venir to come; **venir de** to have just
vent *m* wind
ventre *m* stomach; belly
véritable veritable, real
vérité *f* truth
verre *m* (drinking) glass
verroterie *f* glass jewelry
vers toward
verser to pour
vert green
vertu *f* virtue
veste *f* jacket
veston *m* jacket
vêtement *m* article of clothing
vêtir to dress
veuf *m* widower
veuvage *m* widowing; widowhood
veuve *f* widow
vexer to vex; to annoy
viande *f* meat
vicieux, vicieuse vicious
victoire *f* victory
vide empty
vider to empty
vie *f* life
vieillard *m* old man
vieux, vieille *m* old; **mon vieux** pal, old man
vieux-rose faded pink
vif, vive lively
vigne *f* vine
vilain ugly
villageois *m* villager

ville *f* city
vin *m* wine
vingt twenty
vingtaine *f* about twenty
virer de bord to come about
visage *m* face
vite quickly
vivant living, alive
vivement quickly; earnestly; warmly
vivre to live; **vivre de l'air du temps** to live on air
vociférer to yell
vogue *f* fashion; **en vogue** fashionable
voie *f* way; track
voilà here is, are; there is, are; **voilà que** now, it happens that
voiler to veil
voilette *f* little veil
voir to see
voisin *m* neighbor
voiture *f* car
voix *f* voice
voler to steal; to rob
voleur *m* robber; **à pas de voleur** stealthily
volontairement deliberately
volontiers gladly
voluptueux, voluptueuse voluptuous
vomir to vomit
vouloir to want; **vouloir bien** to be willing; **vouloir dire** to mean; **en vouloir à** to be angry at
voyant *m* clairvoyant; signal light
vrai true
vraisemblance *f* believability
vue *f* sight

W

wagon *m* wagon; carriage

Y

y there
yeux *m pl* eyes

Z

zéro zero; **repartir de zéro** to start again from scratch